上市公司盈余质量问题研究

吴 芃　顾燚炀 著

东南大学出版社
·南京·

图书在版编目(CIP)数据

上市公司盈余质量问题研究/吴芃,顾燚炀著.
—南京:东南大学出版社,2023.7
ISBN 978-7-5766-0545-7

Ⅰ.①上… Ⅱ.①吴…②顾… Ⅲ.①上市公司—企业利润—研究—中国 Ⅳ.①F279.246

中国版本图书馆 CIP 数据核字(2022)第 247860 号

○ 本书为国家社科基金资助项目成果(20BGL092)

上市公司盈余质量问题研究
Shangshi Gongsi Yingyu Zhiliang Wenti Yanjiu

著　　者	吴　芃　顾燚炀
出版发行	东南大学出版社
社　　址	南京市四牌楼 2 号　邮编:210096　电话:025-83793330
网　　址	http://www.seupress.com
经　　销	全国各地新华书店
排　　版	南京星光测绘科技有限公司
印　　刷	广东虎彩云印刷有限公司
开　　本	700 mm×1000 mm　1/16
印　　张	16.75
字　　数	328 千字
版　　次	2023 年 7 月第 1 版
印　　次	2023 年 7 月第 1 次印刷
书　　号	ISBN 978-7-5766-0545-7
定　　价	62.00 元

本社图书若有印装质量问题,请直接与营销部联系。电话:025-83791830
责任编辑:刘庆楚　责任印制:周荣虎　封面设计:王　玥

摘　　要

财务报告盈余质量关系到资本市场的健康发展和各方利益相关者决策的有效性。低质量的盈余不仅会危害社会经济的健康发展,也会对相关的机构和人员造成严重的损失。虽然近年来我国监管部门采取了一系列遏制公司低质量盈余的措施,但总体而言,我国上市公司仍然存在不容忽视的盈余质量问题。因此,上市公司盈余质量问题一直是学术界研究的热点,但基于盈余质量的较为全面的综合性研究较为稀缺。

本书在梳理上市公司盈余质量问题产生的动因、造成的经济后果及可行的治理手段的基础上,构建了上市公司盈余质量问题较为完整的理论分析框架。然后,结合中国A股上市公司数据,从不同维度进行了实证研究。具体而言,包括以下几个方面:

首先,从公司战略的视角入手,考察了公司战略对盈余管理的影响。研究发现,遵循成本领先战略的公司更有可能拥有更高的真实盈余管理水平,遵循差异化战略的企业不太可能使用真实盈余管理。对于成本领先者而言,市场竞争进一步提高了实际盈余管理水平,而差异化者的盈余管理水平并未受到市场竞争的显著影响。

其次,从财务危机的视角入手,研究了盈余管理对企业不同阶段财务危机的影响。研究结果表明,应计盈余管理程度越高,企业财务危机的程度越严重;而真实盈余管理程度越高,企业存在财务危机的可能性越小;制度环境的改善能在一定程度上抑制应计盈余管理和财务危机间的正向关系。再进一步,本书发现财务重述和财务困境之间存在显著的关系,这种关系将受到重述类型和重述程度的影响。

最后,重点从媒体的监督视角对盈余质量问题的治理进行了研究。研究发现,媒体报道的声誉机制可以影响企业的盈余管理程度。具体而言,受到更多媒体关注的公司更有可能进行盈余管理。此外,负面媒体报道会导致更高水平的盈余管理活动。本研究还发现,拥有较高声誉的公司更容易管理盈余,更容易受到负面媒体报道的影响。媒体报道的水平和基调也会影响公司的盈余管理行为。

本书可能的贡献如下:

第一,本书第一次试图探索商业战略是否可能是盈余管理的潜在决定因素,并提供了现实证据。企业战略作为影响内部治理机制的重要因素,是上市公司盈余质量问题产生的直接原因或前因,本书填补了这一部分的研究空白,响应了会计研究应当侧重于探索事件的直接原因或前因而不是识别其潜在指标的号召。

第二,与之前的研究不同,本书侧重于媒体报道如何主动影响管理行为,而不是检查管理者是否对某些媒体报道做出反应,为媒体声誉机制在中国股票市场中也发挥着重要作用提供了证据支持。本书将声誉利益引入媒体治理效果的分析中,以便更好地理解媒体是如何通过声誉机制影响盈余管理的,扩展了对媒体在监督管理决策中的作用的研究。

第三,本书还研究了媒体报道的情绪对盈余管理的影响,完善了媒体报道情绪方面的研究。笔者采用人工阅读法,逐篇阅读相关报道,区分出正面和负面报道并进行相关研究,同时,考虑不同类别媒体报道之间可能产生的抵消效应,采用综合倾向系数对媒体报道的综合基调进行衡量,是对已有关于媒体报道情绪方面研究的有效补充。

第四,本书对比了传统媒体报道和网络媒体报道的公司治理效应在不同控制权属性企业中的差异。由于网络媒体属于新兴媒体,相关研究较少,而关于网络媒体和传统媒体对不同类型公司的治理效应差别的研究更少,本书对比了这两种媒体对国企和非国企公司治理效应的差别,有助于更深入地理解在我国特定制度背景下媒体关注的公司治理角色。

总之,本书为学术界和实务界更好地理解上市公司盈余质量问题提供了理论和现实依据,也可以为政府有关部门更好地实现对盈余质量问题的治理提供政策依据。

Abstract

Earnings quality of financial reports is vital for the healthy development of capital markets and the effectiveness of judgments and decisions made by stakeholders. Low-quality earnings will not only endanger the healthy development of the social economy, but also cause losses for the relevant institutions and personnel. In recent years, although our country's regulatory authorities have taken a series of measures to curb low-quality earnings behaviors of companies, in general, there is still a problem of earnings quality of listed companies that cannot be ignored in our country. Therefore, the issue of earnings quality of listed companies has always been a hot research topic in academia. However, the comprehensive research on earnings quality of listed companies is relatively scarce.

This book constructs a relatively complete theoretical analysis framework for listed companies' earnings quality issues based on sorting out the motivations, economic consequences and feasible governance methods of listed companies' earnings quality issues. Then, combined with the data of China's A-share listed companies, the book carries out empirical tests from different dimensions. Specifically, it includes the following aspects:

Firstly, from the perspective of corporate strategy, we examine the impact of corporate strategy on earnings management. Research has found that companies that follow a cost leadership strategy are more likely to have higher levels of real earnings management. Firms that follow a differentiation strategy are less likely to use real earnings management. For the cost leaders, market competition further increases the real earnings management level, while the earnings management level of differentiators is not significantly affected by market competition.

Secondly, from the perspective of financial crisis, we explore the impact of earnings management on the financial crisis of enterprises at different stages. The research results show that the higher the degree of accrual earnings management, the more serious the degree of corporate financial crisis; and the higher the degree of real earnings management, the less likely the enterprise has financial crisis; the improvement of institutional environment can restrain the positive relationship between accrual earnings management and financial crisis to a certain extent. Further, the book finds a significant relationship between restatements and financial distress, and this relationship will be affected by the type of restatement and the magnitude of the restatement.

Finally, we focus on the governance of earnings quality issues from a media surveillance perspective. The study finds that the reputation mechanism of media coverage can affect the degree of corporate earnings management. Specifically, companies that receive more media attention are more likely to engage in earnings management. In addition, negative media coverage leads to higher levels of earnings management activities. The book also finds that companies with higher reputation are more likely to manage earnings and are more susceptible to negative media coverage. Moreover, this study analyzes how the level and tone of media coverage affects corporate earnings management behaviors.

The possible contributions are as follows:

First, our research is the first attempt to explore whether business strategy may be a potential determinant of earnings management with real-world evidence. Corporate strategy, as an important factor affecting the internal governance mechanism, is the direct cause or antecedent of the earnings quality problems of listed companies. Our research fills the research gap in this part and responds to the call that accounting research should focus on exploring the direct cause or antecedent of events rather than identifying their underlying indicators.

Second, unlike previous studies, we focus on how media reports actively influence managerial behavior, rather than examining whether managers respond to certain media reports, and provides supporting evidence that the media reputation mechanism also plays an important role in the China stock market. This study introduces reputational interests into the analysis of media governance effect in order to better understand how media influence earnings management through reputational mechanism, expanding research on the role of the media in supervising corporate decision-making processes.

Third, we also examine the impact of emotions in media reports on earnings management, complementing researches on emotions in media reports. We use the manual reading method to read relevant reports one by one to distinguish positive and negative reports and conduct related research. At the same time, considering the possible offsetting effect between different types of media reports, we use the comprehensive propensity coefficient to measure the comprehensive tone of media reports, which is an effective supplement to the existing research on emotions in media reports.

Fourth, our research compares the differences in corporate governance effects of traditional media reports and online media reports in companies with different control attributes. Since online media is an emerging media, there are few relevant studies, and there are few studies on the differences in the governance effects of online media and traditional media on different types of companies. Our research compares the differences in the corporate governance effects of the two media on state-owned and non-state-owned enterprises, which is helpful for a deeper understanding of the role of corporate governance that the media plays in the context of our country's specific institutional system.

In conclusion, our research provides a theoretical and practical basis for academic field and practice field to understand the issue of earnings quality of listed companies better, and can also provide a policy support for relevant government departments to manage earnings quality issues better.

序

高质量的上市公司盈余是推动中国特色社会主义经济平稳健康可持续发展的基础。公司盈余信息是外部利益相关方进行决策的重要依据,而盈余质量是外部利益相关方对公司财务报告建立信任的基础。高质量的盈余有助于外部利益相关方作出高质量的判断和决策,提高市场资源配置效率,保障公司自身长期发展的能力,稳定市场秩序,而低质量的盈余会导致整个社会的会计信息失真,进而危害社会经济的健康发展。因此,上市公司盈余质量一直是学术和实务界的基本话题。

吴芃教授和顾燚炀的《上市公司盈余质量问题研究》一书正是关注到了这一话题。首先,纵观全书,他们在全面梳理上市公司盈余质量的衡量指标、上市公司盈余质量问题产生的动因、经济后果及可行的治理手段的基础上,不仅构建了较为完整的理论框架,更结合了我国上市公司的真实数据进行了实证检验,为理论假设提供了现实证据。

其次,该书第一次试图探索商业战略是否为盈余管理的潜在决定因素,即关注了上市公司盈余质量问题产生的直接原因和前因,响应了当前的会计研究应当侧重于探索问题的直接原因和前因而不是识别事件潜在指标的号召。

再次,该书关注了网络媒体的公司治理效应。媒体关注作为一项重要的法律外制度,近年来已经成为学术界研究讨论的重点。关于媒体是否具有治理效果的问题尚无统一的研究结论,但是中西方的大多数文献都肯定了媒体作为"第四权力""无冕之王"的重要作用。由于网络媒体属于新兴媒体,相关研究较少,随着大数据时代的到来,网络媒体减少了大众对传统媒体的兴趣,在公众的信息分享与传播中扮演着越来越重要的角色。该书准确地捕捉到了这一变化,对网络媒体的公司治理效应的研究,对于实际治理上市公司盈余质量问题具有重要的理论和实践价值。

最后,该书还基于人工阅读的方法,对媒体报道进行了文本分析,区分了正面和负面报道，对不同类型报道对上市公司盈余管理问题的影响做了进一步的分析，这不仅是对已有关于媒体报道情绪方面研究的有效补充，也是对治理上市公司盈余质量问题的深入思考。

总之，本书能帮助读者更好地理解和分析公司盈余质量，是目前为止国内研究公司盈余质量较完整、实证证据充分、有一定见地的值得一读的学术著作。

李青原

2022 年 9 月 21 日

目 录

第1章 引言 ……………………………………………………… (1)
  1.1 研究的背景及意义 ………………………………………… (1)
  1.2 研究内容 …………………………………………………… (4)
  1.3 研究思路及方法 …………………………………………… (5)
  1.4 可能的创新 ………………………………………………… (5)

第2章 上市公司盈余质量概述 ………………………………… (7)
  2.1 我国上市公司的构成与特征 ……………………………… (7)
    2.1.1 股票发行市场 ………………………………………… (7)
    2.1.2 公司的产权性质 ……………………………………… (11)
  2.2 盈余质量的定义和内涵 …………………………………… (12)
    2.2.1 盈余质量的定义 ……………………………………… (12)
    2.2.2 盈余质量的内涵 ……………………………………… (13)
  2.3 盈余质量的常见度量 ……………………………………… (14)
    2.3.1 盈余特征方面 ………………………………………… (14)
    2.3.2 投资者反应方面 ……………………………………… (27)
    2.3.3 其他方面 ……………………………………………… (28)

第3章 上市公司盈余质量问题产生的动因 …………………… (33)
  3.1 外部动因 …………………………………………………… (33)
    3.1.1 资本市场动机 ………………………………………… (33)
    3.1.2 债务契约动机 ………………………………………… (37)
    3.1.3 政治成本动机 ………………………………………… (39)
  3.2 内部动因 …………………………………………………… (41)
    3.2.1 公司竞争战略 ………………………………………… (41)
    3.2.2 高管薪酬激励机制 …………………………………… (55)
    3.2.3 其他内部动因 ………………………………………… (58)

3.3 研究小结 …………………………………………………………… (60)

第4章 盈余质量问题的经济后果 …………………………………… (61)
4.1 盈余质量与资本市场资源配置效率 ………………………… (61)
4.2 盈余质量与投资者反应 ………………………………………… (62)
4.3 盈余质量与信贷资源配置效率 ………………………………… (63)
    4.3.1 信贷资源配置中存在的问题 …………………………… (63)
    4.3.2 盈余质量影响信贷资源配置的作用机制 ……………… (65)
    4.3.3 盈余质量影响信贷资源配置的现有研究 ……………… (66)
4.4 盈余质量对审计师的影响 ……………………………………… (68)
    4.4.1 盈余质量与审计师反应 ………………………………… (68)
    4.4.2 财务重述与审计意见 …………………………………… (70)
    4.4.3 财务重述与审计师选择及变更 ………………………… (79)
4.5 盈余质量对公司财务危机的影响 ……………………………… (86)
    4.5.1 盈余管理策略与财务危机的关系研究 ………………… (87)
    4.5.2 财务重述对公司发生财务危机的影响 ………………… (106)
4.6 研究小结 ………………………………………………………… (121)

第5章 上市公司盈余质量问题的治理 ……………………………… (123)
5.1 公司治理的定义 ………………………………………………… (123)
5.2 公司治理体系 …………………………………………………… (123)
5.3 公司治理与盈余质量 …………………………………………… (124)
    5.3.1 内部治理 ………………………………………………… (124)
    5.3.2 外部监督 ………………………………………………… (158)
    5.3.3 财务舞弊视角下媒体关注的公司治理角色研究 ……… (174)
    5.3.4 媒体报道声誉机制与盈余管理 ………………………… (193)
5.4 研究小结 ………………………………………………………… (211)

第6章 结论与建议 …………………………………………………… (212)
6.1 结论 ……………………………………………………………… (212)
6.2 建议 ……………………………………………………………… (213)

参考文献 ………………………………………………………………… (215)

后记 ……………………………………………………………………… (256)

第1章 引　言

1.1　研究的背景及意义

　　2019年爆发了中国A股市场史上规模最大的财务舞弊案——康美药业近300亿元财务造假事件。作为A股市值最高的医药企业之一，2018年10月媒体发文质疑其存在存贷双高、大股东股权质押、存货积压等现象，被认为有财务造假的嫌疑。这引起了监管机构的注意，康美药业遭到证监会立案调查。公司在长达4个月的自查后，发布公告调整了2017年年报中的多达14个会计科目，其中数额巨大的有调减88.98亿元营业收入，调减76亿元营业成本，调减102亿元销售商品，调减299亿元货币资金等。如此大金额的会计调整，公司却仅仅给出了会计处理存在错误的理由，引起舆论一片哗然。事后经过证监会调查，确认了康美药业财务造假的事实，调查结果表明，康美药业使用虚假银行单据虚增存款，通过伪造业务凭证进行收入造假，以及通过部分资金转入关联方账户买卖本公司股票来达到财务造假的目的。康美药业有预谋、有组织、长期系统实施财务造假行为，恶意欺骗投资者，损害了投资者的合法权益，扰乱了资本市场秩序，性质十分恶劣。如今，康美药业已受到有关机构的严厉处罚，但2018年长生生物事件、2019年康得新事件、2020年瑞幸事件等表明上市公司财务造假事件绝不是个例，上市公司的会计信息质量问题仍值得我们给予更多的研究和思考。

　　作为会计信息核心的公司盈余信息的质量是那些参与信息编制、传播和使用等不同环节的人所共同关心的问题。对于公司外部利益相关方而言，他们无法接触到公司日常的经营与管理，公司所披露的财务报告中的相关信息是他们进行决策的重要依据，而盈余质量是外部利益相关方对公司财务报告建立信任的基础。高质量的盈余标准应该是有助于外部利益相关方高质量地进行判断和决策，换句话说，高质量的盈余应该比低质量的盈余更有利于决策。那么什么样的盈余才能称为高质量的呢？

不同的资本市场参与者对于高质量的盈余可能存在不同的理解。对于监管机构而言，当符合公认会计准则的精神和规则时，公司盈余通常就是高质量的；对于债权人而言，能轻松转换为现金流的盈余可能是高质量的；对于投资者而言，可持续增长的盈余可能才是高质量的。这些例子表明，不同资本市场参与者对盈余信息的需求决定了盈余质量的定义。

基于不同资本市场参与者的需求，Dechow et al.（2010）将高质量的盈余定义为提供了更多有关公司财务业绩特征的信息的盈余，这些特征与特定决策者所做的特定决策有关。他认为，首先，高质量的盈余应能准确反映公司当前经营业绩，可以用于评估未来经营业绩，是一个有用的评估公司价值的总结指标；其次，高质量的盈余应能准确将公司的内在价值年金化，即当股本回报率是公司当前项目投资组合的内部回报率的一个很好的衡量标准时，盈余是高质量的；最后，盈余质量取决于盈余的构成、公司生命周期所处的阶段、时间段和行业。

与此相对，当出现财务舞弊、财务重述、盈余管理等无法准确反映公司当前经营业绩的问题时，盈余可以被认为是低质量的。近年来，我国监管部门采取了一系列措施遏制公司低盈余质量行为，不仅加大了低盈余质量的事后监管和处罚力度，更响应党的十九大提出的"深化简政放权，创新监管方式"号召而出台了证监会随机抽查制度。证监会随机抽查制度是随机抽取检查对象和随机选派抽查人员，以现场检查的方式对检查对象的信息披露和公司治理情况进行监督检查。就其本质而言，在该制度下证监会不仅仅是检查"问题"公司，随机待抽查的对象包含了所有公司，因此理应能发挥事前监管效能。

然而，遭到事前监管和事后处罚的公司毕竟为少数，大多数公司可能会存在侥幸心理。以财务重述事件为例，财务重述是指上市公司以前年度财务报告发生差错后，改正这些差错并发布公告说明修正这些差错的行为。财务重述也是盈余质量不高的表现。随着社会主义市场经济的发展，我国企业的财务重述行为也不断地出现。图1-1显示了2001—2019年近20年间我国上市公司财务重述数量的变化。从图中可以看出，上市公司财务重述数量总体呈上升趋势，其中不乏性质严重、调整幅度较大的财务重述。而图1-2则反映了上市公司财务违规事件总数趋势，从图中则可以看出，因违反法律法规而受到监管部门处罚的财务违规事件，如虚构利润、虚假记载、推迟披露、重大遗漏及腐败贿赂等,其总数历年来也呈上升趋势。总体而言,我国仍然存在不容忽视的上市公司盈余质量问题。

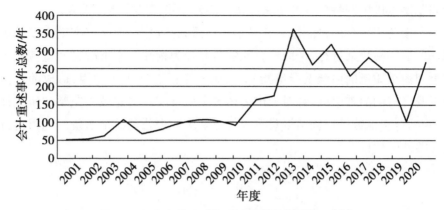

图1-1 上市公司财务重述事件总数趋势图[1]

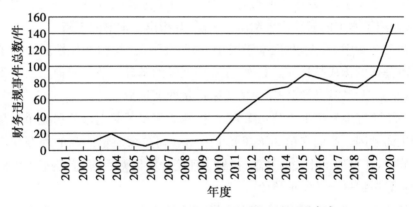

图1-2 上市公司财务违规事件总数趋势图[2]

低质量的盈余不仅会导致整个社会的会计信息失真,危害社会经济的健康发展,而且对相关的机构和人员也会造成严重的经济后果(Dechow et al.,2004)。首先,低质量的盈余会削弱市场的资源配置功能,市场的资源配置功能的发挥是以真实与公允的信息为前提的,无法反映公司真实情况的盈余必然会误导市场,导致资源的逆向配置;其次,低质量的盈余会损害投资者的利益,投资者根据失实的财务信息往往会做出错误的判断和决策;再次,低质量

---

[1] 数据来源于CSMAR数据库,作者手工整理。

[2] 数据来源于CSMAR数据库,作者手工整理。

的盈余长期来看也会损害公司自身,不利于公司健康可持续地发展;最后,低质量的盈余会扰乱正常市场秩序,损害社会经济。因此扼制上市公司盈余质量问题是推进中国特色社会主义经济平稳健康可持续发展的关键。

上市公司盈余质量问题一直是学术界研究的热点,但已有文献大多基于单一的研究视角来进行,全面综合性的研究较为稀缺。本书旨在通过梳理上市公司盈余质量的内涵及衡量指标,盈余质量问题产生的动因、造成的经济后果及可行的治理手段,针对上市公司盈余质量问题构建较为完整的研究框架,并结合实证数据检验结果对我国如何解决上市公司盈余质量问题提出具有实践性的建议。

1.2 研究内容

第1章是引言,基于现实数据,我们探讨了选题的背景和意义。在此基础上,介绍了本书的研究内容和研究方法,并指出了本书的创新。

在第2章中,首先,我们基于股票发行市场和公司的产权性质介绍了我国上市公司的构成与特征。其次,在梳理文献的基础上我们对盈余质量下了定义,并梳理了实证研究中常见的盈余质量的度量指标。

为了更好地解决上市公司盈余问题,我们需要了解上市公司盈余质量问题产生的动因。我们在第3章开展了上市公司盈余质量问题的外部和内部动因分析,在梳理了相关的文献、构建了理论分析框架后,我们还基于中国市场的实际证据进行了实证检验。

基于微观视角来看,盈余信息会影响投资者的投资风险和回报以及金融机构的日常运营。基于宏观视角来看,盈余信息直接影响着市场资源的流向和优化配置以及宏观经济的结构和运行效率。在了解盈余质量的测度与问题产生的动因的影响因素的基础上,于第4章我们探讨了上市公司盈余质量问题可能导致的经济后果。

第4章分析了上市公司盈余质量问题对上市公司、投资者、债权人以及审计师等不同资本市场主体产生的恶劣影响,强调了解决上市公司盈余质量问题的重要性。因此,我们在第5章中结合外部监督及内部治理探讨了上市公司盈余质量问题的治理方式。

最后一章,我们总结了前文,并在搭建的理论分析框架和得出的实证结论的基础上对上市公司盈余质量问题提出了政策性建议。

1.3 研究思路及方法

第一,我们分别从企业面对的外部因素和内部因素两方面探讨了盈余质量问题产生的原因,其中本书重点从企业的内部因素出发研究了中国企业盈余质量问题产生的动因。基于Porter(1980)的竞争战略理论,以2010年至2012年中国制造业A股上市公司为样本,我们构建了中国上市公司的竞争战略量化指标,使用盈余管理水平来衡量上市公司盈余质量,并在此基础上,对公司竞争战略选择和上市公司盈余质量的关系进行了实证分析。

第二,本书重点从审计师和企业财务危机两方面对中国上市公司盈余质量问题的经济后果进行了实证研究。上市公司盈余质量对审计师的影响又被进一步分为审计师意见和审计师变更两部分。基于现实数据,我们用财务重述行为来衡量上市公司盈余质量,对上市公司盈余质量对审计师意见和审计师变更的影响进行了实证分析。而财务危机是由公司是否被证券交易所特别处理来衡量的,若公司被特别处理,则被视为出现了财务危机。基于盈余管理和财务重述这两个不同的上市公司盈余质量问题,我们对上市公司盈余质量问题对企业不同阶段财务危机的影响进行了理论分析。

第三,我们重点从媒体监督视角对上市公司盈余质量问题的治理进行了研究。参照于忠泊等(2011)、向静婷(2014)的做法,在中国知网"中国重要报纸全文数据库"中手工检索并搜集以下知名度较高、具有较强权威性的18家报纸的相关信息:《中国证券报》《经济日报》《证券时报》《上海证券报》《中国经营报》《21世纪经济报道》《经济观察报》《第一财经日报》《中国经济时报》《中国企业报》《中国贸易报》《中华工商时报》《财经时报》《经济参考报》《金融时报》《人民日报》《广州日报》《光明日报》。基于以上这些权威报纸的数据,我们用媒体报道量来衡量媒体关注,并且按照媒体报道情绪对这些报道数据进行划分,分别为负面报道、中性报道和正面报道。而后,我们探讨了媒体关注对财务舞弊和盈余管理这两个盈余质量问题的治理作用。

1.4 可能的创新

本书可能的创新如下:

第一,探索企业战略是否可能是盈余管理的潜在决定因素,并提供了实证证据。Zahra et al. (2005)认为当前的会计研究侧重于识别事件的潜在指标而不是探索其产生的直接原因或前因,我们的研究响应了他们的号召。企业战略,作为影响内部治理机制的重要因素(Miles et al., 1978,2003; Miles et al., 2003; Ittner et al., 1997),是上市公司盈余质量问题产生的直接原因或前因,我们的研究补充了这一部分的内容。

第二,侧重于媒体报道如何主动影响管理行为,而不是和以往的多数研究一样侧重于检查管理者是否对某些媒体报道做出反应。本书研究结果表明,媒体声誉机制在中国股票市场是有效的,为媒体声誉机制在中国股票市场中发挥重要作用提供了支持证据。本书将声誉利益引入到媒体治理效果的分析中,以便更好地理解媒体如何通过声誉机制影响盈余管理。以往的研究只关注声誉成本对管理决策的约束作用(Dyck et al., 2008; Dyck et al., 2004; Dai et al., 2015)。在本书中,我们通过调查媒体与盈余管理之间的关联,以及国有企业如何影响这种关联,拓展了媒体在监督管理决策中的作用的研究。

第三,本书还研究了媒体报道的情绪对盈余管理的影响,这在现有的文献中未被考虑过,完善了媒体报道情绪方面的研究。由于区分出正面报道比较困难,所以关于正面报道以及正面与负面报道之间可能存在的抵消效应的研究相对较少。我们采用人工阅读法,逐篇阅读相关报道,区分出正面和负面报道并进行相关研究,同时,考虑不同类别媒体报道之间可能产生的抵消效应,本书采用综合倾向系数对媒体报道的综合基调进行衡量,这是对已有关于媒体报道情绪方面研究的有效补充。

第四,我们的研究对比了传统媒体报道和网络媒体报道的公司治理效应在不同控制权属性企业中的差异。由于网络媒体属于新兴媒体,相关研究较少,而关于网络媒体和传统媒体对不同类型公司产生的治理效应差别的研究更少之又少,我们的研究对比了这两种媒体对国企和非国企产生的公司治理效应的差别,有助于更深入地理解在我国特定制度背景下媒体关注的公司治理角色。

第 2 章 上市公司盈余质量概述

2.1 我国上市公司的构成与特征

20 世纪 90 年代以来,为了更好地发展中国特色社会主义经济,满足各类投资者的投资偏好,适应行业和发展阶段有异的不同企业的融资需求,我国已经逐步形成了由主板、科创板、创业板、新三板和区域性股权交易市场构成的多层次资本市场。目前场内市场和场外市场是我国资本市场的两个重要部分。场内市场是交易所市场,主要由上海证券交易所和深圳证券交易所构成。主板、中小板、创业板和科创板都属于场内市场,在这些板块交易的企业被称为上市公司。场外市场即交易所之外的市场,包括新三板(全称为全国中小企业股份转让系统)、区域性股权交易市场和券商市场,股份可以在这些板块交易的企业则为非上市公司。按上市公司产权性质进行分类,我们可以简单地将上市公司分为国有上市公司和非国有上市公司。由于中国特色社会主义经济特性,目前国有上市公司是我国场内资本市场的重要组成部分,截止至 2021 年底,各级国有控股的上市公司数量占上市公司总数的 30% 左右。

2.1.1 股票发行市场

2.1.1.1 主板市场

主板市场即我国的一板市场,是传统意义上大家所熟知的证券市场或股票市场,一个国家或地区证券的发行、上市及交易主要都是在主板市场进行的。目前,中国大陆主板市场的上市公司包含在上交所上市的公司和在深交所上市的公司两部分。在上交所主板上市的公司,它们的股票代码以 60 开头,而在深交所主板上市的公司,它们的股票代码则以 000 开头。主板市场作为资本市场最重要的一部分,它的情况能够在很大程度上反映我国经济发展的现实状况,因此也被称为"国民经济的晴雨表"。

主板市场上市门槛较高,对发行人的主体资格、规范运行和财务指标等方面都具有较高要求,具体需满足表2-1中的所有条件。通常来说,能够在主板市场上市的公司大多为规模较大、处于较为成熟的发展阶段的企业,一部分已经是某些行业的龙头企业,资本规模较大,盈利能力也比较稳定,被大家所熟知的主板上市公司有国有四大银行和三大通信服务公司等。

表2-1 主板上市条件

条件类别	上市条件
主体资格	股份有限公司; 持续经营3年以上; 主要资产不存在重大权属纠纷; 生产经营合法; 股份清晰; 近3年主业、董事、高管无重大变化,实际控制人没有变更; 允许多元化经营,但必须主业突出
规范运行	具有健全的股东大会、董事会和监事会制度; 董事、监事和高管符合任职资格要求; 内控制度健全且被有效执行; 无重大违法违规行为; 不存在违规担保情形; 资金管理严格
财务指标	最近的3个会计年度都连续盈利,并且累计的净利润超过3 000万元; 最近的3个会计年度的经营活动所产生的现金流量净额累计超过5 000万元,或最近的3个会计年度的营业收入累计超过3亿元; 最近1个会计年度期末无形资产占净资本比不超过20%; 最近1个会计年度不存在未弥补亏损; 发行前公司的股本总额不得少于3 000万元,发行后公司的股本总额不得少于5 000万元

2.1.1.2 中小板市场

为了鼓励企业自主创新,深圳证券交易所于2004年5月专门设置了一个中小型公司聚集板块,即中小板市场,在中小板上市的公司的股票代码以002开头。如今,中小板市场已属于主板市场的一部分,2021年4月经证监会批准后,深交所主板已与中小板合并,运行了17年的中小板市场不再单独存在,将作为主板的一部分继续运行。在中小板市场上市发行的条件与在主板市场上市发行的条件类似,在中小板市场上市的公司发行规模相对较小,但具有较快的成长性,而且上市后需要遵守更加严格的规定。设立中小板的目的主要在于改善公司治理结构和规范运行水平,提高信息披露透明度,以更好地保护投资者权益。在中小板上市的公司,虽然通常不像主板上市公司那样在行业中占据较为强势的地位,但后劲较足,具有积极的发展前景。以海康威视为例,自2010年海康威视在中小板上市以来,由于其强劲的自主核心技术和可持续研发能力,如今,海康威视已在福布斯2022年全球企业2 000强榜单中占据第607位。

"两个不变"和"四个独立"概括了中小板的整体设计原则。其中,"两个不变"是指中小板市场运行需要遵循的法律、法规和部门规章与主板保持一致,同时中小板块的发行上市条件和信息披露要求也与主板保持一致。而"四个独立"是指虽然中小板是主板市场的一部分,但其运行独立、监察独立、代码独立和指数独立。

2.1.1.3 创业板市场

创业板市场即二板市场,创立创业板市场的目的是为具有高成长性的中小企业和高科技企业提供相应的融资服务。创业板市场不同于主板市场,具有前瞻性、高风险性、监管要求严格和明显的高技术产业导向的特点。与主板市场相比,在创业板市场上市的要求如成立时间、资本规模、中长期业绩等方面都更为宽松。但创业板的退市制度更为严格,最近一个年度的财务会计报告显示当年年末未经审计净资产为负就会被要求终止上市。创业板成立的目的就是在严要求运作的前提下,放宽准入门槛,为有潜力的中小企业提供融资渠道,同时提高投资资源的流动和使用效率,并鼓励知识经济,促进中国特色社会主义经济的发展。在创业板上市的公司大多为高新技术企业,往往成立时间较短,规模较小,业绩也不突出,不符合主板上市条件,但它们成长性较高,有很大的发展空间。总结而言,设立创业板市场的目的是给成长性高的中小型高新技术企业提供更方便的融资渠道,也为风险资本创造一个正常的退出机制。同时,创业板市场的运行也能促进产业结构调整,推进经济改革。主板和创业板的上市要求的主要区别如表2-2所示。

表 2-2　主板与创业板上市要求对比

项目	主板	创业板
主营业务重大变化	最近 3 个会计年度无重大变化	最近 2 个会计年度无重大变化
董事、高管重大变化	最近 3 个会计年度无重大变化	最近 2 个会计年度无重大变化
实际控制人变更	最近 3 个会计年度无重大变化	最近 2 个会计年度无重大变化
连续盈利	最近的 3 个会计年度净利润均不为负且累计超过人民币 3 000 万元；最近的 3 个会计年度经营活动所产生的现金流量净额累计超过人民币 5 000 万元或者最近的 3 个会计年度营业收入累计超过人民币 3 亿元；最近的 1 个会计年度不存在未弥补的亏损。这三个标准必须同时具备	最近的 2 个会计年度连续盈利，且最近的 2 个会计年度净利润累计不少于 1 000 万元；或者最近的 1 个会计年度盈利，且净利润不少于 500 万元，最近的 1 个会计年度营业收入不少于 5 000 万元
资产构成	最近的 1 个会计年度期末无形资产占净资本比不超过 20%	无限制

2.1.1.4　科创板市场

科创板是我国第一个实行注册制的场内市场。科创板的设立主要是为了更好地扶持符合国家战略、突破关键核心技术、市场认可度高的科技创新企业。在科创板上市的公司普遍具有技术创新性强、研发投入大、回报周期长、技术更新迭代快、盈利能力不稳定以及核心项目和技术人员依赖性强等特点。因此，即使在科创板上市后，这些公司的持续创新能力、主营业务的可持续发展能力以及盈利能力等仍然存在很大的不确定性。此外，与主板、中小板和创业板相比，科创板的上市条件有一点不同，即科创板允许企业在没有实现盈利的情况下上市。

但并不是所有科技创新公司都能在科创板上市。以下三类公司是科创板的重点关注公司：第一，符合国家发展战略、已经突破了关键核心技术、获得较高市场认可度的科技创新公司；第二，属于新一代信息技术，如高端装备、新材料、新能源、节能环保以及生物医药等高新技术行业和战略性新兴行业的科技创新公司;第三,能与制造业实现深度融合的互联网、大数据、云计算、人工智能的科技创新公司。

2.1.2 公司的产权性质

2.1.2.1 国有企业

根据财政部 2017 年发布的《国有企业境外投资财务管理办法》,国有企业,是指国务院和地方人民政府分别代表国家履行出资人职责的国有独资企业、国有独资公司以及国有资本控股公司,包括中央和地方国有资产监督管理机构和其他部门所监管的企业本级及其逐级投资形成的企业。

我国是社会主义市场经济国家,国有企业包含的范围与国际惯例有所不同,在我国国有企业除了包含由中央政府控制的企业外,还包括地方政府投资或参与控制的企业。国有企业的最终所有权属于全体人民,由政府来履行出资人的职责,各级国资委对其下属的相关国有企业实施直接管理和监督。在我国经济社会的发展过程中,国有企业发挥了重要作用,极大地提高了我国企业的国际竞争力,同时也承担了很多社会责任,到目前为止,很多关系到国计民生的产业仍然主要掌握在国有企业手中。

国有企业可以进一步分为中央国有企业和地方国有企业。中央国有企业是指最终受中央政府或其派出机构控制的企业,包括国务院、国资委、财政部、教育部等政府有关部门控制的企业。地方国有企业是指由省/市政府或其派出机构最终控制的企业,包括省/市政府、省/市国资委、省/市财政厅或局、省/市教育厅或局和其他地方政府部门控制的企业。

我国的国有企业脱胎于新中国成立之初的计划经济体制,后来逐步向中国特色社会主义市场经济体制转变。在经济体制转变的过程中,国有企业也在不断发生变革,时至今日,国有企业改革已经取得了丰硕的成果,摸索出了一套有效的具有中国特色的企业管理体系,同时也充分发挥了国有企业在我国经济社会发展中的重大作用,极大地提高了我国企业的国际竞争力,很多优秀的国企成功跻身世界 500 强的行列,成为我国企业国际化的排头兵。对于国有企业改革的历程,在理论上一般将其划分为三个大的阶段,总结如表 2-3 所示:

表 2-3　国企改革发展历程

时间阶段	改革内容	改革目标
1978—1991年初步探索阶段	推行承包经营责任制,对企业的管理进行放权让利,实行利改税、厂长(经理)负责制等,开始逐步调整政府部门和国有企业之间的管理权限与利益分配关系	实现政企分开,使国有企业从计划经济体制下的政府部门中解脱出来
1992—2002年制度创新阶段	在全国范围内推行国有企业的公司化改制,逐步在国有企业中建立现代企业制度	建立现代化的公司治理制度,提高国有企业整体实力
2002年至今纵深推进阶段	逐步完善和规范国有企业的公司治理机制,进一步深化所有制改革,强化国有资产管理和监督体制	使得国有企业不断地做大做强,能够长期可持续发展并具备国际竞争力

2.1.2.2　非国有企业

非国有企业是指最终控制人为非政府的企业,包含乡镇企业、个体私营企业、外资企业等。非国有企业是中国特色社会主义市场经济发展的重要驱动力量。

2.2　盈余质量的定义和内涵

公司的盈余相关信息是用于支持资本市场中的某些判断和决策的,它们的质量是参与信息编制、传播和使用过程中的各方利益相关者所关心的问题。对于公司外部利益相关方而言,他们无法接触到公司日常的经营与管理,财务报告的相关信息是他们进行决策的重要依据,而盈余质量是外部利益相关方对公司财务报告建立信任的基础。盈余质量的高低决定了外部利益相关方判断和决策的有效性高低。

2.2.1　盈余质量的定义

基于不同资本市场参与者的需求,Dechow et al. (2010)将高质量的盈余定义为提供了更多有关公司财务业绩特征的信息的盈余,这些特征与特定决策者所做的特定决策有关。

2.2.2 盈余质量的内涵

基于美国的公认会计准则(GAAP)与国际财务报告准则(IFRS)，相关性和可靠性是会计信息最基本的质量特征。盈余作为最基本的会计信息，除了要满足相关性与可靠性的要求外，相关学者为了让盈余相关研究更为深入，进一步定义了更多更有针对性的属性。Francis et al.(2005)提出盈余属性为应计利润的质量、持续性、可预测性、价值相关性和平滑性。

2.2.2.1 应计利润的质量

由于目前会计使用权责发生制而不是收付实现制进行核算，应计利润的可操纵性会降低盈余信息的相关性，证券分析师们普遍认为，与现金流密切相关的盈余越多，盈余的质量就越好。权责发生制下，净利润数据包含了一部分应计、递延、摊销和估计项目，为盈余操纵提供了空间。因此，相比于净利润，经营活动所产生的现金流量净额更能衡量企业的业绩表现，越具有现金保障的应计利润质量越佳。

2.2.2.2 持续性

盈余持续性是盈余质量的重要属性之一，它能反映企业当前盈余未来持续增长的可能性。盈余持续性越高，盈余质量就越高。持续性高的盈余可以保证根据现有盈余信息预测未来收益的有效性，对于投资者的投资决策而言具有重要的信息价值。

2.2.2.3 可预测性

可预测性即盈余自我预测的能力，盈余可预测性越高，盈余质量就越高。可预测性作为盈余质量的衡量标准是基于"倾向于重复本身的盈余数字是高质量"的观点(Francis et al.，2005)，也即高质量盈余是未来收益的良好预测器。

2.2.2.4 价值相关性

价值相关性作为盈余质量的衡量标准，是基于会计数字应该解释投资回报所蕴含的信息的理念，解释力越强的盈余被认为质量越高。因此，价值相关性是一个或多个盈余数字解释股票收益变化的能力。具有更强解释力的盈余被认为更可取，也就是说，能够解释更大回报差异的盈余质量更高。

2.2.2.5 平滑性

盈余平滑是指企业管理者故意减少公司披露盈余的波动，使其表现出相对稳定的变化趋势的行为(Beidleman，1973)。波动越小的盈余越平滑。而盈余平滑性越高,代表盈余的波动越小,表明企业管理者隐藏披露盈余的波动制造稳定的经营状况的可能性越高,相应的披露盈余与实际盈余水平的差距越大,披露的盈余质量越低。

2.3 盈余质量的常见度量

正因为盈余质量的内涵有多个层次,学者们也从不同的角度提出了盈余质量的度量指标。我们大致可以将这些度量指标梳理为盈余特征、投资者反应和监管部门的处罚三个方面。

2.3.1 盈余特征方面

2.3.1.1 盈余持续性

1) 盈余持续性的概念

不同时代以及不同国家的学者基于不同的研究角度提出了多种度量盈余持续性的方法。一部分学者基于时间序列因素提出应当以盈余的时间序列特征来度量盈余的持续性。Freeman et al.(1982)第一次提出盈余的可持续性是指当期盈余对下一期盈余的预测性,当期盈余对下一期盈余的预测性越强,盈余可持续性越强。在他的研究基础上,Sloan(1996)、Richardson et al.(2005)进一步提出盈余持续性是由本期盈余能延续到下一期盈余的程度来衡量的。Kormendi et al.(1987)、Lev(1988)的观点指出盈余持续性是指当期盈余可以对未来盈余预测施加的重大影响。程延拓(2009)和吕春然(2010)等一部分国内学者基于时间序列的特征给盈余持续性下定义,他们认为盈余持续性就是指当期盈余对未来盈余的预测时间以及当期盈余变化事件对盈余持续稳定的影响程度。另外一部分学者是基于自相关的角度来给盈余持续性下定义的。Lipe(1994)认为当期的盈余创新能作为盈余序列中一个永久部分的程度就是盈余的持续性。此外 Anctil et al.(2005)也认为,盈余持续性是指企业纵向盈余的序列相关性。

关于盈余持续性的定义,学者们基于不同研究角度提出了自己的看法,这些定义虽然并没有达成一致,但究其本质而言,他们均认为盈余的持续性体现为盈余能够预测企业未来盈余的能力。对各方观点进行求同存异后,可以得出,盈余持续性其实就是指当期盈余可能在未来长期保持相对稳定的程度。

2) 盈余持续性的计量方法

对于盈余持续性的度量方法,不同的学者看法不一,但总结而言,以下三种度量方法是比较常见的,即时间序列模型法、财务报表基本面分析法和线性一阶自回归模型法。

(1) 时间序列模型法

1970年代和1980年代,以盈余的时间序列特征来衡量盈余持续性的研究方法成为主流。学者们广泛采用基于过去已披露的会计盈余数据构建合适的统计模型的方法,通过估计相应的利息参数来度量盈余的持续性。这个方法的原理是通过连续多个会计期间的盈余之间的联系来对未来会计盈余进行预测,其中被当今研究广泛用于盈余持续性度量的是 Miller et al. (1985)以及 Kormendi et al. (1987)提出的 ARIMA 模型。ARIMA 模型的提出大幅推进了将时间序列模型应用于盈余持续性度量的研究进程。在较为基础的低阶 ARIMA 模型的基础上,Lipe et al. (1994)进行了模型优化,发现高阶 ARIMA 模型用于盈余持续性参数估计的准确性更强,更能反映出当期盈余中蕴含的价值信息。

(2) 财务报表基本面分析法

但有一部分学者认为时间序列模型是以历史数据为基础对盈余持续性进行度量的,对历史数据的可靠性等信息要求较高,高阶 ARIMA 模型也比较复杂,因此他们试图通过财务报告来构造相关的指标来度量盈余持续性。

Lev et al. (1993)基于公司披露的财务报告信息,选取了12类基本面信息指标,分别赋予相应的权重以构造一个综合性的指标,并将基于这个综合指标的得分所得到的企业盈余持续性的度量结果与基于时间序列模型所得到的企业盈余持续性的度量结果做比较,得出基于公司披露的财务报告信息所构造的综合指标度量公司的盈余持续性的方法更能反映出盈余持续性的特征这一结论。基于他们的研究,Abarbanell et al. (1997)从财报中选取了9个不同的指标,提出盈余持续性就是当期盈余能用于预测未来盈余和股票价格的能力。钱爱民等(2009)构建了基于我国企业核心盈利能力的盈余持续性综合评价体系。陈金龙等(2011)则基于企业盈余的历史数据、现实表现和未来发展潜力3个方面建立了一种用于度量盈余持续性的综合评价体系,并通过571家制造业上市公司样本的实际数据,证明了该综合评价体系的适用性。孟宪萍和李炜(2012)则采用主成分分析法从财务报表中提取出14个指标,基于相对全面的角度对盈余持续性进行了度量。

(3) 线性一阶自回归模型法

Freeman et al.(1982)最先提出可以通过构建线性一阶自回归模型来度量企业的盈余持续性,他们认为当期盈余对下一期盈余的预测能力代表了企业的盈余持续性。因此他们选择用当期的会计盈余构建预测下一期会计盈余的线性一阶回归模型,这一自回归模型所估计出的系数就是用于度量企业的会计盈余持续性的指标。经过后续相关研究中的广泛应用和验证,这一线性一阶自回归模型已经成为国内外学者对盈余持续性进行度量的主要方法。Freeman et al.(1982)构建的基础线性一阶自回归模型为:$ROA_{t+1}=\alpha+\beta ROA_t+\delta$。其中,$ROA_t$、$ROA_{t+1}$分别为企业当期和下一期的净资产收益率,而模型估计出的回归系数β就是用于度量盈余持续性的指标,且β处于大于或等于0但小于或等于1的区间内。基于这个基础的度量盈余持续性的线性一阶自回归模型,Sloan(1996)进行了一定的优化,拓宽了财务指标的选取范围,不再局限于净资产收益率这一项,他的模型为:$Earnings_{t+1}=\gamma_0+\gamma_1 Earnings_t+\delta$。其中,$Earnings$可以是上市公司的任意财务指标,同样的模型估计出的回归系数γ_1就是用于度量盈余持续性的指标,该系数也处于大于或等于0但小于或等于1的区间内。

3) 盈余持续性的影响因素

盈余持续性是管理者和投资者利用率较高的指标之一,学者们也一直在对影响盈余持续性的因素进行探究,找寻提高盈余持续性的方法。影响盈余持续性的因素主要分为以下几个方面:

第一,公司经营特征。Lev(1983)将盈余持续性与公司经营特征联系在一起,认为企业经营风险与公司规模、资本密集度和行业竞争程度相关,进而会影响到盈余的稳定性。基于资产组合理论,张俊瑞等(2016)从企业的经营战略视角考察了多元化经营与企业盈余持续性的关系,认为企业多元化经营战略能够通过分散经营风险来降低盈余波动风险,从而提高企业会计盈余的持续性;进一步将多元化经营按照业务之间的相关性划分,实证研究发现相比于非相关性多元化经营,相关性多元化经营更能提高盈余持续性。

第二,外部因素。程敏英等(2019)从供应链角度探讨了供应商/客户集中度与盈余持续性的关系,理论上分析了供应商/客户集中度对公司盈余存在保险或风险效应,实证结果表明供应商/客户集中度对公司的盈余存在风险效应,削弱了盈余持续性,但市场竞争力能够起到缓解作用。罗勇根等(2018)基于盈余质量视角,考察了宏观经济变动对微观企业的影响,实证研究发现通货膨胀会降低企业的盈余持续性。权小锋和吴世农(2012)从盈余信息定价效率角度考察了媒体关注对公司产生的治理效应及作用机制,实证研究发现媒体关注通过抑制公司管理层的盈余管理行为,进而提升盈余持续性,降低了市场对应计盈余的误定价程度。

第三,代理问题与内部治理环境。谢盛纹和刘杨晖(2015)利用一阶自回归模型,从代理理论视角出发,验证了高管权力加大了其寻租的能力和动机,进而降低盈余持续性的假设。宫义飞和谢元芳(2018)发现存在内部控制缺陷的上市企业盈余持续性较差,而内部控制缺陷的整改能够显著提高盈余持续性。

2.3.1.2 应计利润

(1) 应计利润的定义

应计利润是指那些按照权责发生制的配比原则应计入当期损益,不会造成当期的现金流入和流出,但会导致当期企业的资产、负债或所有者权益发生变动的收入和费用。典型的应计利润表现为与赊销相应的营业收入和与赊购相应的营业成本,尽管当期没有出现与之匹配的现金收取和支付行为,但实际的交易是在当期发生的,且已完成了风险与报酬的转移。通常来说,应计利润可以分为不可操控性应计利润和可操控性应计利润两部分。其中,不可操控性应计利润是指那些企业因会计政策和法规的约束无法实施操控的应计利润,大部分学者认为这部分数额才是真实地反映了企业总体应计利润水平。而可操控性应计利润是企业可以利用会计手段操控以满足私利的那部分应计利润,可操控性应计利润水平越高,盈余质量越差。以坏账损失费用为例,企业可以在没有进行评估的情况下,随意调整坏账准备计提比例或确认无法收回的应收账款,这不仅会导致应收账款净额降低,企业账面资产总额减少,而且能通过确认的坏账损失费用在没有发生实际损失的情况下降低当期利润以达到少交税等谋取私利的目的。

(2) 应计利润的计算

应计利润其实就是企业采用收付实现制和采用权责发生制所核算出的利润之间存在的差异部分。应计利润被广泛运用于会计理论和实务研究中。基于基本的会计理论,经营活动的现金净流量和应计利润两部分加总,就能得出损益表中净利润的数字。因此,Wilson(1987)等一些国外学者通过从净利润中减去经营活动的现金净流量得出的差值来对应计利润进行计量。而我国对应计利润的相关研究中,陈信元等(2006)、陈武朝等(2004)通过从营业利润中减去经营活动的现金净流量得出的差值来计量经营性应计利润,而总应计利润是通过从净利润中减去经营活动的现金净流量得出的差值来计量的。

Wilson(1987)认为总应计利润(ACC)就是净利润(NIN)与经营活动的现金净流量(CFO)之间的差值,并且进一步地将总应计利润分为经营性应计利润(CACC)和非经营性应计利润(NCACC)两部分,它们的计算方法如下:

$$ACC = NIN - CFO \qquad 公式(2-1)$$

$$ACC = CACC + NCACC \qquad 公式(2-2)$$

经营性应计利润一般是通过公式(2-3)得到的(Dechow et al.,1995):

$$CACC_i = \Delta CA_i - \Delta CL_i - DEP_i \qquad 公式(2-3)$$

其中,$CACC_i$是i公司当期的经营性应计利润;ΔCA_i是i公司当期扣除现金和现金等价物、短期投资后的流动资产的变动额;ΔCL_i是i公司当期扣除一年到期长期负债后的流动负债的变动额;DEP_i是i公司当期计提的总折旧费用。

上述计算所需的数据一般都是基于资产负债表披露的数字。但Hribar et al.(2002)的研究指出如果公司当期的经营活动出现了并购、非持续性项目、外币转换等非常规活动,那么通过上述方法计算出的应计利润额是不准确的,因此他提出经营性应计利润应该依据现金流量表所披露的数字来进行计量。他提出的计量经营性应计利润的方法如公式(2-4)所示:

$$CACC_{i,t} = \Delta AR_{i,t} + \Delta INV_{i,t} + \Delta NOCA_{i,t} - \Delta AP_{i,t} \\ - \Delta TAX_{i,t} - \Delta DEP_{i,t}$$

$$公式(2-4)$$

其中,$CACC_{i,t}$是i公司当期经营性应计利润;$\Delta AR_{i,t}$是i公司当期现金流量表披露的应收账款的变动额;$\Delta INV_{i,t}$是i公司当期现金流量表披露的存货的变动额;$\Delta NOCA_{i,t}$是i公司当期现金流量表披露的其他净流动资产的变动额;$\Delta AP_{i,t}$是i公司当期现金流量表披露的应付账款的变动额;$\Delta TAX_{i,t}$是i公司当期现金流量表披露的应付税款的变动额;$\Delta DEP_{i,t}$是i公司当期计提的总折旧费用。

我国学者如陈信元等(2006)、陈武朝等(2004)则采用公式(2-5)来计算经营性应计利润:

$$CACC_{i,t} = PROF_{i,t} - CFO_{i,t} \qquad 公式(2-5)$$

其中，$CACC_{i,t}$是i公司当期的经营性应计利润；$PROF_{i,t}$是i公司当期的营业利润；$CFO_{i,t}$是i公司当期经营活动所产生的现金流量净额。

2.3.1.3 盈余平滑性

1) 盈余平滑的概念

盈余平滑这一概念最早是由 Hepworth 在其于 1953 年发表的"Smoothing Periodic Income"中提出的，企业稳定的盈余状况能够增强股东以及债权人等外部利益相关方对公司发展的信心，因此公司有动机实施平滑盈余的行为。目前盈余平滑的定义可以宽泛地表达为：公司管理层通过有意识地安排交易或利用普遍允许的自由判断空间，人为地控制对外公布的会计盈余的波动，使其落在能博得外部利益相关方关注的范围内，并表现出相对稳定的变化趋势。

2) 盈余平滑的手段

Barnea et al. (1976)界定了三类盈余平滑手段：应计项目盈余平滑手段、真实盈余平滑手段、分类盈余平滑手段。

(1) 应计项目盈余平滑手段

应计项目盈余平滑手段是指管理层利用公认会计原则允许的自由判断空间，有意识地选择对自己有利的会计政策或会计估计来达到平滑盈余的目的。应计项目盈余平滑主要是通过操控可操纵性应计利润来实现的，如通过选择对自己有利的折旧方法多提或少提折旧、改变无形资产摊销比例、选择对自己有利的存货成本计价方法或存货公允价值计价方法、在确认资产价值时采用成本法核算来自子公司的股利收益等方法来达到平滑盈余的目的(Albrecht et al., 1990)。研究发现，除了普通公司外，会计计量方法不同的商业银行也会通过计提贷款损失准备以实现盈余平滑(陈超等,2015)。

(2) 真实盈余平滑手段

真实盈余平滑则是指管理层通过操控或构造真实交易活动来平滑盈余。真实盈余平滑会改变公司经营活动和基础现金流，并且在整个会计年度都有可能发生。当管理层采取行动构造经济事项以生成平滑的收益流时，就会产生真实盈余平滑(Albrecht et al., 1990)。通过出售非流动资产和调整投资项目(Bartov,1993;Tan et al., 2006)、采用看跌互换期权金融衍生工具(Li et al., 2016)、调整限售股的持有量(王玉涛等,2013)等方式，企业能够达到盈余平滑的目的。

(3) 分类盈余平滑手段

分类盈余平滑手段是指企业通过分类调整归属于经营性和非经营性项目、经常性项目和异常项目的收益来达到平滑盈余的目的。Barnea et al. (1976)的研究表明了管理层会将来自异常项目的收入归类到属于经常性项目的收入,或者将来自经营性项目的费用归类到属于异常项目的费用,从而达到平滑经常性收益的目的。

2.3.1.4 损失确认及时性

在损失确认及时性研究中,损失确认的及时性和收入确认的及时性往往需要区分开。会计的谨慎性原则要求不高估资产或收入,不低估负债或费用,而过于乐观的管理层往往会选择及时确认收入但推迟确认损失,导致非对称及时性问题,这违背了会计的谨慎性原则,也会导致盈余质量的下降。因此损失确认及时性也可用于度量企业的盈余质量,而 C-Score 就是比较常用的损失确认及时性的计量模型。具体的模型如公式(2-6)所示:

$$\frac{EPS_{i,t}}{P_{i,t-1}} = \beta_1 + \beta_2 D_{i,t} + \beta_3 R_{i,t} + \beta_4 D_{i,t} \times R_{i,t} + \varepsilon_{i,t} \quad 公式(2-6)$$

其中,$EPS_{i,t}$ 是 i 公司在第 t 个会计年度期末的每股收益;$P_{i,t-1}$ 是 i 公司在第 $t-1$ 个会计年度期末的股票收盘价格;$R_{i,t}$ 是 i 公司在第 t 个会计年度 5 月至在第 $t+1$ 个会计年度 4 月经过市场调整后的累计股票回报率;$D_{i,t}$ 是虚拟变量,如果 $R_{i,t}<0$,则 $D_{i,t}$ 被赋值为 1,否则 $D_{i,t}$ 被赋值为 0。$R_{i,t}$ 的具体计算方法如公式(2-7)所示:

$$R_{i,t} = \left[\prod_{j=5}^{4}(1+R_{i,j})-1\right] - \left[\prod_{j=5}^{4}(1+R_{m,j})-1\right] \quad 公式(2-7)$$

$R_{i,j}$ 和 $R_{m,j}$ 分别是考虑现金红利再投资的月个股回报率和考虑红利再投资的按市值加权计算的月市场回报率。

公式(2-6)中,β_3 是好消息确认及时性的反应系数,β_3 与 β_4 加总后能得到坏消息的确认及时性的反应系数,β_4 是相比于好消息,坏消息确认的增量系数,一般情况下,β_4 是否显著大于 0 能用于度量会计信息的稳健性。

计量损失确认及时性的指标能反映出管理层的乐观主义倾向和会计的谨慎性,因此能用于度量盈余信息的质量。此模型基于有效市场假设,如果股票价格不能够及时有效地反映出企业实际的运营状况,那么这个模型的有效性是存疑的。

相关的实证研究发现:损失确认及时性与投资者保护之间、公司治理机制和审计质量之间等存在显著的正相关关系;股票市场对会计信息需求与损失确认及时性之间存在显著的负相关关系,但债券市场对会计信息的需求与损失确认及时性之间存在显著的正相关关系(袁克利,2011)。

2.3.1.5 盈余达标

实证研究发现,公司有动机通过盈余操纵使披露盈余达到管理层或分析师预测盈余的要求。公司的股权结构、管理层货币薪酬、管理层股权激励等一系列资本市场动机会驱使管理层实施盈余操纵行为以达到盈余目标。这种盈余操纵行为也会受到外部监管机制的制约,如高质量的外部审计能有效抑制这种强行达标的盈余操纵行为。企业往往会通过钻税收政策空子、将来自于异常项目的收益归类至经营类项目、调整应计利润、回购公司股票、出售资产等方法操纵盈余以达到盈余目标,造成盈余质量下降。袁克利(2011)的研究证明达标型的盈余操纵行为能给公司带来短期的股票收益,在经济利益的驱动下,管理层是有动机实施达标型的盈余操纵行为的。

2.3.1.6 应计盈余管理

1) 应计盈余管理的概念

应计盈余管理是管理者实施盈余管理的两种策略之一。由于会计准则允许管理人员和会计人员在各种会计政策和方法的选择上有一定的自由,他们可以有意地调整会计估计或者选择对自己有利的会计政策来操纵应计收益,如推迟或提前收入确认时点、计提或转回减值准备等。这些操纵不涉及任何实际经济活动,操作简单,但需要在财务报告中予以披露。因此,与通过操纵真实经济活动来达到调整盈余目的的真实盈余管理相比,它们更有可能引起审计机构或监管机构的审查,导致更高的惩罚成本。实施应计盈余管理通常能粉饰真实的经营业绩,且通常只会影响到损益表数字,对现金的流入和流出无直接影响。

2) 应计盈余管理的计量方法

应计盈余管理一般是通过选择对自己有利的会计政策和方法,有意地进行会计估计调整,以达到操纵盈余的目的,如更改应收账款计提坏账准备的比例和选择对自己有利的加速折旧法或平均年限折旧法等。度量应计盈余管理水平的基本思想是区分出企业总应计利润中的可操控应计利润。度量应计盈余管理水平的基本方法是先估计出正常性应计利润水平,然后从实际应计利润中减去估计出的正常性应计利润,得到的差值就是企业的可操控性应计利润水平,即企业的应计盈余管理水平。被广泛应用的估计企业正常性应计利润水平的模型主要有 Jones 于 1991 年提出的 Jones 模型,和在此基础上 Dechow et al. (1995) 优化的修正 Jones 模型和 Kothari et al. (2005) 优化的业绩匹配模型,以及区别于前三种模型,使用公司经营活动所产生的现金流净额进行估计的 DD 模型。

(1) Jones 模型

Jones 模型是由 Jones 于 1991 年首次提出的。他认为公司经济环境的变化会影响企业的正常性应计利润水平,因此他提出了如公式(2-8)所示的估计模型:

$$\frac{TA_{i,t}}{A_{i,t-1}} = \alpha_1 \left(\frac{1}{A_{i,t-1}}\right) + \alpha_2 \left(\frac{\Delta REV_{i,t}}{A_{i,t-1}}\right) + \alpha_3 \left(\frac{PPE_{i,t}}{A_{i,t-1}}\right) + \varepsilon_{i,t}$$

公式(2-8)

其中,$TA_{i,t}$ 是公司 i 当期实际应计利润水平,通过从净利润中减去经营活动所产生的现金流量净额得到;$A_{i,t-1}$ 是公司 i 的上期期末资产总额;$\Delta REV_{i,t}$ 是公司 i 当期的主营业务收入变动额;$PPE_{i,t}$ 是公司 i 当期期末厂房、设备等固定资产净值。

对公式(2-8)分行业进行回归后可以得到分行业的模型估计系数 α_1、α_2、α_3,并将这些系数代入下面的公式(2-9)以得到公司 i 的正常性应计利润水平 $NDA_{i,t}$:

$$NDA_{i,t} = \alpha_1 \left(\frac{1}{A_{i,t-1}}\right) + \alpha_2 \left(\frac{\Delta REV_{i,t}}{A_{i,t-1}}\right) + \alpha_3 \left(\frac{PPE_{i,t}}{A_{i,t-1}}\right) + \varepsilon_{i,t}$$

公式(2-9)

在此基础上,根据公式(2-10)得到操控性应计利润水平,即公司的应计盈余管理水平 $DA_{i,t}$。

$$DA_{i,t} = \frac{TA_{i,t}}{A_{i,t-1}} - NDA_{i,t} \qquad 公式(2-10)$$

(2) 修正的 Jones 模型

由于通过改变收入确认时点的盈余操纵行为会影响企业的主营业务收入变动额,Jones 模型往往不能准确地估计出公司的正常性应计利润水平。因此,Dechow 等(1995)在 Jones 模型的基础上,对模型进行了优化,将应收账款变动额加入模型用于估计正常性应计利润水平,以提高模型的有效性。修正的 Jones 模型如公式(2-11)所示:

$$NDA_{i,t} = \alpha_1\left(\frac{1}{A_{i,t-1}}\right) + \alpha_2\left(\frac{\Delta REV_{i,t} - \Delta REC_{i,t}}{A_{i,t-1}}\right) + \alpha_3\left(\frac{PPE_{i,t}}{A_{i,t-1}}\right) + \varepsilon_{i,t}$$

公式(2-11)

这里的 $\Delta REC_{i,t}$ 是公司 i 当期期末应收账款变动额,其他变量含义与 Jones 模型相同。α_1、α_2、α_3 仍是由基础的 Jones 模型即公式(2-8)估计所得到的。公式(2-11)和公式(2-9)的主要区别在于,公式(2-11)剔除了主营业务收入变动额中赊销行为的影响,以更好地估计正常性应计利润水平 $NDA_{i,t}$。

(3) 业绩调整或匹配的应计盈余管理估计

应计盈余管理模型的隐含假设是未预期的应计利润水平的期望值等于零,即会计盈余符合随机游走情形。因此,通过公司实际的应计利润水平与营业收入变动、固定资产净额、期末总资产额等变量构建的模型估计出的残差不为零,则推断企业实施了应计盈余管理行为,估计出的残差就是公司的应计盈余管理水平。然而,公司的会计盈余可能并不符合随机游走情形,公司的会计盈余很有可能与应计利润存在系统性关联关系,利润是有惯性的,不同时期的利润也有可能存在系统性的反转,此时使用 Jones 模型或修正的 Jones 模型往往不能估计出非操控性应计利润的正常水平。

由于 Jones 模型是通过影响正常应计利润的因素来估计公司的非正常应计利润水平以度量公司的应计盈余管理水平,因此,要想保障估计的操控性应计利润即非正常性应计利润的可靠性,就需要考虑与正常性应计利润水平相关的业绩因素的影响。Kothari et al. (2005)在 Jones 模型和修正的 Jones 模型的基础上,将公司业绩水平加入估计模型,以达到优化的目的,即业绩调整或匹配的应计盈余管理估计方法。业绩调整或匹配的应计盈余管理估计方法包括将企业业绩水平纳入模型的业绩调整的方法和通过业绩匹配样本后再进行估计的方法这两种。

业绩调整的方法是在 Jones 模型或修正的 Jones 模型中,加入当期总资产回报率(ROA)这一变量,业绩调整的 Jones 模型如公式(2-12)所示,业绩调整的修正的 Jones 模型如公式(2-13)所示,公式中其他变量的含义都与 Jones 模型或修正的 Jones 模型相同。

$$NDA_{i,t} = \alpha_1\left(\frac{1}{A_{i,t-1}}\right) + \alpha_2\left(\frac{\Delta REV_{i,t}}{A_{i,t-1}}\right) + \alpha_3\left(\frac{PPE_{i,t}}{A_{i,t-1}}\right) + \alpha_4\, ROA_{i,t} + \varepsilon_{i,t}$$

公式(2-12)

或

$$NDA_{i,t} = \alpha_1 \left(\frac{1}{A_{i,t-1}}\right) + \alpha_2 \left(\frac{\Delta REV_{i,t} - \Delta REC_{i,t}}{A_{i,t-1}}\right) + \alpha_3 \left(\frac{PPE_{i,t}}{A_{i,t-1}}\right) + \alpha_4 \, ROA_{i,t} + \varepsilon_{i,t}$$

公式(2-13)

而业绩匹配方法是首先选取同行业中当期总资产回报率(ROA)最接近的公司作为配对样本,然后使用 Jones 模型或修正的 Jones 模型估计出实验样本组和配对样本组各自的非正常性应计利润,再用实验组公司的非正常性应计利润减去相应配对组公司的非正常性应计利润,得出实验组公司的应计盈余管理水平。

(4) DD 模型

DD 模型是由 Dechow 和 Dichev 于 2002 年提出的,DD 模型的基本思想跳脱出了 Jones 模型的框架,认为正常的应计利润水平是过去、现在和未来现金流情况的体现,具体模型如公式(2-14)所示:

$$\Delta WC_{i,t} = \alpha_0 + \alpha_1 \, CFO_{i,t-1} + \alpha_2 \, CFO_{i,t} + \alpha_3 \, CFO_{i,t+1} + \varepsilon_{i,t}$$

公式(2-14)

其中,$\Delta WC_{i,t}$ 是公司 i 第 t 个会计年度期末的营运资本变动额;$CFO_{i,t-1}$ 是公司 i 第 $t-1$ 个会计年度期末经营活动所产生的现金流量净额;$CFO_{i,t}$ 是公司 i 第 t 个会计年度期末经营活动所产生的现金流量净额;$CFO_{i,t+1}$ 是公司 i 第 $t+1$ 个会计年度期末经营活动所产生的现金流量净额。

公式(2-14)按同年、同行业分别进行回归,用得到的参数估计量 α_0、α_1、α_2、α_3 来估计正常的应计利润水平,残差 $\varepsilon_{i,t}$ 可用于度量企业的应计盈余管理水平。

2.3.1.7 真实盈余管理

1) 真实盈余管理的概念

实施盈余管理的另一种方式是真实盈余管理。真实盈余管理是公司管理层构造真实的业务交易以调节当期盈余的行为。生产操控、销售操控和可操作费用操控是真实盈余管理最主要的三种基础手段。生产操控是通过过量生产来摊薄固定成本,销售操控是通过非正常的降价促销以及提供宽松的赊销政策来增加当期的销售收入,可操作费用操控是通过调整广告宣传费、业务招待费、员工培训费、产品研发费等可自行决定的未来开支来调节公司当期利润。此外,随着经济社会的不断发展,许多新的真实盈余管理方法也不断涌现,比如通过关联方交易、债转股、股票回购、资产处置、债务重组等方式来达到调控当期利润以及其他财务指标的目的。与应计盈余管理相比,真实盈余管理因其真实性而更难被识别,真实盈余管理更隐蔽,很难被审计人员或监管人员发现,不仅避免了相关的复杂检查,也使得招惹高成本官司的可能性大大降低,但真实盈余管理行为却会严重损害公司的长期利益,不利于公司的健康发展。

2) 真实盈余管理的计量方法

参考 Cohen et al. (2010)以及 Zang(2012)的方法,公司的真实盈余管理程度一般通过异常现金流量(ABCFO)、异常生产成本(ABPROD)、异常酌量性费用(ABDISX)三个指标来衡量。

(1) 异常现金流量模型

异常经营活动现金流量是由于公司提高价格折扣或提供更宽松的信用政策以提高短期销售额而产生的。按照经营活动现金流量模型[公式(2-15)]进行分行业、分年度回归,计算得到的残差项即为异常现金流量(ABCFO)。由于公司销售操纵行为将导致单位产品售价降低,单位经营现金流入减少,因此真实的经营现金流量将会低于预测的正常现金流,即异常现金流量(ABCFO)一般为负,而异常现金流量(ABCFO)越小意味着企业真实盈余管理行为越严重。

$$\frac{CFO_{i,t}}{A_{i,t-1}} = \beta_0 + \beta_1 \frac{1}{A_{i,t-1}} + \beta_2 \frac{REV_{i,t}}{A_{i,t-1}} + \beta_3 \frac{\Delta REV_{i,t}}{A_{i,t-1}} + \varepsilon_{i,t}$$

公式(2-15)

其中,$CFO_{i,t}$是公司当期期末的经营活动所产生的现金流量净额,$A_{i,t-1}$为公司上一会计年度的期末资产总计,$REV_{i,t}$是公司当期营业收入值,$\Delta REV_{i,t}$是公司当期营业收入的变动额。

(2) 异常生产成本模型

异常生产成本是指公司通过过度生产来减少单位产品分摊的固定成本,从而降低总的销售成本。这种生产操纵行为将提高公司总的生产成本以及存货规模。本研究根据生产成本模型即公式(2-16)预测正常的生产成本,残差项即为异常生产成本 ABPROD。ABPROD 越大,表明公司的生产成本超出正常水平越多,真实盈余管理程度越高。

$$\frac{PROD_{i,t}}{A_{i,t-1}} = \beta_0 + \beta_1 \frac{1}{A_{i,t-1}} + \beta_2 \frac{REV_{i,t}}{A_{i,t-1}} + \beta_3 \frac{\Delta REV_{i,t}}{A_{i,t-1}} + \beta_4 \frac{\Delta REV_{i,t-1}}{A_{i,t-1}} + \varepsilon_{i,t}$$

公式(2-16)

$PROD_{i,t}$ 为公司生产成本,是当期销售成本与存货增量之和。

(3) 异常酌量性费用模型

异常酌量性费用是由于公司削减了广告、研发和行政(SG&A)等方面可自由支配的开支而产生的。酌量性费用的减少能短期提高公司的利润,但是对于公司的长期发展有害无利。本研究对酌量性费用模型即公式(2-17)进行分行业分年度回归,残差项即为异常酌量性费用 ABDISX。异常酌量性费用 ABDISX 对真实盈余管理的影响方向与异常现金流量 ABCFO 一致。

$$\frac{DISX_{i,t}}{A_{i,t-1}} = \beta_0 + \beta_1 \frac{1}{A_{i,t-1}} + \beta_2 \frac{REV_{i,t}}{A_{i,t-1}} + \varepsilon_{i,t} \quad 公式(2-17)$$

$DISX_{i,t}$ 为酌量性费用,是销售费用和管理费用之和。

那些试图通过实际交易操纵盈余的公司往往拥有较高的 ABPROD,较低的 ABDISX 和较低的 ABCFO。为了避免混淆,我们将 ABCFO 和 ABDISX 乘以 -1,使它们能够以 ABPROD 的一致方式表示真实盈余管理水平,并分别使用 NABCFO 和 NABDISX 表示它们。

将以上三个指标代入下面的公式(2-18)和公式(2-19),可以计算得出真实盈余管理的整体度量指标 $RM1$ 和 $RM2$。

$$RM1 = NABCFO + NABDISX \quad 公式(2-18)$$

$$RM2 = ABPROD + NABDISX \quad 公式(2-19)$$

公式(2-18)和公式(2-19)计算得到的 $RM1$ 和 $RM2$ 的值越大,表明公司的真实盈余管理程度越高。

2.3.1.8 非经常性损益盈余管理(归类变更)

20世纪60年代,美国会计原则委员会(APB)首次提出非常项目(Extraordinary Items)的概念,引发了大家对非经常性损益的思考。此后,APB 对非常项目的定义及披露要求逐步规范化,并要求上市公司分别披露正常项目和非常项目。1973年,APB 从企业经营的角度出发对非常项目进行了定义,强调其异常性、不常发生性。

中国证监会于1999年首次提出非经常性损益的概念,将非经常性损益定义为公司正常经营以外的一次性或偶发性损益。该定义较为笼统,企业进行信息披露时的主观性较强,横向可比性较低。2001年证监会对该定义进行补充,认为非经常性损益不仅是正常经营之外的偶发性损益,还包括因为发生性质、金额或频率等可能影响真实公允地评价公司的、与正常经营活动有关的交易事项,非经常性损益相关概念的框架基本形成。2004年的定义与2001年版基本一致,仅修改部分措辞。

2008年,证监会发布的《公开发行证券的公司信息披露解释性公告第1号——非经常性损益》文件中具体列举了21项可归属于非经常性损益的项目,至此,我国非经常性损益有了新的制度规范,对于其内涵、项目、披露等有了比较清晰的规定。

企业进行非经常性损益盈余管理的手段主要包括处置资产、政府补助等项目(魏涛等,2007;叶建芳等,2013)。

2.3.2 投资者反应方面

(1) 盈余反应系数的概述

盈余反应系数是指投资者对公司未预期盈余信息的反应程度,投资者反应一般用股票的累计超额报酬率来衡量。公司盈余是具有一定信息含量的。基于决策有用观,财务会计的目标就是为企业的各利益相关方的决策提供有用信息。公司的财报需要为投资者、债权人以及其他财报使用者提供对做出合理的投资、信贷及类似决策有用的信息。基于有效市场假说,股票的市场价格能及时、准确、充分地反映一切有价值的信息,即股票的市场价格是企业当前和未来价值的体现。因此公司的未预期盈余信息能通过资本市场中投资者的决策反映出来。

盈余信息的质量会影响投资者的反应。Beaver et al.(1979)发现盈余的持续性越强,盈余反应系数越大。Lev(1988)也发现了盈余反应系数与企业未预期盈余的持续性及质量呈显著的正相关关系。

目前,盈余反应系数被国内外学者广泛用于盈余质量的度量。Anthony et al.(1992)使用盈余反应系数作为盈余质量的度量指标,发现公司的发展阶段与盈余质量显著相关。王晓珂等(2017)发现管理层利用公司发行的衍生金融工具进行投资会降低盈余反应系数,即降低盈余质量。

(2) 盈余反应系数的计量方法

对盈余反应的一般理解来自如下线性模型[见公式(2-20)]:

$$CAR_{i,t} = P_{i,t-1} + \beta UX_{i,t} + \varepsilon_{i,t} \qquad 公式(2-20)$$

其中:$CAR_{i,t}$表示对证券i在时期t的累计超额报酬率;$UX_{i,t}$表示市场对证券i在时期t的未预期盈余,即实际盈余与预期盈余的差额;$P_{i,t-1}$表示

证券 i 期初股票价格,作为平减因子; $\varepsilon_{i,t}$ 为随机分布项;斜率 β 就是盈余反应系数 ERC。

基于信息观的角度, $UX_{i,t}$ 实际是市场未预期到的公司盈余情况,即当期盈余的惊喜信息。公式(2-20)体现了公司未预期盈余对资本市场的影响。系数 β 即盈余反应系数 ERC 代表着一元钱的公司未预期盈余能带来多大的股票报酬率变化,也就是说,盈余反应系数 ERC 表示的是股票报酬率和企业未预期盈余之间的相关程度,可用来度量某一公司股票的超额市场报酬相对于该公司披露的当期未预期盈余的反应程度。

总结而言,用盈余反应系数 ERC 来衡量盈余质量是将资本市场反应的研究引入到方法论中,其目标是通过探讨不同研究处理方法上的差异,建立会计信息和证券报酬之间的"标准"关系。

2.3.3 其他方面

2.3.3.1 财务重述

1) 财务重述的定义

财务重述是上市公司通过改正以前年度财务报告来说明报告中的差错被修正的过程。财务重述的发生会引发一系列负面市场反应,如管理层变更、股价波动、信誉受损等,严重的甚至会导致公司最终破产,这会对证券市场造成严重的不利影响。发生财务重述一方面表示公司财务信息存在质量问题,另一方面也可能意味着公司经营业绩不佳,管理层为了掩盖经营问题而进行盈余操纵,公司存在较大的经营风险。

2) 财务重述的动因

为什么上市公司会进行毁灭公司价值的财务重述呢?美国会计原则委员会(APB),即美国财务会计准则委员会(FASB)的前身,把需要进行财务重述处理的"差错"归纳为以下几种情况:计算错误、会计原则应用错误、忽视或误用财务报告公布日已经存在的事实等。显然,这些都只是表面原因。当前研究主要从资本市场压力、经理人薪酬契约等外部和内部视角深入剖析财务重述动机。

(1) 资本市场压力与财务重述

进入资本市场融资意味着上市公司将接受更为严格的监督和检查。迫使公司进入资本市场并遵循资本市场的各种规则可以有效降低代理成本,因为管理者需全力以赴经营公司才能凭借优良业绩在资本市场上筹集资金。

那么迫于资本市场的压力（比如融资需求、财务预期），公司管理层是否更有可能因为采取激进的会计政策而导致财务重述？

融资需求是实务界认为的导致财务重述的主要资本市场动因之一，但是学术界对此的关注较为有限。当公司资金不足并希望以低成本吸引外部融资时，管理层就可能操纵财务数据（或盈余管理）以改变投资者和债权人对公司价值的预期，进而以更高价格出售股票或是以更低的利率获得贷款。Dechow et al. (1996) 研究表明，融资需求显著提高了上市公司财务重述的可能性。Richardson et al. (2002) 扩展了上述研究，发现在进入资本市场进行融资之前，上市公司管理层很可能通过盈余管理向外界描绘一幅乐观的公司发展前景图。但是，Burns et al. (2006) 却没有找到更高的外部融资需求作为管理层盈余管理动机的证据。

财务预期（包括公司盈利、成长性等）是导致财务重述的另一个资本市场动因，未达到财务预期可能带来股票价格的负效应，降低公司的声誉，从而导致公司在业务经营中遭受损失。研究表明，为保持盈利的持续性和公司市值（Myers et al., 2007）以及达到分析师的预测（Degeorge et al., 1999），上市公司面临的资本市场压力在增大。为了迎合财务分析师、市场投资者和管理部门，上市公司可能采取各种激进手段来达到外界对公司的财务预期。Richardson et al. (2002) 研究发现，财务重述公司在未来盈利增长方面承受了更高的市场期望，迫于资本市场的压力，上市公司管理层有动机进行盈余操纵以维持盈利增长或超过预期的盈利，为达到上述目的而采取激进的会计政策最终导致了更频繁的财务重述。

（2）高管薪酬契约与财务重述

高管薪酬契约通常被认为是财务重述的第二类重要动因。在一阶代理问题即"所有者—管理者"的代理问题（Denis et al., 2003）里，把高管薪酬与公司价值捆绑在一起可以减少代理成本（Jensen et al., 1976）。值得注意的是，管理者薪酬中越来越多地使用股票期权和其他股票相关收入，这虽然使得经理人和股东的利益趋同，但也可能激励经理人采取不恰当（有时甚至是违法）的手段来提高盈利和抬升股价来达到自利目的，财务重述作为可能的手段之一备受关注。近期研究主要通过考察财务重述期间高管交易行为和与股票相关的薪酬变化来探讨上市公司财务重述是否存在管理者自利行为。

实证研究结果表明，管理层的确存在通过财务重述达到自利性目的的可能性。一部分文献研究支持内部交易者具有通过财务重述以溢价卖出股票的动机。Li et al. (2006)证实了财务重述公告期间存在内幕交易行为,内部人利用信息优势在财务重述前抛出股票以减少股价即将下跌带来的损失。Agrawal et al. (2017)以美国518家宣布调低盈余的财务重述公司为研究对象进行研究后发现,高级管理者、高级财务官、所有公司官员、董事会成员和大宗交易者这五类内幕人在会计问题被揭发之前的确有抛售股票的强烈动机。另一部分文献研究财务重述与高管股票期权价值的相关性。Burns et al. (2006)研究发现,公司首席执行官(Chief Executive Officer, CEO)期权组合对股价的敏感度与财务错误报告的可能性显著正相关,而CEO薪酬结构的其他部分,如长期激励支出、工资和奖金对股价的敏感度与财务错误报告的可能性不存在显著相关性。这表明,持有股票期权的CEO更有动机通过财务错误报告影响股价来增加个人财富。Burns et al. (2006)随后还检验了1997—2002年224家财务重述大公司高管执行股票期权的情况,在一些财务重述程度严重的子样本中,他们发现财务重述公司比控制样本公司执行了更多的期权,且财务重述对盈余的影响幅度与高管可执行的期权数量成正相关关系。Kedia et al. (2009)同样发现财务重述公司比非财务重述公司的CEO执行了更多的期权。

(3) 财务重述的影响因素

挖掘财务重述的影响因素有助于识别财务重述公司的特征以及判断上市公司发生财务重述的可能性,从而为识别虚假会计信息提供对策。上市公司财务重述影响因素的研究,通常是遵循"选取财务重述公司研究样本→控制行业、规模、年份等因素选取匹配样本→对研究样本和匹配样本的特征进行差异分析(双样本的T检验或Wilcoxon符号秩检验)→logistic回归分析"的研究思路。从现有文献来看,财务重述影响因素主要包括公司基本特征和公司治理两大方面。

首先,公司基本特征会影响公司的财务重述行为。Kinney et al. (1989)研究发现,与同行业非财务重述公司相比,财务重述公司规模较小、负债比例更高、成长性较差,并且面临着更高的不确定性。DeFond et al. (1991)也发现,与控制样本相比,财务重述公司盈余增长较缓慢、股权结构较分散,且这类公司中设立审计委员会的比例也较低。然而,Richardson et al. (2002)关于财务重述公司的研究结果却表明,在扩大盈利的压力下或是为了达到分析师的预测,财务重述公司似乎有更高的增长,但是他们并没有发现财务重述和非财务重述公司在盈利和规模方面存在任何差异。Ahmed et al. (2007)则发现,在同一个行业里,财务重述公司具备较多的增长机会且规模较小。但实证方面并没有取得财务重述和非重述公司在公司特征方面存在显著差异的一致证据。Ahmed et al.(2007)认为,这主要是因为没有足够的理论基础支持公司特征差异与财务重述之间的相关关系。以公司规模为例,一方面,小公司因为会计系统相对不完善而更可能导致财务重述;但是另一方面,大公司比小公司更普遍地将财务重述作为信号工具向外界传递公司信息。因此,理论上很难确定公司规模大小对财务重述的影响。不同的样本中,公司规模可能对财务重述有不同的影响,这可能是导致许多研究结果不一的原因。

其次,公司治理也是公司财务重述行为的重要影响因素。美国会计总署(U.S. GAO)在2002年的一份报告中指出财务重述通常被认为是低质量的会计制度和会计实践的函数,其背后所反映的上市公司治理失效的问题日益凸显。因此,除了规模、成长性和盈利能力等公司基本特征因素受到关注外,现有文献更多地把视角转向公司治理结构方面。研究表明,公司治理结构的确对财务重述造成影响,但实证结果迥异。比如,董事会独立性、审计委员会存在与否及其独立性对财务重述的影响。Beasley(1996)和Farber(2005)发现,董事会独立性与财务重述的可能性显著负相关,然而Abbott et al.(2004)和Agrawal et al.(2005)却没有找到相关证据。Dechow et al.(1996)发现,审计委员会的存在能够显著降低财务重述的可能性,但是Beasley(1996)的研究不支持这一结论。Dechow et al.(1996)和Abbott et al.(2004)发现独立的审计委员会可显著降低财务重述的可能性,然而Farber(2005)、Agrawal et al.(2005)的研究却没有得到这种结果。

总体而言,关于财务重述影响因素的研究的结果相当不统一。这可能是因为财务重述的可能性取决于许多因素,在不能完全控制其他影响因素的情况下,研究结果缺乏稳定性和可靠性。

2.3.3.2 财务报告舞弊

(1) 财务报告舞弊的定义

财务报告舞弊是指企业不遵循财务会计报告标准,有意识地利用各种手段,歪曲反映企业某一特定日期财务状况、经营成果和现金流量,对企业的经营活动情况做出不实的财务会计报告,从而误导信息使用者的决策。

(2) 财务报告舞弊的特征

上市公司财务报告舞弊的特征主要有:① 舞弊的主体是上市公司管理

层。尽管上市公司财务报告舞弊可能出现在各个层面,但舞弊的主体是上市公司的管理层,舞弊通常经过精心设计,并且事后极力隐瞒注册会计师,难以被有效识别。② 舞弊的客体是会计数据。舞弊的方式主要包括伪造变造上市公司的会计凭证、应用不恰当的会计方法和恶意变更会计政策等,但最终还是要在对外财务报告的会计数据上做文章。③ 舞弊不能改变企业的真实盈利状况。财务报告舞弊是虚构或者篡改真实财务数据,不会也不能改变企业的真实盈利状况,相反,舞弊带来的虚假信息反而会干扰和破坏正常的经营决策,恶化企业的盈利情况。④ 疏忽行为同属舞弊行为。勤勉尽责是代理人法律上应该承担的信托责任,因此,导致重大误导性财务报告的管理当局的疏忽行为同样应视为舞弊,在法律上属于虚假陈述的范畴,需要承担相应的法律责任。

(3) 财务报告舞弊的影响

财务报告舞弊不仅会导致整个社会的会计信息失真,危害社会经济的健康发展,而且对相关的机构和人员也会造成严重的经济后果。具体如下:① 削弱市场的资源配置功能。市场资源配置功能的发挥是以真实与公允的信息为前提的,造假的会计报表必然会误导市场,导致资源的逆向配置。② 误导投资者。投资者根据失实的财务信息往往会做出错误的判断和决策,从而遭受投资损失。③ 相关机构受害。上市公司造假曝光后常常要面临重大罚款,甚至无法正常生产经营或破产,因此,同上市公司有业务往来的机构必然深受其害。④ 相关中介机构受损失。相关中介机构如对上市公司财务报告出具审计意见的会计师事务所等,往往会成为民事诉讼案件中的被告,承担连带赔偿责任。⑤ 相关人员受重大打击。上市公司造假曝光后,对于公司高管人员来说,不仅会被监管机构裁定为证券市场禁入者,而且要承担相应的民事和刑事责任;对于公司普通员工来说,凡参加养老基金、员工福利计划的员工或者其他持有本公司股份的员工在经济上将受重大打击。而且,诚实的雇员和诚实的高级管理人员也会受牵连从而导致职业生涯被影响。⑥ 造成诚信缺失及投资者对上市公司的不信任。上市公司在大家的监督之下尚且造假,更不要说那些非上市公司了,投资者逐渐对上市公司提供的会计信息失去信任,对上市公司失去信心,长此以往,证券市场、资本市场将日渐萧条,真正想做实事的公司将难以融资,这将对社会造成巨大的危害。

第3章 上市公司盈余质量问题产生的动因

公司决策都是基于成本效益原则做出的,因此了解并切实解决上市公司的盈余质量问题,明确盈余操纵行为的成本与效益非常重要。公司一系列造成盈余质量较低的盈余操纵行为都是有动机的,也就是说盈余操纵行为能给公司带来效益。Healy et al. (1999)认为,管理层操纵盈余是为了误导一些利益相关者以影响其对于公司经营绩效的认知或基于盈余信息而进行决策的合同结果。一般而言,经理人操纵盈余通常是为了影响资本市场交易(如公司上市或并购),或者是为了在监管义务、债务契约和高管薪酬合同方面取得有利的结果。本章将从外部和内部两方面来对上市公司盈余问题产生的动因展开分析。

3.1 外部动因

上市公司盈余质量问题产生的外部动因主要分为资本市场动机、债务契约动机和政治成本动机三部分。

3.1.1 资本市场动机

西方学者指出,因为投资者基于报告的盈余判断公司价值,进而做出投资决策,所以公司控制人操纵盈余的动机很强。这些研究成果主要集中在股票发行、股票再融资、企业并购等方面。

3.1.1.1 股票发行与盈余操纵

首先,上市公司盈余质量问题的资本市场动机主要表现在股票发行过程中公司的管理层存在提高股票发行前的报告盈余以达到上市要求的强烈动机。在IPO(Initial Public Offering,首次公开募股)前,企业为了达到上市的资格条件,企业管理层便会产生进行盈余操纵的动机。Aharony et al.

(2000)利用1992—1995年间中国国有上市公司的数据,发现在IPO配给制下,为了提高上市成功的概率,国有企业会进行财务包装以达到上市条件。张宗益等(2003)研究发现,为了迎合监管机构对IPO的要求以及确保IPO的成功,在IPO前一年、IPO当年和IPO之后第一年,公司管理层会选择实施显著的盈余管理行为,其中IPO当年的盈余管理水平最高。

其次,上市公司盈余质量问题的资本市场动机还表现为股票发行过程中公司的管理层意图提高股票价格。由于公司的报告盈余与股票价格显著正相关(Bernard et al., 1989;Chaney et al., 1995),在股票上市发行前,公司管理层为了提高公司股票的吸引力以达到提高股票发行价和降低融资成本的目的,具有强烈的提高盈余水平、美化财务报表的动机(Dechow et al., 2000)。Teoh et al.(1998)研究发现,上市公司出于提高发行价格的动机,会在IPO期间通过调高应计利润来夸大盈余。我国学者蔡春等(2013)进一步考察了两种盈余管理方式与公司发行新股定价之间的关系,研究结果表明,为了达到发行价格最高化的目的,公司会选择同时实施应计盈余管理和真实盈余管理行为。也有一些学者将研究聚焦于创业板上市公司,他们研究发现创业板上市公司为了达到上市要求,会选择实施盈余管理行为以影响相关信息使用者的决策(祁怀锦等,2016;胡志颖等,2012)。

再次,企业为满足再融资业绩要求也会存在盈余操纵行为。已上市的公司可以通过配股或增发新股在证券市场进行再融资。在公司进行股权再融资时,投资者会由于信息不对称而要求较高的发行溢价作为风险补偿。因此企业在股权再融资过程中会进行盈余操纵。Cohen et al.(2010)通过研究再融资过程中的盈余管理行为,得到了与先前研究一致的结论,他们发现公司在股权再融资过程中实施了应计盈余管理行为。李增福等(2011c)以股权再融资的A股上市公司为样本,发现公司在股权再融资过程中,会选择同时实施应计盈余管理与真实盈余管理两种不同的盈余管理行为以达到股权再融资的业绩要求,这种向上的盈余管理行为在再融资前一年便开始实施,再融资当年向上的盈余管理行为更加严重。

最后,已有研究表明,公司在上市后容易出现业绩下滑现象(Mikkelson,1997)。至于公司上市后业绩下滑的原因,有学者认为,在IPO即首次公开发行股票的过程中,公司为了达到获得上市资格,提高发行价以及增加融资额度的目的,会将一些上市后的收入在上市前提前确认,导致上市后的业绩滑坡。这样的"业绩变脸"行为可能会导致企业面临亏损、退市摘牌等风险,因此,为了避免此类情况的出现,成功上市后,公司会继续实施盈余管理以平滑盈余,但其持续的应计盈余管理行为已经受到了一定的限制(Barton et al., 2002)。可见,盈余操纵行为已经成为企业IPO过程中普遍存在的现象,盈余操纵行为所导致的盈余质量问题不仅造成了IPO后公司业绩和股票收益的下降,也损害了外部投资者的利益。

3.1.1.2 企业并购与盈余操纵

并购中的盈余质量问题已被国内外学者进行了深入的研究,他们的研究主要关注管理层收购和换股并购这两种并购类型的并购过程中出现的盈余质量问题。管理层收购一般是基于普通股市值或者采取盈余资本化的方法来确定公司价值的,普通股市值一定程度上是由公司的历史报告盈余所决定的,而盈余资本化的方法也是根据公司历史报告盈余来评估公司价值的。因此公司的历史报告盈余会对并购过程中的公司估值产生重大影响,管理层在收购前存在向下管理盈余的动机,从而降低公司估值以达到压低收购价格的目的。而且收购完成后,如果公司为非上市公司,则没有对外披露信息的法律义务,因此外界很难发现他们收购前所实施的一系列盈余操纵行为。DeAngelo(1986)以在美国证券交易所上市且实行了管理层收购的64家公司作为样本,研究它们在并购过程中实施的盈余管理行为,发现确实存在向下盈余管理的现象。Perry et al.(1994)采用Jones模型衡量应计盈余管理水平,证明在管理层公开宣布有意向进行管理层收购的前一年,他们有强烈的动机实施向下盈余管理以压低收购价格从而使自己受益。国内学者黄新建等(2007)在DeAngelo(1986)的研究基础上,以中国上市公司为研究样本,发现我国实施了管理层收购的上市公司在并购前一年同样存在明显的向下盈余管理行为。

换股并购过程中,对于收购方公司而言,它们的股价越高,需要被目标企业即被收购方的股票所折换的本公司股票数量就越少,这样能降低投票权和控制权被稀释的风险,保障原有股东的权益。因此收购方有动机通过实施向上盈余管理来增加报告盈余以提高其实施换股并购前的股票价格,进而降低收购成本以及避免控制权的流失(Shleifer et al.,1997;Rhodes-Kroph et al.,2004)。Erickson et al.(1999)与Louis(2004)的研究表明,收购公司在实施换股并购的前一季度确实存在向上操纵盈余以降低并购成本的现象。Higgins(2013)以实施换股并购的东京证交所上市公司为样本,探究其换股并购前的盈余管理行为,研究结果发现收购方为了降低并购成本在并购前实施了向上盈余管理行为。国内学者赵立彬等(2012)以国内实施了换股并购的上市公司为样本,也得到了相似的结果,即我国上市公司在并购前一年也会选择实施盈余管理以达到操纵盈余降低并购成本的目的。

3.1.1.3 财务预期与盈余操纵

企业经营业绩直接影响到企业在资本市场上的形象以及融资行为,是影响管理层操纵盈余的一大因素。因此,企业管理者通常通过操纵盈余的手段来迎合市场投资者、财务分析师和管理部门对企业盈余的预期。不少学者认为,由于达到或超过盈余预测的回报明显高于风险成本,因此管理层有动机避免出现实际报告盈余与最近的季度盈利预测的负差异(Degeorge et al.,1999;Bartov et al.,2002;Matsumoto,2002)。此观点得到了 Brown(2001)的支持,他发现相较于亏损的公司,盈利公司的管理者更倾向于达到分析师的盈余预测且有更强的动机避免意外盈余。Brown et al.(2005)发现,相比于避免亏损和业绩下滑,上市公司管理层更多地是为了达到分析师预期盈余而实施盈余管理。Burgstahler et al.(2003)发现,公司管理层为了达到分析师预期,会选择实施向上的应计盈余管理。为了达到分析师预期,除了向上管理盈余外,管理层还会选择披露不利消息促使分析师降低预期。Cormier et al.(2006)进一步研究证明为了避免出现股东诉讼以及声誉损失,当公司实际盈余低于预测盈余时,管理者往往会实施应计盈余管理以保持报告盈余与已披露的预测盈余一致。

国内学者以中国上市公司为样本所进行的相关研究也得到了相似的结论,郭娜等(2010)研究证实,相对于未进行盈余预测披露的公司,披露过盈余预测的公司更有可能会实施盈余管理以迎合已披露的盈余预测。张雁翎等(2004)以披露了 IPO 盈利预测的公司为样本进行研究发现,管理层为了将预测偏差控制在百分之二十以下会实施盈余操纵行为。仓勇涛等(2011)发现,分析师关注越多的公司越倾向于通过相比于线下项目更为隐蔽的线上项目实施盈余管理。李丹蒙等(2015)进一步研究发现,迫于分析师关注的压力,上市公司管理层会为了迎合他们的盈余预测而实施盈余管理。宋璐(2022)以 2009—2019 年全部 A 股上市公司为研究样本,进一步探究了盈余期望落差对公司应计盈余管理水平的影响。她的研究发现,实际盈余与预期盈余越大的公司,它们的应计盈余管理水平越高。

上述盈余质量问题的资本市场动机相关研究汇总见表 3-1。

表 3-1 盈余质量问题的资本市场动机研究

影响因素	主要观点	相关研究
股票发行	迎合监管机构对 IPO 的要求以提高上市成功的概率	Aharony et al.（2000）；张宗益等（2003）
	提高 IPO 期间公司股票吸引力以达到提高股票发行价的目的	Bernard et al.（1990）；Chaney et al.（1995）；Dechow et al.（2000）；蔡春等（2013）；祁怀锦等（2016）；胡志颖等（2012）
	实现股权再融资	Cohen et al.（2010）；李增福等（2011c）
	避免亏损、退市摘牌等风险	Mikkelson（1997）；Barton et al.（2002）
企业并购	管理层收购类型的并购中，管理层意图降低公司估值以达到压低收购价格的目的存在向下盈余管理的动机	DeAngelo（1986）；Perry et al.（1994）；黄新建等（2007）
	股权并购类型的并购中，存在向上盈余管理以降低并购成本或避免控制权流失的动机	Shleifer et al.（1997）；Rhodes-Kroph et al.（2004）；Erickson et al.（1999）；Louis（2004）；Higgins（2013）；赵立彬等（2012）
财务预期	避免出现实际报告盈余与盈利预测的负差异	Degeorge et al.（1999）；Bartov et al.（2002）；Cormier et al.（2006）；Matsumoto（2002）；宋璐（2022）
	达到分析师的盈余预测	Brown（2001）；Brown et al.（2006）；Burgstahler et al.（2003）；李丹蒙等（2015）
	迎合已披露的盈余预测	郭娜等（2010）；张雁翎等（2004）；仓勇涛等（2011）

3.1.2 债务契约动机

基于债务契约动机的研究成果主要集中在债务契约违约风险、融资成本、融资需求等方面。

债务契约对盈余操纵行为的影响主要以瓦茨和齐默曼提出的债务契约假说为开端。债务契约假说认为，债务契约旨在限制管理者参与降低债务持有人债权价值的投资和融资决策。而会计信息中的会计盈余指标能够客观、准确地反映企业的经营状况,信息含量较高,被资本市场中会计信息使用者高度关注。由于违反债务契约中的保护性条款的成本高昂,因此接近违反债务契约的公司管理者会改变会计政策以减轻或逃避债务契约的限制(Watts et al.,1990)。后续的一些实证研究也支持了瓦茨提出的债务契约假说。DeFond et al.(1994)对违反债务契约的样本公司进行了研究,发现当公司临近债务契约边界时,管理者就会选择实施盈余操纵行为以避免违约可能带来的损失。Beneish(1997)也发现,为了避免债务契约违约风险,公司的管理层会选择增加利润的会计政策,尤其是当公司进行了一部分非正常的内部交易时。Roychowdhury(2006)研究发现,公司的负债水平与真实盈余管理水平显著相关。随着市场化程度的深化和资本市场有效性的提升,债权人通常会在债务契约中加入更多的限制性条款以保障自身利益,这也导致了债务人违背债务契约的成本提高。因此,为了避免债务契约违约风险,负债水平较高的公司不仅有动机实施应计盈余管理来操纵盈余,也会选择实施真实盈余管理来操纵盈余。研究还发现,公司会实施向上的盈余管理以提高债务谈判能力,进而达到降低债务融资成本的目的。Chin et al.(2005)的研究发现,企业在发行债券的当年有向上调整盈余的行为。相关学者在研究中发现,企业在发行可转换债券或非可转换债券的前一年,会选择实施盈余操纵行为(Urcan et al.,2007;Liu et al.,2010)。因为企业在债务融资前必须要接受银行、债券评级机构或公开市场监管机构的评估,而这些评估都是基于企业的报告盈余所做出的,所以有债务融资需求的企业有很强的管理盈余的动机。

由于中国特色社会主义经济体制的特性,国企与非国企在融资难度上有显著的差异,产权性质在我国资本市场盈余管理行为的债务契约动机研究中是不可或缺的。李增福等(2011a)研究发现,国企的负债水平不会影响它们的应计盈余管理水平,但会显著提高它们的真实盈余管理水平;而非国有控股公司的负债水平会同时显著提高它们的应计盈余管理和真实盈余管理水平。李诗瑶等(2020)研究发现,上市公司的债务违约风险与其应计盈余管理和真实盈余管理水平存在显著的负相关关系,这样的负相关关系在非国企中更加显著,这表明相比于国有企业,债权人外部监督更能抑制非国企的盈余管理行为。

上述盈余质量问题的债务契约动机研究汇总如表3-2所示:

表 3-2 盈余质量问题的债务契约动机研究

影响因素	主要观点	相关研究
债务契约违约风险	避免债务契约违约损失	Watts et al.(1986);DeFond et al.(1994);Beneish(1997);Roychowdhury(2006);李诗瑶等(2020)
融资成本	降低债务融资成本	Roychowdhury(2006)
融资需求	为了实现债务融资需求	Chin et al.(2005);Urcan et al.(2007);Liu et al.(2010)

3.1.3 政治成本动机

政治环境是企业赖以生存和发展的外部环境中极为重要的一部分。政治环境的变化可能会增加企业的经营成本。Watts et al.(1990)总结了以往的研究结果,指出当权的政客会通过监管制度、企业税收等方式干预企业财富的再分配。在当权政客实施干预的过程中,企业会受到行业监管、税收壁垒、反垄断监管等政治活动的影响,导致企业出现经济损失,造成财富转移,这一部分由于政治干预而损失的成本就是企业的政治成本。为避免由于公司盈余过高或过低而产生严格的政策限制,企业管理者会选择操纵盈余以减少财富的转移,使公司表现出较低的盈利能力。因此,本节从政府监管和税收征管两个角度来介绍盈余操纵的政治成本动机相关研究。

3.1.3.1 反垄断监管与盈余操纵

监管部门通常依据会计利润判定企业是否出现市场垄断行为,过高的利润水平往往会引起媒体和消费者的关注,政府往往会迫于压力对利润水平过高的公司开征新税、实施管制或要求其承担更多的社会责任,即过高的利润水平会导致公司受到一系列反垄断惩罚。因此,企业的管理者有动机实施向下盈余管理行为,降低披露的利润水平,以避免被判定存在市场垄断行为而遭到惩罚。Cahan(1992)以受到反垄断调查的企业为研究样本,探究其被调查期间的盈余管理水平,发现受反垄断调查的公司在被调查期间存在实施向下应计盈余管理的行为。Makar et al.(1998)以1974—1992年违反了反垄断法而接受调查的86家企业为样本的研究表明,接受反垄断调查的公司在调查期间实施了向下的应计盈余管理以降低披露的利润水平。Königsgruber et al.(2014)研究发现,在被欧盟进行了一般性的竞争调查后,企业会实施向下的盈余管理来尽可能地消除垄断收益以避免惩罚,他们的研究是基于更普遍的外生情境而开展的,进一步丰富了政治成本的理论内涵。

总之,政治成本是企业不可忽视的成本,企业承受的政治成本越大,它们的管理者越有可能实施盈余操纵行为以降低当期报告盈余水平。尤其是在企业前景光明的时候,管理者往往会选择利用会计程序来最小化企业净收益,以逃避社会公众压力带来的政府管制的加强,保护企业的长期利益。

3.1.3.2 避税动机与盈余操纵

国内外研究一致认为,税收是促使公司实施盈余操纵的重要动因之一。避税是短期盈余管理最明显的动机,企业往往会为了降低当期的应纳税额或者延缓支付税款而选择调节企业当期盈余,逃避应当承担的税负。Jones(1991)的研究发现,美国从事进出口业务的公司为了获得政府提供的进口税收优惠,它们的管理者会选择实施向下的盈余管理。Boynton et al.(1992)基于美国1986年颁布的税收改革法案的研究也证明了避税是短期盈余管理最明显的动机之一。

国内方面,闫婉姝等(2017)实证研究发现,相比于税负较低的上市公司,税负较高的上市公司的盈余管理水平显著更高。王跃堂等(2009)基于2006—2007年的数据,发现税率下降的上市公司实施了显著的短期应计盈余管理行为,而在税率上升公司中则没有发现明显的盈余管理行为。叶康涛等(2011)、李增福等(2011b)等学者进一步考察了中国上市公司是否会选择实施较为隐蔽的真实盈余管理行为进行税收筹划。他们发现,税率降低的上市公司会实施应计盈余管理而不是真实盈余管理来达到递延收益的目的,这与王跃堂等(2009)的研究发现一致,而税率上升的上市公司则会选择实施真实盈余管理而不是应计盈余管理以达到提前确认收益的目的。

上述盈余质量问题的政治成本动机研究汇总见表3-3:

表3-3 盈余质量问题的政治成本动机研究

影响因素	主要观点	相关研究
政府监管	为了逃避反垄断监管	Cahan(1992);Makar et al.(1998);Königsgruber et al.(2014)
税收征管	避税动机	Jones(1991);Boynton et al.(1992);闫婉姝等(2017);王跃堂(2009);叶康涛等(2011);李增福等(2011)

3.2 内部动因

对企业盈余质量产生影响的内部动因方面,目前的研究大多覆盖了公司竞争战略、高管薪酬激励机制、企业劳动力成本、社会责任披露等方面。

3.2.1 公司竞争战略

3.2.1.1 公司竞争战略的定义和分类

Porter(1980)指出公司的竞争战略本质是在其行业中找到一个位置,使公司能够最好地应对其他竞争力量,或者对其他公司产生影响以实现自身利益最大化。因此,公司的竞争战略是公司为了在自己所处的行业中更好地应对同行业其他公司带来的竞争压力、稳固自己在行业中的地位而制定的产品和市场活动方面的决策计划。

学者们在各自的研究中对公司的竞争战略纷纷进行了分类。如：Rumelt(1974)将公司战略分为单一业务、重点垂直、关联集约、关联扩散和非关联；Porter(1980)将战略分为差异化战略、聚集型战略和成本领先战略；March(1991)将战略分为探索型战略和利用型战略；Treacy et al.(1995)根据战略目标将竞争战略分为运营执行、产品领先地位和顾客亲密度三类；而Miles et al.(1978)依据产品和市场的变化速度将产品市场竞争战略划分为变化速度快的进攻型战略、变化速度慢的防御型战略和介于前两者之间的分析型战略三种。

以上学者们的战略分类虽然是基于不同的角度进行的划分,但是彼此之间也有相同或相似的地方。Ittner et al.(1997)、Banker et al.(2013)和Bentley et al.(2013)都指出：Porter的成本领先战略、March的利用型战略、Treacy和Wiersema的运营执行战略,与Miles和Snow的防御型战略定义相近；同时Porter的差异化战略、March的探索型战略、Treacy和Wiersema的产品领先战略,与Miles和Snow的进攻型战略基本一致。由于Miles和Snow的战略分类能基本覆盖已有的战略类型划分,且此分类下的战略能够用数据进行度量,因此是被广泛接受的一种战略分类方法。

Miles et al.(1978,2003)定义的进攻型战略一般在创新型公司中使用,创新型公司会不断研发新产品、新技术,开发新兴市场。使用进攻型战略的公司会将重点放在产品技术的研发和市场的开拓营销上,于是会有更多的研发支出和市场预算。使用进攻型战略的公司内部组织结构一般是分散的,且不够稳定,更注重利用公司员工的知识和技能,避免对单一生产的过度投入。而使用防御型战略的公司恰恰相反,它们不注重新产品和新市场的开发,更注重产品和服务的生产和分配效率,以保护和巩固现有市场份额。使用防御型战略的公司更关注财务和生产方面,成长速度缓慢,但较为稳定;公司组织结构保持集中控制,公司员工任期较长,而且内部提拔现象普遍。最后,分析型战略介于前两种战略类型之间,分析型战略兼有进攻型和防御型战略的特点,但展现程度较为中间,不会过度偏向于某一端。由于我们的研究专注于战略差异性,分析型战略要有两种战略的特性,此处不再纳入研究。战略的特点如表3-4所示:

表3-4 进攻型战略与防御型战略的对比

类型	关注重点	组织结构	企业增长
进攻型战略	研发和市场	分散、不稳定	迅速、波动
防御型战略	生产和效率	高效、集中化	缓慢、稳定

3.2.1.2 公司竞争战略和盈余质量问题

公司竞争战略对盈余质量的影响表现在几个方面:盈余管理策略和水平、盈余持续性和盈余波动性等。

目前公司能进行的盈余管理行为分为两种,一种是通过会计应计项目进行的应计盈余管理,一种是通过公司真实活动进行的真实盈余管理。一般来说,应计盈余管理的操作比较容易,成本较低,但更容易被识别。而与之相反的真实盈余管理的操作成本较高,但往往更加隐蔽。公司会基于多方面的情况综合权衡后再选择盈余管理的策略。

公司竞争战略是经过全面性的布局思考后作出的具有导向性的规划决策,影响着公司的方方面面,包括公司的盈余管理策略的选择。公司竞争战略可能会从融资需求、风险偏好、薪酬激励机制三个方面影响公司的盈余管理策略和水平。

一是公司的融资需求。一方面,采用进攻型战略的公司会在产品、服务的研发创新方面投入更多,市场开发和管理费用也更多,由此导致公司面临更大的融资压力。采用进攻型战略的公司也不太可能削减费用或调整生产策略去进行真实盈余管理操作(闫焕民等,2020)。另一方面,采用防御型战略的公司为了追求规模经济和运营，会在机械设备、原材料等方面进行大量投资。此外，他们的产品利润率一般较低，很难通过自己的业务获得内部融资。因此，采用成本领先战略的公司通常有强烈的外部融资需求。而实行进攻型战略的公司的资产是专业化的，在要素市场上的价值要低得多（Banker et al.，2013）。这些资产很难被用作贷款的抵押品，导致融资成本更高（Wu et al.，2015）。因此，不论是实施进攻型战略的公司还是采用防御型战略的公司，都有着不同的融资需求和压力。

二是公司的风险偏好。实施进攻型战略的公司其组织结构一般是分散且不稳定的，管理者也会相应地表现得更加激进和冒险。Porter（1980）认为，差异化使企业能够获得溢价，以给定的价格销售更多的产品。与此同时，这类公司通常具有较强的议价能力，这也提高了其利润率。采用进攻型战略的公司往往需要开发新产品和市场机会，这导致了比其他公司更高的研发投资需求，从而使这类公司面临更高的风险。因此使用进攻型战略的公司会有更高的风险偏好，更愿意选择成本较低、操作简便的应计盈余管理（Wu et al.，2015；闫焕民等，2020）；与此相反，因为低利润率和追求规模经济和运营，采用防御型战略的公司难以维持较高的盈利能力，公司会更注重风险规避。因此，实施防御型战略的公司的管理者有更强的动机参与隐蔽性较高的真实活动盈余管理以提高财务绩效（闫焕民等，2020）。

三是薪酬激励机制。薪酬激励机制往往受到企业盈利能力的影响，实施防御型战略的公司往往更注重短期业绩，他们的薪酬方案往往以短期财务措施为基础（Govindarajan et al.，1990；Singh et al.，2009），如营业利润和投资回报（Ittner et al.，1997；Miles et al.，1978；Simons，1987）。与防御型战略相比，企业实施进攻型战略时追求创新，会更多地依靠非金融措施来补偿CEO（Ittner et al.，1997；Govindarajan et al.，1985；Simons，1987）。总体而言，这类公司的管理者参与盈余管理的动机相对较低，因此采用进攻型战略的公司盈余管理水平可能相对也较低（Wu et al.，2015）。

盈余持续性和盈余波动性是盈余质量常见的衡量指标（Sloan，1996）。盈余持续性代表公司当前盈余状况持续到未来的程度，持续性高代表公司经营稳定。盈余波动性表示企业的经营风险，盈余波动性大说明企业的经营风险大。现有研究对于竞争战略与盈余质量的关系并未取得一致的结论：有的学者认为实施差异化战略的企业盈余持续性低（周兵等，2018），企业盈余波动性也相对较大（雷辉等，2015）；而有的学者则认为实施差异化战略的企业盈余持续性较强,盈余波动性更低(雷辉等,2015;胡楠等,2020)。

综合以上几个方面的分析,实施进攻型战略的公司和实施防御型战略的公司都有可能进行盈余管理活动,但是不同战略下的盈余管理的方式和程度有什么差别,还有待进一步研究。

上述公司竞争战略选择对盈余质量的影响的相关研究总结如表3-5所示:

表3-5 公司竞争战略选择对盈余质量的影响

影响因素	主要观点	相关研究
融资需求	无论是实施进攻型战略还是实施防御型战略的公司都有着不同的融资需求和压力,从而影响其盈余操纵行为	闫焕民等(2020);Banker et al. (2013);Wu et al. (2015)
风险偏好	实施防御型战略的公司抵抗风险的能力较差,它们的管理者有更强的动机参与盈余管理	Porter(1980);Wu et al. (2015);闫焕民等(2020)
薪酬激励机制	实施防御型战略的公司更多地选择依赖短期业绩的货币薪酬激励机制,实施盈余操纵的动机更强	Govindarajan et al. (1990);Singh et al. (2009);Ittner et al. (1997);Mile et al. (1978);Simons(1987);Govindarajan et al. (1985);Wu et al. (2015)

3.2.1.3 公司竞争战略、市场竞争与盈余管理

1) 理论分析

(1) 成本领先战略与盈余管理

外部融资需求是企业管理盈余的主要动机之一(Loughran et al.,1995; DeFond et al.,1994)。当企业通过股票或债务融资时,为了满足投资者和债权人的需求,管理人员倾向于实施盈余管理,以改善公司的财务绩效(Frankel et al.,1995;Dechow et al.,1991;Jones,1991)。那些实施成本领先战略的企业通常非常需要外部融资,原因如下:

第一,获得成本优势的主要来源之一是追求规模经济和卓越运营经济。为了实现这一目标,实施成本领先战略的企业需要对机械设备、原材料等进行大量投资,以便形成自动化装配线并达到一定规模,使得成本被摊销到更多个体,降低单位成本。与实施差异化战略的企业相比,实施成本领先战略

的企业往往具有较低的利润率,因此很难通过自己的业务从内部融资,从而产生了更大的外部融资需求。

第二,在中国股市上市的公司需要避免被退市或被证监会特别处理。根据中国证券交易所的监管规则,一家连续两年亏损的上市公司将被转移到特殊的股票交易系统,并被指定为"ST(特别处理)"公司。为了避免被贴上"ST"标签,一些公司将试图操纵其收入,从而避免连续亏损的情况(蒋大富等,2012;陆建桥,1999)。由于利润率低,实施成本领先战略的企业将很难维持其盈利能力,特别是当其成本领先的基础削弱时,这可能导致盈余管理行为的发生。

第三,管理层薪酬往往受到企业盈利能力的影响。在选择会计政策时,他们可能倾向于使用那些从事盈余管理以满足某些财务目标的方法(Holthausen et al.,1995;Gaver et al.,1995)。实施成本领先战略的企业往往更关注短期业绩,他们的薪酬计划往往是基于短期财务措施(Govindarajan et al.,1990;Singh et al.,2009),如营业利润和投资回报(Ittner et al.,1997;Miles et al.,1978)。因此,实施成本领先战略的企业管理者进行盈余管理以改善财务绩效的动机更强。

(2) 差异化战略与盈余管理

Porter(1980)认为,实施差异化战略的企业必须始终在行业中寻找将自己与他人区分开来的方法,以获得大于差异化成本的价格溢价。Porter et al.(1985)描述道:"差异化使企业能够获得溢价,从而在给定的价格下销售更多的产品。"与此同时,实施差异化战略的企业通常对供应商有很强的议价能力,这也帮助他们降低了成本,提高了利润率。

高水平的收益不仅可以帮助实施差异化战略的企业度过意想不到的衰退期,还可以帮助它们满足投资需求。根据优级排序理论(Myers et al.,1984),为了降低融资成本,企业会首先选择内部融资,而不是外部融资。与此同时,实施差异化战略的企业往往需要开发新产品和市场机会,这导致其对研发投资的需求高于其他企业,使自身面临更高的风险。然而,为了满足生产或定制设计的特定需求,实施差异化战略的企业的资产往往是专业化的,在要素市场上的价值远远低于他们可以在公司内部创造的价值(Banker et al.,2013)。因此,这些资产难以作为贷款抵押品,导致融资成本较高。综上,实施差异化战略的企业往往比实施成本领先战略的企业对外部融资的需求更低。由于利润率较高,对外部融资的需求较低,实施差异化战略的企业进行盈余管理的动机较低。

先前的研究结果表明,与实施成本领先战略的企业相比,追求创新的实施差异化战略的企业更多地依靠非财务指标来考核首席执行官(Ittner et al.,1997)。研究者认为,仅凭财务指标很难衡量这些管理层的绩效,而非财务标准,如新产品的研发情况,能更好地衡量管理层的绩效。因此,我们认为实施差异化战略的企业的管理层进行盈余管理的动机较低。

(3)竞争战略、市场竞争与盈余管理

为了进一步理解企业战略是如何影响盈余管理的,我们应该考虑企业战略定位的竞争环境。以往的研究表明,市场竞争对盈余管理的影响是不确定的。一方面,更高程度的市场竞争可能会增加盈余管理(Karuna et al.,2012;Markarian et al.,2014),因为市场竞争会减少企业的利润,企业可以减少收益的信息内容,从而阻止竞争对手获得某些信息(Bagnoli et al.,2000)。为了避免这种情况,管理者可能会有强烈的动机进行盈余管理(Karuna et al.,2012)。另一方面,一些研究也表明竞争与盈余管理之间存在负相关关系(Marciukaityte et al.,2009),这是由于信息不对称的减少(Holmstrom,1982;Scharfstein,1988),为利益相关者提供了比较公司与竞争对手业绩的机会,以及激烈的市场竞争导致破产的可能性提高,从而使得管理层更加努力地保护自己的声誉。在这种情况下,委托人和代理人的利益趋于一致,这就鼓励管理层选择对股东有利的行为,降低了盈余管理的程度。

虽然市场竞争在一定程度上降低了信息不对称的程度,从而降低了盈余管理程度,但我们认为,由于中国股市制度的不完善,其影响在中国是有限的(陈骏等,2011)。此外,市场竞争的增加使公司更难维持其作为成本领先者或差异化者的地位(Porter et al.,1985),这反过来又促使管理层进行盈余管理。考虑到以上原因,我们认为那些面临更激烈竞争的公司将更有可能探索包括盈余管理在内的所有潜在机会,以在市场上生存,避免被摘牌或在股票市场上得到特别处理。因此,市场竞争与企业战略的相互作用会使成本领先者的盈余管理程度加大。另一方面,差异化战略与盈余管理之间的负相关关系可能在一定程度上被市场竞争抵消,导致盈余管理与差异化战略、市场竞争的相互作用之间的相关性不显著。

2)实证研究

(1)样本选取

本节将采用2010—2012年中国制造业上市公司的相关数据,对公司竞争战略和盈余管理的关系进行实证研究。选择制造业公司是因为中国上市公司中制造业公司的占比在60%以上,细分子行业数目较多,财务数据相对完整,便于进一步分析。此外,李悦等(2007)发现制造业公司比其他公司更关注竞争战略。

样本筛选过程如下:第一,剔除制造业子行业内上市公司少于10家的子行业;第二,剔除子行业归类为"其他制造"(行业代码C41)的公司;第三,剔除被标记ST或*ST的公司;第四,剔除同时发行A股和B股/H股的公司。经过上述筛选过程,我们共获得2 037个观测样本,包含了制造业的21个细分子行业。所有财务数据均取自CSMAR数据库。

(2) 变量定义

在实证分析中,我们使用真实盈余管理指标进行测试。基于监管规则的严格性和纪律处分的严厉性,在当今的经济环境中,参与应计盈余管理的风险有所增加。作为一种替代方案,管理层可能会转向真实盈余管理,其成本更高,但被发现的风险较低(Graham et al.,2005;Cohen et al.,2008)。与之前的研究一致(Roychowdhury,2006;Cohen et al.,2010;Zang,2012),我们构造了三种真实盈余管理的测量指标:异常生产成本(ABPROD)、异常现金流量(ABCFO)和异常酌量性费用(ABDISX)。试图操纵其收益的公司往往有更高的ABPROD、较低的ABDISX和较低的ABCFO。

其中,异常生产成本(ABPROD)是公司通过过度生产来减少单位产品分摊的固定成本,从而降低总的销售成本。这种生产操纵行为将提高公司总的生产成本以及存货规模。本研究根据生产成本模型预测正常的生产成本,残差项即为异常生产成本(ABPROD)。ABPROD越大,表明公司的生产成本超出正常水平越多,真实盈余管理程度就越高。

异常现金流量(ABCFO)是由于公司提高价格折扣或提供更宽松的信用政策以提高短期销售额而产生的。本研究按照异常现金流量模型进行分行业、分年度回归,计算得到的残差项即为异常现金流量(ABCFO)。由于公司销售操纵行为将导致单位产品售价降低,单位经营现金流入减少,因此真实的经营现金流量将会低于预测的正常现金流量,即异常现金流量(ABCFO)越小,企业真实盈余管理越严重。

异常酌量性费用(ABDISX)是由于公司削减了广告、研发和行政(ABDISX)等方面可自由支配的开支而产生的。异常酌量性费用的减少能短期提高公司的利润,但是对于公司的长期发展有害无利。本研究对异常酌量性费用模型进行分行业分年度回归,残差项即为异常酌量性费用(ABDISX)。异常酌量性费用(ABDISX)对真实盈余管理的影响方向与异常现金流量(ABCFO)一致。

最后,我们将这三种真实的活动操作度量组合成一个代理,称为真实盈余管理总体水平(RM)。具体计算方法如公式(3-1)至公式(3-4)所示:

$$\frac{PROD_t}{A_{t-1}} = \alpha_0 + \alpha_1 \frac{1}{A_{t-1}} + \alpha_2 \frac{S_t}{A_{t-1}} + \alpha_3 \frac{\Delta S_t}{A_{t-1}} + \alpha_4 \frac{\Delta S_{t-1}}{A_{t-1}} + \varepsilon_t$$

公式(3-1)

$$\frac{CFO_t}{A_{t-1}} = \alpha_0 + \alpha_1 \frac{1}{A_{t-1}} + \alpha_2 \frac{S_t}{A_{t-1}} + \alpha_3 \frac{\Delta S_t}{A_{t-1}} + \varepsilon_t \quad 公式(3-2)$$

$$\frac{DISX_t}{A_{t-1}} = \alpha_0 + \alpha_1 \frac{1}{A_{t-1}} + \alpha_2 \frac{S_{t-1}}{A_{t-1}} + \varepsilon_t \quad 公式(3-3)$$

$$RM_t = ABPROD_t - ABCFO_t - ABDISX_t \quad 公式(3-4)$$

其中,A_{t-1}为企业 $t-1$ 年末资产总额;

S_t为企业 t 年的营业收入额;

ΔS_t为企业 t 年的营业收入增长额;

ΔS_{t-1}为企业 $t-1$ 年的营业收入增长额。

对于公司实施的竞争战略度量,遵循之前的研究方法(Selling et al.,1989;Banker et al.,2011,2013;王贞萍,2013),我们使用经营资产周转率(ATO)作为防御型战略或者说成本领先型战略的测量指标,使用利润和研发占收入比重(PM)来衡量进攻型战略或者说差异化战略,计算方法见公式(3-5)至公式(3-7):

经营资产周转率(ATO) = 销售收入 / 平均经营资产 × 100%

公式(3-5)

经营资产 = 总资产 - 现金 - 短期投资　　公式(3-6)

利润和研发占收入比重(PM) = (营业利润 + 研发支出)/ 销售收入

公式(3-7)

ATO 值越高,意味着公司更有能力通过有效的业务运营和资源利用获得收入,这表明公司更倾向于防御型战略。PM 值越高,表明公司的整体利润率越高,在研发活动上的投资更多,并更倾向于进攻型战略。

我们使用 HHI(Herfindahl-Hirschman Index)来衡量行业的市场竞争程

度(Markarian et al.,2014;Marciukaityte et al.,2009),并使用股票指数(SHARE)来衡量企业层面的竞争程度(Rhoades,1985;Harrigan,1981)。

其他变量的定义具体如表3-6所示。

表3-6 变量定义表

变量类别	变量名	变量符号	变量定义
被解释变量	真实盈余管理	RM	按公式(3-4)计算所得的结果
解释变量	成本领先战略	ATO	按公式(3-5)计算所得的结果
	差异化战略	PM	按公式(3-7)计算所得的结果
	行业级市场竞争程度	CHHI	HHI乘以-1;HHI值为某一行业内所有企业市场份额的平方和;CHHI指数越高,竞争程度越高
	公司级市场竞争程度	CSHARE	SHARE乘以-1;SHARE值为公司销售额占行业总销售额的百分比;CSHARE越高,竞争程度越高
控制变量	资产回报率	ROA	净利润除以期末总资产
	资产负债率	LEV	期末总负债除以期末总资产
	公司规模	SIZE	期末总资产的自然对数
	成长性	GROWTH	当年营业收入增长率

(3) 模型构建

我们构造了如下的模型[公式(3-8)]进行回归分析。

$$RM_t = \alpha_0 + \alpha_1 ATO_{i,t} + \alpha_2 PM_{i,t} + \alpha_3 CHHI_{i,t} + \alpha_4 CSHARE_{i,t} + \alpha_5 ATO_{i,t} \times CHHI_{i,t} + \alpha_6 PM_{i,t} \times CHHI_{i,t} + \alpha_7 ATO_{i,t} \times CSHARE_{i,t} + \alpha_8 PM_{i,t} \times CSHARE_{i,t} + \alpha_9 ATO_{i,t} \times PM_{i,t} + \alpha_{10} ROA_{i,t} + \alpha_{11} LEV_{i,t} + \alpha_{12} SIZE_{i,t} + \alpha_{13} GROWTH_{i,t} + \sum YEAR + \varepsilon_{i,t}$$

公式(3-8)

(4) 实证结果

① 描述性统计分析

首先进行描述性统计分析,结果如表3-7所示。真实盈余管理RM的最小值为0.004,最大值为1.962,标准差为0.359,说明上市公司的盈余管理程度在不同公司之间存在较大差异。企业间的成本领先战略水平ATO

和差异化战略水平 PM 差异都比较大。其中,ATO 的平均值为 1.050,标准差为 0.621,最小值为 0.146,最大值为 4.314,PM 均值为 0.064,最大值为 0.630,说明中国企业目前并不是所有企业都采用成本领先战略,也存在采用差异化战略的企业。这些观察结果为我们对 Porter(1980)的通用战略在中国公司的适用性的预期提供了证据。

表 3-7 描述性统计分析表

变量	样本量	均值	标准差	最小值	中位数	最大值
RM	1997	0.382	0.359	0.004	0.268	1.962
ATO	1997	1.050	0.621	0.146	0.905	4.314
PM	1997	0.064	0.115	−0.486	0.049	0.630
CHHI	1997	−0.082	0.059	−0.267	−0.066	−0.020
CSHARE	1997	−0.018	0.033	−0.287	−0.007	0.000
ROA	1997	0.044	0.054	−0.159	0.035	0.270
LEV	1997	0.477	0.184	0.054	0.487	0.948
GROWTH	1997	0.202	0.348	−0.462	0.153	2.745
SIZE	1997	21.880	1.113	19.295	21.758	25.377

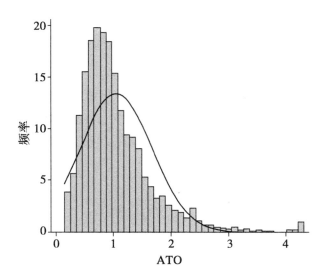

图 3-1 成本领先战略 ATO 分布图

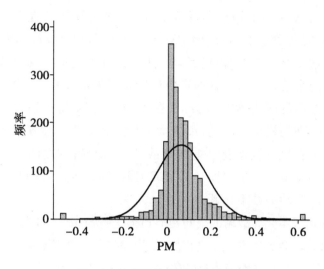

图 3-2　差异化战略 PM 分布图

图 3-1 和图 3-2 刻画了 ATO 和 PM 的分布。从这两幅图中可以看到，成本领先战略 ATO 和差异化战略 PM 这两个变量在不同的公司之间差异很大，而不是局限在一个狭窄的区间内。

② 回归分析

在进行回归分析前，我们先进行了相关系数分析，结果表明 RM 与 ATO 存在显著正相关关系，与 PM 没有显著正相关关系。接着用公式(3-8)进行回归分析，结果如表 3-8 和表 3-9 所示。

表 3-8 为不考虑市场竞争的调节效应时，企业战略对盈余管理的影响的回归结果。其中列(1)展示了企业战略对盈余管理的影响的回归结果。列(2)为引入市场竞争变量作为控制变量后的回归结果。从表 3-8 可以看出，防御型战略 ATO 与真实盈余管理水平 RM 在 0.01 的水平上显著正相关，即实施防御型战略的公司有更高水平的真实盈余管理。而 PM 的系数在 0.01 的水平上显著为负，表明实施进攻型战略的公司的真实盈余管理较少。在加入市场竞争这一变量后，这些结果仍然有效。

讨论公司的竞争战略，不可避免地要结合公司所处的市场竞争环境。因此，我们还将市场竞争程度纳入回归模型中进行分析，结果如表 3-9 所示。表 3-9 引入了企业战略和市场竞争之间的交互变量，用以检验企业战略和市场竞争是否会共同影响盈余管理。结果表明，ATO 的系数正向显著，ATO 与市场竞争程度 CHHI 的交互项也是正向显著，说明实施防御型战略的公司面临的市场竞争程度更高时,盈余管理的程度也更高。另外,虽然 PM 的系数显著为负,但 PM 与市场竞争程度 CHHI 的交互项系数不显著。这一结果表明,市场竞争与进攻型战略之间的交互作用并不会进一步影响盈余管理。所面临的竞争环境越激烈的公司,越有可能发掘包括盈余管理在内的所有潜在机会,以在市场中生存,避免被退市或在股票市场被特别处理的机会。因此,市场竞争与经营战略的相互作用会使成本领先者的盈余管理程度恶化。差异化战略与盈余管理之间的负相关关系可能会被市场竞争在一定程度上抵消或削弱,导致盈余管理与差异化战略和市场竞争的互动关系不显著。

总之,使用成本领先战略的公司更有可能进行盈余管理,当市场竞争程度更高时,盈余管理会更严重。与之相反,使用差异化战略的企业参与盈余管理的可能性较小,差异化战略与市场竞争的交互作用对盈余管理的影响不显著。

表 3-8 盈余管理对公司战略回归结果表

被解释变量:真实盈余管理		
解释变量	(1)	(2)
ATO	0.218***	0.222***
	(0.000)	(0.000)
PM	−0.295***	−0.296***
	(0.001)	(0.001)
CHHI		0.096
		(0.326)
CSHARE		0.138
		(0.536)
ROA	0.463**	0.452**
	(0.010)	(0.013)
LEV	0.076*	0.076*
	(0.052)	(0.051)
GROWTH	0.033*	0.033*
	(0.059)	(0.062)

续表

被解释变量：真实盈余管理		
解释变量	(1)	(2)
SIZE	0.015***	0.018**
	(0.010)	(0.011)
YEAR	Yes	Yes
_CONS	0.073	0.022
	(0.533)	(0.878)
F	274.820	219.967
	(0.000)	(0.000)
Adjusted R^2	0.523	0.523
N	1997	1997

注：*,**,*** 分别代表显著性水平为 0.10,0.05,0.01；括号内是 P 值。

表 3-9 引入市场竞争调节效应的盈余管理对公司战略回归结果表

被解释变量：真实盈余管理				
解释变量	(1)	(2)	(3)	(4)
ATO	0.228***	0.223***	0.229***	0.228***
	(0.000)	(0.000)	(0.000)	(0.000)
PM	−0.321***	−0.300***	−0.334***	−0.364***
	(0.000)	(0.000)	(0.000)	(0.019)
CHHI	0.075		0.097	0.098
	(0.453)		(0.335)	(0.334)
CSHARE		−0.202	−0.251	−0.246
		(0.484)	(0.390)	(0.400)
ATO×CHHI	0.013***		0.011**	0.011**
	(0.007)		(0.032)	(0.031)
PM×CHHI	0.007		0.011	0.011
	(0.311)		(0.157)	(0.154)
ATO×CSHARE		0.009**	0.007*	0.007*
		(0.025)	(0.070)	(0.073)

续表

被解释变量：真实盈余管理				
解释变量	(1)	(2)	(3)	(4)
PM×CSHARE		−0.005	−0.007	−0.008
		(0.353)	(0.210)	(0.222)
ATO×PM				−0.003
				(0.812)
ROA	0.445**	0.457**	0.441**	0.481*
	(0.015)	(0.012)	(0.017)	(0.057)
LEV	0.070*	0.070*	0.066*	0.065
	(0.074)	(0.073)	(0.091)	(0.101)
GROWTH	0.033*	0.037**	0.036**	0.036**
	(0.064)	(0.036)	(0.040)	(0.041)
SIZE	0.015***	0.015**	0.013*	0.013*
	(0.009)	(0.043)	(0.064)	(0.062)
YEAR	Yes	Yes	Yes	Yes
_CONS	0.072	0.081	0.113	0.112
	(0.536)	(0.583)	(0.443)	(0.449)
F	201.359	201.100	158.921	148.259
	(0.000)	(0.000)	(0.000)	(0.000)
Adjusted R^2	0.525	0.524	0.526	0.525
N	1997	1997	1997	1997

注：*,**,*** 分别代表显著性水平为 0.10,0.05,0.01；括号内是 P 值。

3) 研究结论

以 2010—2012 年中国 A 股制造业上市公司为样本，本节研究了公司战略对盈余管理的影响。根据 Porter(1980)的战略分类，我们将企业战略分为两大类——成本领先战略和差异化战略，并用真实盈余管理作为盈余管理的代理变量，构造模型进行回归分析，得出以下结论：企业战略对盈余管理有显著的影响。成本领先战略与盈余管理呈正相关，表明遵循成本领先战略的企业往往具有较高的盈余管理水平。相反，差异化策略与真实盈余管理呈负相关，表明实施差异化战略的公司不太可能参与盈余管理。

这些发现表明,由于较低的利润率和较高的外部融资需求,使用成本领先战略的企业比其他企业面临更大的实现盈利目标的压力。当通过经营活动来提高收益的常规方法已经用完时,公司可能会寻求其他机会,例如通过盈余管理来实现目标。监管机构应该更多地关注采用成本领先战略的公司的盈余质量,同时可能需要考虑减少其管理层管理盈余动机的方法,例如通过调整特别处理和/或退市规则,另一种方法是建立更多的规则来防止恶性价格竞争或成本竞争,从而减少实施成本领先战略的公司操纵利润的压力和机会。

经营策略对管理层使用真实盈余管理来实现一定的财务目标有显著影响。采用成本领先战略的公司往往更有可能使用实际盈余管理,而采用成本领先战略的公司似乎相反。虽然盈余管理可以让公司暂时"实现"其财务目标,但它会对企业未来的业绩产生负面影响,对公司的长期经营将造成更大的伤害(Gunny,2010)。考虑到公司的长期健康和成功发展,使用成本领先战略的企业的管理层应该考虑使用其他方法来实现其财务目标。我们的描述性结果表明,在中国有足够多的公司采用了差异化战略,似乎在不进行盈余管理的情况下,也同样成功地实现了财务目标。这表明差异化战略在中国的可行性,应该鼓励管理层使用这种战略或考虑使用混合战略,通过整合两者来实现其运营和财务目标。

3.2.2 高管薪酬激励机制

Watts et al.(1990)提出了会计盈余管理动机三大假设——奖金计划、债务契约和政治成本,并指出公司内部契约激励是盈余管理行为的主要诱因。Warfield et al.(1995)指出高管股权激励能够减少高管与股东间的代理冲突,提高会计信息的相关性水平。Cheng et al.(2005)研究发现,高水平的股权激励会诱使高管通过盈余管理行为来抬高股价。然而,Erickson et al.(2006)却发现,高管股权激励与公司财务欺诈之间并无显著关联,即股权激励在提升会计信息可靠性方面是无效的。LaFond et al.(2008)发现高管股权激励能够减少管理者与股东间的代理冲突,提升会计稳健性。Abernethy et al.(2017)发现基于业绩的报酬与较高的收益操纵水平有关。基于委托代理理论,由于公司所有者与管理层之间存在信息不对称以及监督成本,股东在拟定高管的薪酬契约时并不能掌握拟定契约所需的全部相关信息,一般会以企业的经营业绩为基础拟定薪酬契约的相关条款,即公司业绩水平与高管薪酬挂钩,公司业绩水平越高,高管薪酬越高,因此,高管存在操纵企业盈余来提高业绩水平以获得尽可能多的薪酬的动机。如果管理层持有公司股份,那么在选择会计政策和会计估计时这些管理层会拥有更多的话语权,为他们实施应计盈余管理行为提供了更大的空间。因此,高管薪酬和股权激励在一定程度上会诱使上市公司管理层实施应计盈余管理。以往研究表明,上市公司高管的货币薪酬确实与公司的应计盈余管理水平呈显著正相关,高管股权激励也会显著提高上市公司的应计盈余管理水平(Bergstresser et al.,2006)。国内学者如戴云等(2010)、李增福等(2011b)、路军伟等(2015),基于我国上市公司数据的研究也得出了类似的结论。

和应计盈余管理相比,真实盈余管理的隐蔽性更强,被发现的风险更小,被认为是"低成本"的。Shleifer et al.(1997)通过研究发现,在过于偏激的货币薪酬激励下,上市公司的管理层会选择实施更为隐蔽的真实盈余管理来提高公司业绩水平以满足薪酬契约要求,获得更多货币激励。Park(2017)发现高管薪酬差距会对上市公司的真实盈余管理水平产生显著的影响,高管薪酬差距越大的公司会实施更多的真实盈余管理行为。国内学者也基于我国数据对高管薪酬与公司真实盈余管理水平的关系进行了一定的研究。李增福等(2010)发现高管货币薪酬与上市公司真实盈余管理水平存在显著的正相关关系,货币薪酬会驱使高管实施更多向上的真实盈余管理。岑维等(2015)的研究也证实上市公司首席执行官的货币薪酬与公司的真实盈余管理水平存在显著的正相关关系。

真实盈余管理较少受到监管机构和审计师的审查,因为它利用真实的交易和相关的现金流来实现对盈余的操纵。当使用应计盈余管理的相关成本很高时,管理层可能会转向实际盈余管理(Zang,2012;Chan et al.,2015)。然而,真实盈余管理实际是对最佳商业实践的偏离,并对公司的未来业绩产生负面影响,不利于公司的长期发展(Gunny,2010)。且尽管和应计盈余管理相比,真实盈余管理隐蔽性更强,但并非不会被发现,一旦公司的真实盈余管理行为被发现,就会给高管带来巨大的潜在成本,尤其是当高管持有部分公司股份时。作为工作经验丰富的公司日常经营管理人员,高管非常清楚真实盈余管理行为会给公司带来长期的实质性负面影响。如果公司选择对高管进行股权激励,基于利益趋同效应,在持有本公司股份的情况下,高管的利益会与股东的利益趋同,为了自己的长远利益,高管不会选择实施真实盈余管理。因此,有学者认为高管的薪酬激励能在一定程度上抑制公司的真实盈余管理水平。袁知柱等(2014)的研究表明,薪酬与上市公司的真实盈余管理水平有显著的负相关关系,这表明薪酬激励能抑制高管实施真实盈余管理,并且这种激励作用对公司高管和董事的影响更为显著,但对监事没有显著的影响。基于限薪令实施的外生制度背景,许丹(2016)探究了高管薪酬与盈余管理的关系,并将公司的盈余管理行为分为应计盈余管理和真实盈余管理两部分进行了全面的分析。研究表明,高管薪酬能抑制公司的真实盈余管理水平。

而公司内部和行业内的薪酬差距也会对公司的盈余管理水平产生影响。基于攀比的心理特征,罗宏等(2016)研究发现,以同行业可比公司高管薪酬中位数为基准,高管实际薪酬与该行业中位数差距越大,他们进行薪酬攀比的动机越大,更有可能通过盈余管理操纵盈余以增加薪酬。并且相比于实施应计盈余管理,高管更有可能选择实施更为隐蔽的真实盈余管理来达到操纵薪酬的目的,但公司内部高管团队薪酬差距较大时,这种攀比效应会得到缓解。刘宝华等(2016)探究了公司的股权激励机制对公司的盈余管理策略选择的影响,研究发现高管持股的权益类型会显著影响公司在分类转移、应计盈余管理和真实盈余管理这三种不同的盈余管理方式中的选择偏向。刘银国等(2018)发现,相对于实施"非激励性"的股权激励机制的公司,实施"激励性"的股权激励机制的公司更有可能实施真实盈余管理,同时与公司历史业绩水平相比,股权激励机制所挂钩的业绩水平越高,管理层越有可能选择实施真实盈余管理以达到激励条件从而获得股权。

上述高管薪酬激励机制对企业盈余质量的影响的相关研究可以总结如表3-10所示。

表3-10 高管薪酬激励机制对企业盈余质量的影响

影响因素	主要观点	相关研究
货币薪酬激励机制	基于业绩的货币薪酬激励机制会诱发盈余操纵行为	Abernethy et al.(2017);Park(2017);Shleifer et al.(1997);岑维等(2015);李增福等(2010);罗宏(2016)
	货币薪酬激励机制能抑制企业真实盈余管理行为	许丹,2016;袁知柱等,2014
股权薪酬激励机制	高水平的股权激励会诱使高管实施盈余操纵	Bergstresser et al.(2006);Cheng et al.(2005);刘宝华等(2016);刘银国等(2018)
	股权激励能够提高盈余质量	Lafond et al.(2008);Warfield et al.(1995)

3.2.3 其他内部动因

3.2.3.1 企业劳动力成本

当劳动力成本上升时,企业更有可能实施负盈余管理。这种影响在国有企业、高失业率地区的企业、劳动密集型企业和有政治关系的企业中变得更加显著。

劳动力成本上升的一个重要后果是由于平均工资的增加和就业率的下降而导致的结构性失业(Wang J et al.,2011)。在中国,地方政府承担着失业治理的责任。一方面,地方政府通过财政补贴、税收优惠、信贷支持等政策,支持企业增加就业、减少裁员,以达到保就业、稳增长的目的。在对政府补贴等公共资源竞争激烈的情况下,企业通过瞒报账面利润或夸大亏损的方式来获取更多补贴和优惠政策。上市公司倾向于通过负盈余管理来增加获得补贴的可能性(Chen et al.,2004)。另一方面,地方政府通过分配就业任务和过度就业来降低失业率,缓解政治风险,将社会责任转移给企业(Shleifer et al.,1994)。企业往往通过虚报账面利润或夸大亏损,以夸大吸收就业和减少裁员的困难,从而减少政府对就业的分配,即企业有可能通过负盈余管理来利用失业治理政策。

技术设备水平低、劳动力水平高的劳动密集型企业对劳动力的依赖程度更高(Agrawal et al.,2013)。在劳动力成本上升的同时,劳动密集型企业承受着更大的经营成本压力,被征收更多的就业税。从地方政府的角度来看,劳动密集型企业的有序发展和稳步增长对于缓解就业压力具有重要意义。为了实现缓解就业压力的目标,地方政府倾向于向绩效下降或财政困难的劳动密集型企业提供更多的公共资源。因此,劳动密集型企业有实施负盈余管理的动机,以获取优惠政策,减少地方政府施加的就业压力。

地区失业率直接影响到地区社会的公平与稳定。地方政府失业治理的目标是减少失业,增加就业。失业治理与官员晋升密切相关,官员晋升鼓励地方官员努力减少失业,改善就业(Li et al.,2005)。在高失业率地区,地方政府承担着大量的失业治理的政治风险和压力。地方官员倾向于为当地企业提供更多的补贴和优惠政策,以获得他们的支持。因此,高失业率地区的企业有实施负盈余管理以获取当地政府资源的动机。

政治关系是企业最重要的资源之一(Fisman,2001),企业的政治关系会显著影响他们的财务行为。虽然政治关系使企业优先获得政府补贴和其他利益(潘红波等,2008),但也可能给企业带来一些负面影响。例如,有政治关系的公司可能在缓解社会问题上需要承担更多政府的责任。因此,有政治关系的公司有动机利用他们的关系获得政府利益,减少干预。比如,当劳动力成本增加时,维持就业率和经济增长是政府的主要责任。有政治关系的公司更有可能承担多余员工的负担或减少裁员,以换取政府补贴和其他福利。因此,与非政治关联企业相比,政治关联企业具有利用负盈余管理获取政府福利和减少过度就业的动机。

3.2.3.2 CSR披露

关于CSR(Corporate Social Responsibility,企业社会责任)披露对于盈余管理的影响有两种观点。

一种观点是越是致力于企业社会责任的企业,其财务披露越广泛,盈余管理的参与越少(Chih et al.,2008)。Kim et al.(2012)发现,道德和声誉因素可能会促使管理人员产生高质量的财务报告,因此具有社会责任的公司不太可能通过可操控性应计利润进行激进的盈余管理,且不太可能操纵经营活动。Laksmana et al.(2009)发现,企业社会责任披露程度高的企业,其盈利比企业社会责任披露程度低的企业更具有可预测性、持续性和平滑性。同样,Choi et al.(2011)发现,伦理承诺水平较高的公司比伦理承诺水平较低的公司从事更少的盈余管理,且更保守地报告盈余,更准确地预测未来现金流。

另一种观点是,代理问题可以激励管理者将企业社会责任与机会主义行为联系起来,扭曲盈余信息以追求私人利益的管理者可以通过参与企业社会责任来巩固自己的地位(Prior et al.,2008)。Salewski et al.(2012)发现企业社会责任水平越高的企业,越有可能进行盈余管理,且更不及时地报告坏消息。他们认为,企业报告更多的企业社会责任活动可能是出于机会主义原因,比如管理层的利己主义。

3.2.3.3 股利

股利支付也是影响盈余质量的动因。具体表现在以下几个方面:首先,管理者所做的股利决策的主要决定因素是稳定的现金流(Brav et al.,2005;Chay et al.,2009)。稳定的现金流有助于维持更持久的盈利。因此,支付股利的公司往往有更持久的盈余,这是高盈余质量的一个特征。最后,股利支付的现金流出减少了内部控制的自由现金流量,进一步约束了管理层的机会主义行为。支付股利的公司也有较高的外部筹资的可能性,能缓解内部人的代理问题,从而起到监督作用。受约束的股利支付方经理比非股利支付方经理报告任意操纵盈余的可能性更小,反映在较低的可任意操纵盈余水平上,这是高盈余质量的另一个特征。最后,投资者使用股息传递的信息判断报告收益的可信度,并认为股息提供了关于公司业绩的额外信息。在这种情况下,股利支付方的股票回报对盈余变化的反应越大,表明这些公司的盈余信息越丰富。

3.3 研究小结

总结而言,盈余操纵行为的动机包括:资本市场动机、契约动机和监管动机等。契约动机可细分为与借贷合同相关的外部动机和与管理报酬合同有关的动机。首先,我国上市公司出现盈余质量问题的一部分原因是经济资源和资本的有限性。为了更有效地在资本和债务(借贷合同)市场竞争融资,上市公司管理层会选择进行盈余操纵。因此,应该进一步提高资源配置效率,推动经济高质量发展。其次,信息不对称的存在为公司管理层操纵盈余提供了空间,需要规范上市公司信息披露准则,提高资本市场信息透明度,加强市场的有效性。

第4章 盈余质量问题的经济后果

会计盈余作为最受关注的会计信息之一,其产生和披露过程影响着资本市场的运行效率。资本市场主体包括上市公司、投资者、监管机构以及其他利益相关者,高质量的盈余信息能为市场主体决策提供所需的财务业绩信息(Dechow et al.,2010)。从微观视角来看,盈余信息会影响投资者的投资风险和回报以及金融机构的日常运营。从宏观视角来看,盈余信息直接影响着市场资源的流向和优化配置以及宏观经济的经济结构和运行效率。在了解盈余质量问题产生的动因的基础上,本章将进一步分析盈余质量问题对上市公司、投资者、债权人以及审计师等不同资本市场主体所产生的经济后果。

4.1 盈余质量与资本市场资源配置效率

盈余质量的提高能降低信息的传递成本,降低股票市场中公司特质信息风险并提高股价的信息含量。盈余质量越高,越能完善股价中反映的企业特质性信息,股票市场的资源配置效率也越高(袁知柱等,2008;刘淑君,2015)。基于私有信息交易理论,盈余质量的提升不仅能缓解企业与外部市场参与者之间存在的信息不对称水平,更能优化股票市场资源配置效率和现金流向(金智,2010)。李海凤等(2015)的实证研究表明,企业披露的盈余质量会显著影响股票市场整体资源配置的效率,企业披露的盈余质量越高,股票市场中资本配置的效率越高;盈余质量对股票市场资本配置效率的正向影响有利于资本市场的良性发展。李晓溪等(2015)发现我国企业公开增发前实施的分类盈余管理行为会导致公司盈余质量降低,造成投资者高估公司未来价值,降低股票市场的资本配置效率。

股价同步性是指个股价格与市场变动间存在的同步涨跌现象,股票价格同步性越高表明个股股价所反映的公司特质信息越少,资本市场资源配置效率越低(Morck et al.,2000)。企业信息披露质量越高,其股价同步性越低

(张本照等,2016),而股价同步性下降能促进资本配置从低效率到高效率的转变(游家兴,2017)。陆瑶等(2011)以我国上市公司作为研究对象,发现公司应计盈余管理水平越高,股票价格中公司层面的信息含量越低,公司盈余质量的下降降低了资本配置的效率。Lundholm et al.(2002)发现信息披露质量较高的公司,公司股价中包含的关于公司未来收益的特质信息较多,其股价同步性也较低。李增泉等(2011)研究发现关联交易会导致企业披露的盈余质量降低,使得股价中反映的公司特质信息减少,最终提高了公司股价的同步性。

4.2 盈余质量与投资者反应

随着我国资本市场的发展,投资者队伍在不断地壮大,并在社会经济生活中扮演着日益重要的角色。投资者在做决策时要对投资对象发布的各种信息进行分析,从而寻求投资机会,做出最优的投资决策。在影响投资者决策的各种信息中,会计盈余作为反映公司基本面的核心要素,受到投资者的高度关注,能够帮助投资者准确判断公司未来的成长趋势。与企业的管理层相比,外部的投资者往往无法接触到与企业日常经营相关的一手信息,主要通过企业对外披露的财务报告来获取信息。但由于这种信息不对称给管理层提供了盈余管理的空间,财务报告本身的真实性和有效性常常会受到质疑。在这种情况下,外部投资者如果想及时且准确地掌握企业实际的经营状况和财务绩效,就需要正确认识盈余管理行为对企业短期财务绩效及长期发展的影响。同时,结合第三方机构给出的信号,如处罚公告、信息质量评级等信息,基于全面的信息作出正确的决策,以达到更好地保护自身利益的目的。高质量的盈余信息,不仅能反映出企业的特质信息,同时能有效地缓解外部投资者与企业管理层之间存在的信息不对称问题,提高企业信息透明度,帮助投资者作出更高效、更高质的决策。随着我国证券市场的逐步规范,个人投资者的成熟度逐渐提高,机构投资者在公司的经营管理活动中的参与程度逐步提升,信息不对称问题得到有效缓解。高质量的盈余信息更能帮助投资者对公司价值形成稳定而理性的预期,因此,盈余质量问题越来越受到投资者的关注。

然而,过分看重公司披露的会计盈余而忽略了现金流的价值,投资者有可能会被企业的盈余操纵行为所误导,导致对企业价值的高估(Sloan,

1996)。陈汉文等(2004)研究发现,企业的应计盈余管理水平与股票的市场表现显著正相关,这表明投资者并不能有效识别公司的应计盈余管理水平,企业盈余质量降低误导了投资者的投资决策。Hsu et al.(2011)指出,投资者和分析师无法有效地识别出上市公司的归类变更盈余管理行为。Alfonso et al.(2015)通过实证检验证明,投资者不能有效地识别出上市公司的归类变更盈余管理行为,导致投资者高估了公司的价值。李晓溪等(2015)的研究也表明,上市公司公开增发前的分类转移行为并不能被投资者识别,投资者会高估公司未来价值。陈怀涛(2022)基于年报发布后的市场反应的研究表明,投资者不能识别企业的分类转移盈余管理行为。

但也有一部分学者认为投资者可以识别企业的盈余操纵行为。Lin等(2006)发现投资者能够识别出公司的盈余管理行为,并会降低公司盈余的回报率溢价。Li(2010)发现公司的真实盈余管理水平越高,未来3年的股票收益越低。李伟强等(2022)认为信息质量会显著影响个股风险与收益的关系,公司的盈余操纵行为会导致盈余质量下降,这会形成价值低估效应,导致股价下滑。

4.3　盈余质量与信贷资源配置效率

作为公司外部利益相关方之一,银行也无法掌握关于公司实际经营状况的第一手信息,只能基于公司对外披露的盈余信息来进行信贷资格的审批。银行与公司之间存在的信息不对称现象,使得作为信息优势方的公司往往会实施盈余操纵行为粉饰财务信息以达到获取贷款的目的。与违规盈余操纵相比,实施盈余管理的法律风险往往更低,企业通过实施盈余管理行为来获取银行贷款的现象十分普遍。盈余管理行为会导致会计信息失真,导致信贷市场中出现资源配置不合理不均衡的问题,也会导致银行出现不良贷款,不利于社会经济的健康发展。

4.3.1　信贷资源配置中存在的问题

4.3.1.1　信息不对称

信息不对称是指参与市场经济活动的不同主体对有关信息的了解存在一定差异,某些参与者掌握了某些信息而另一些参与者没有掌握。这往往会导致掌握信息比较充分的参与者凭借拥有的信息优势实施能最大化自己利益但有可能损害其他参与者利益的行为,进而导致信贷市场配置资源的功能减弱,降低信贷市场的运行效率。信贷市场中信息不对称现象可分为贷款发放前的逆向选择问题和贷款发放后的道德风险问题两部分。

一方面,信息不对称会导致贷款发放前出现逆向选择问题。作为信息的优势方,为了获取贷款,企业有能力也有动机实施盈余操纵行为粉饰企业的财务状况以通过银行的审批。而作为信息劣势方,银行只能基于有限的企业对外披露的信息评估发放贷款有可能会出现的风险。在这种情况下,风险较高的企业有动机实施盈余操纵来隐瞒不利信息美化经营业绩,以达到通过银行审批获得贷款的目的。在这种情况下,风险高的企业通过伪造的信息会将风险低的企业挤出信贷市场,导致风险高的企业能获得银行贷款,风险低的企业反而不能获得银行贷款,即信贷市场出现了逆向选择的问题,这会大大降低信贷市场的运行效率。

另一方面,信息不对称会引发贷款发放后的道德风险问题。贷款发放后,考虑到人力、物力的成本,银行往往无法对企业的行为实施全面的监督,更无法对企业借入的资金的使用情况进行实时追踪。利用贷款发放后的信息优势,企业既有能力也有动机实施如改变资金用途等违反贷款合同的行为,进而出现道德风险问题。为了追逐自身利益,企业有可能会把从银行获取的贷款用于投资高风险的项目,而不是用于投资贷款合同规定的低风险项目,这样会将投资的风险从企业本身转移给银行。综上所述,利用贷款发放后的信息优势,企业可能会实施过度投资行为,这样的道德问题的出现会降低信贷市场的运行效率。

4.3.1.2 代理问题

在信贷市场中,资金所有者和使用者之间也可能会出现代理问题。股东和管理层希望充分利用借入资金以获取最大的投资收益,在投资项目的选择上会偏好投资风险较大、收益高的投资项目;对于债权人而言,借出的本金和利息的保障问题显然才是最重要的,相比于投资风险较大、收益高的投资项目,投资风险小、不确定性低的投资项目更受债权人的青睐。但债务契约的条款并不可能是完备的,债权人也属于信息上的劣势方,债权人并不能全面高效地监督股东和管理层所采取的一系列投资活动。因此,理性的债权人会在债务契约签订前预计到股东和管理层可能会出现的风险行为,他们往往会在债务契约中增加一些资金用途的限制性条款或直接提高贷款的利率以补偿增高的贷款风险。

4.3.2 盈余质量影响信贷资源配置的作用机制

在信贷资源的配置过程中,信息不对称以及代理冲突等问题是不可忽视的,要想解决这些问题,提高信贷资源的配置效率,提高会计信息质量是重中之重。而盈余质量是会计信息质量的重要组成部分,提高盈余质量对提高信贷市场的运行效率具有显著的促进作用。

4.3.2.1 高质量盈余信息可以发挥信号传递作用

高质量盈余信息可以发挥信号传递作用,降低债权人和债务人之间存在的信息不对称程度,提高债权人信贷决策的有效性。在信贷决策的有效性问题中,信贷资金的安全性是重中之重。债权人投放信贷资金之后,往往会处于信息的真空状态,无法实时监控信贷资金的使用状况,从而导致不良贷款风险的出现。如果信息不对称程度较高,债权人获取用于分析公司贷款需求动机以及评估贷款偿还可能性的信息较为困难。为了规避风险,债权人可能会选择缩减信贷规模、提升贷款利率。因此企业需要主动提供能显示资金后续使用合规性以及资金偿还可靠性的相关信息,以缓解与银行之间存在的信息不对称问题,提高获得银行贷款的可能性。为了提高信贷决策的有效性,最小化违约风险,银行在选择签订信贷合同前需要对企业的真实财务状况实施详细的调查,甄别企业是否存在操纵盈余的行为。双方签订贷款合约后,银行还需要关注企业资金的后续使用情况,约束其过度投资行为,并关注企业的现金流情况,以保障贷款资金的收回。但不管是事前的财务分析还是事后的监督工作,银行都离不开企业对外披露的财务信息。总之,盈余信息作为会计信息的关键部分,具有较强的信号传递作用,是债权人判断企业违约风险、做出信贷决策时的重要依据,在债务契约及其他债务限制性条款的制定工作中发挥着重要作用。

企业的盈余质量越高,债权人和债务人之间存在的信息不对称程度越低,债权人能了解到更真实准确的企业经营状况,以便做出信贷决策。从债权人方面来说,企业的信息披露质量越高,其自身利益就越能得到保障。所以,出于风险的考虑,与盈余质量较低的公司相比,债权人会更愿意将贷款以更大的规模、更低的利率提供给盈余质量较高的企业,而盈余质量较低的企业只能获得更低规模和更高利率的贷款。

综上所述,高质量盈余实际是一种有效的信号,能够缓解债权人与债务人之间存在的信息不对称问题。高质量的盈余能帮助债权人了解公司的实际经营情况以及后续发展,保障其投资决策的有效性,提高信贷资源的配置效率。

4.3.2.2 高质量盈余可以强化对企业的约束

高质量盈余可以加强对企业的约束,缓解委托代理问题,提高信贷资源的配置效率。企业的盈余质量越高,信息透明度越高,债权人与企业间的信息不对称程度越低,债权人越能了解企业的实际经营状况,对管理层构成一种约束和激励,而管理层考虑到自身的形象,也会尽力保证盈余信息的可靠性和准确性,这种良性循环有利于提高企业价值,促进资本市场的健康发展。

同时,债权人对企业盈余质量的关注能对管理层构成约束作用,在这种约束作用下,管理者的投资决策会受到影响,不容易出现过度投资行为,从而保障了所筹信贷资金的使用效率和安全性。高质量的盈余信息能提升企业的信息透明度,强化企业的监督机制,进而形成激励机制,激励管理者做出更合理的资本预算决策和更有效的信贷资源的配置决策,提高投资效率和信贷资金的使用效率。

综上所述,高质量盈余可以加强对企业的约束,提高信贷资金的使用效率。

4.3.3 盈余质量影响信贷资源配置的现有研究

现有关于盈余质量如何影响信贷资源配置的研究得到的结论并不一致,这种研究差异与银行等债权人对借款企业盈余质量的识别能力有关。

4.3.3.1 债权人对盈余质量有识别能力

银企之间的信息不对称是信贷资金错配的主要原因(Stiglitz et al.,1981)。而高质量的盈余信息能缓解信贷合同签订前和执行中存在的信息不对称问题,在信贷合同的签订和后续履约过程中发挥重要作用(Watts et al.,1990)。银行的信贷决策往往是基于企业披露的盈余信息做出的,银行会根据企业披露的盈余信息估计企业未来的偿债能力,会计利润可用于预测未来现金流的准确度越高,银行对企业未来的现金流的估计越准确,越能控制信贷风险(Berger et al.,2006)。对于盈余质量较低的企业而言,当它们需要从银行贷款时,出于风险规避的考虑,银行往往会提出更高的利率、更短的还款期限、更小的贷款规模和更高的抵押物价值等诸多苛刻的要求,即盈余质量较低的企业往往会面临更高的融资成本。而对于盈余质量较高的企业而言,由于信息相对透明,银行能更好地估计企业的还款能力,信贷风险较小,因此盈余质量较低的企业往往能获得较为优惠的利率和宽松的还款期限,融资成本更低(Bharath et al.,2008;Francis et al.,2005)。Ahmed et al.(2002)发现高质量的会计信息披露水平可以使公司的债权融资成本降低。Yu(2005)发现信息披露质量较高的公司往往信用息差较低。Ge et al.(2014)发现,企业的真实盈余管理行为会损害其所发行债券的信用评级,债权人会寻求更高的风险溢价导致债权融资成本增高。

我国学者在此基础上开展了进一步研究。企业的债权融资成本可以通过披露质量更高的信息来降低(王华等,2017),即盈余质量的提高会降低企业的债权融资成本(姚立杰等,2009)。陆正飞等(2008)发现企业对外披露质量更高的信息能够降低银行所要承担的贷款违约风险,企业进而能以更低的成本获得贷款。于静霞(2011)发现企业向上进行应计盈余管理的水平越高,其贷款成本也越高。刘文军等(2014)基于银行贷款的实际数据的研究表明,公司盈余管理水平的上升会导致担保要求的提高。李志军等(2011)发现在紧缩性货币政策的宏观背景下,盈余质量高的公司更容易获得规模更大、利率更低的银行贷款。姚立杰等(2009)的研究结果表明,我国上市公司的盈余质量与他们的债务融资成本呈显著的负相关关系,他们又进一步地将债务融资成本分为总借款债务成本、长期借款债务成本和信用借款债务成本进行深入分析,得到的结论不变。他们的研究结果说明了我国的银行是可以识别出借款企业的盈余质量的,特别是对那些申请长期借款或信用借款的企业,同时银行会基于借款企业的盈余质量来确定他们的债务成本。冯展斌(2017)以2003—2015年中国A股上市公司为样本,对盈余质量与企业债务融资成本的关系进行了探究,他的研究结果同样表明企业盈余质量与企业债务融资成本呈显著的负相关关系,即高质量的盈余能有效降低企业的债务融资成本。

综上所述,债权人有能力识别出企业的盈余质量,并在此基础上做出相应的信贷决策。

4.3.3.2 债权人对盈余质量无识别能力

当银行不能从整体上对借款企业的盈余质量的高低进行识别时,会相信企业对外披露出的良好经营状况。此时,公司的盈余管理行为"美化"了自身的盈利水平,使得其在向银行申请贷款时具备了有利条件,能获得更多的信贷资金和更为宽松的债务期限,致使信贷资源出现不合理配置,银行的信贷风险也随之加大(马永强等,2014;叶志峰等,2008)。

这种观点也得到了一部分学者的支持。陆正飞等(2008)研究发现,会计盈余信息的债务契约有效性会被上市公司的盈余管理行为显著削弱,上市公司的盈余管理水平越高,会计盈余信息的债务契约有效性越低,越容易误导银行的信贷决策,进而降低信贷资源的配置效率。他们的研究结果表明我国银行并不能有效识别出借款企业的盈余管理行为。Liu等(2010)以发行债券的公司数据为样本进行研究,发现公司在发行债券前的盈余管理行为降低了企业的债务融资成本,即盈余管理行为有利于企业债券的发行,因为市场无法识别出企业的盈余管理行为。王玉春等(2016)结合信息不对称理论,实证检验了企业盈余管理行为对信贷资源可获性的影响。研究结果表明,企业向上盈余管理的水平越高,所能获得的银行贷款数额越大,即银行并不能识别出企业的向上盈余管理行为。马永强等(2014)发现企业通过向上应计盈余管理或真实盈余管理调高利润水平都能获得更多的信贷资源,这种现象在国企和非国企都是存在的。盈余管理水平不同所带来的盈余质量的差异并不会导致企业获取贷款的利率不同(刘文军等,2014)。除了银行外,债券市场也不能识别公司的盈余管理行为,发行债券前存在显著向上盈余管理行为的公司的债券融资成本反而更低(Liu et al.,2010)。

4.4 盈余质量对审计师的影响

外部审计对上市公司财务报表的公允性、合法性进行独立鉴证,是证券市场会计信息质量的重要治理机制,也是对公司盈余质量实施监管的重要角色。审计师对财务报告的审计过程实际上是发现和纠正被审计单位盈余操纵行为的过程。因此,上市公司的盈余质量与审计师密切相关。大致而言,盈余质量问题对审计师的影响可以分为两个方面:其一是审计师反应,包括审计师收取的审计费用以及出具的审计意见等;其二则是审计师选择及变更。

4.4.1 盈余质量与审计师反应

4.4.1.1 审计意见

关于盈余管理和审计意见之间关系的研究,并没有得到一致的结论。一种观点认为盈余管理水平与出具非标意见的可能性显著正相关(Bartov et al.,2000a;章永奎等,2002;Johl et al.,2007)。由于被审计单位与审计师之间也存在信息不对称,上市公司的盈余管理行为离不开审计师的稽查,需要审计师严格依照审计程序进行。基于重要性原则,当企业的盈余管理水平过高导致其披露的会计盈余重大地影响到公司实际经营状况的公允和合理表达时,审计师往往会选择出具非标准审计意见,以降低自身的审计风险;而当企业的盈余管理水平较低,不会影响到其披露的会计盈余对公司实际经营状况的公允和合理表达时,审计师就不会因为企业存在的盈余管理行为而选择出具非标准审计意见(曹琼等,2013)。

也有观点认为盈余管理水平与出具非标审计意见的可能性之间并无显著的相关关系(Butler et al.,2004;李东平等,2001;夏立军等,2002)。一方面,审计师对于审计风险的关注似乎已更多地转向可能发生经营失败或管理层欺诈的亏损公司以及增速过快的公司,而不是为迎合监管政策而可能实施盈余管理行为的公司(夏立军等,2002)。另一方面,会计师事务所出具审计意见时往往会面临着审计风险和未来审计收益的博弈。对于会计师事务所来说,出具非标准无保留审计意见很有可能会引发客户的不满,导致客户更换审计单位以换取具有标准无保留审计意见的审计报告,这样会计师事务所就会失去来自该客户的未来审计收益,而造成损失(刘伟等,2007)。但是,如果会计师事务所没有通过出具非标准无保留审计意见的审计报告来揭露企业的财务粉饰行为,那么未来企业财务粉饰行为一旦被爆出,注册会计师会面临法律风险,需要承担相应的责任。因此,审计师会选择在审计报告公布之前与公司的管理层就公司的盈余管理行为进行充分的沟通,并督促公司解决相应问题,因此盈余管理与审计意见之间无显著的相关关系(薄仙慧等,2011)。

4.4.1.2 审计费用

国内外学者的研究普遍支持了盈余管理和审计费用之间存在显著的正相关关系,公司的盈余管理水平越高,其审计费用越高(DeFond et al.,1988;Gul et al.,2003;Moradi et al.,2012;卫真,2019)。客户公司进行盈余管理会增加财务报告的不确定性,也会给审计师带来诉讼风险和审计风险。一方面,盈余管理行为尤其是真实盈余管理行为是以牺牲公司未来的盈利为代价的,会损害公司的长期利益和投资者利益,未来一旦被爆出,审计师会面临极大的风险;另一方面,盈余管理行为尤其是真实盈余管理行为是通过真实的交易实现的,会导致公司偏离最优的经营管理决策,这不仅意味着管理层存在信用问题,同时盈余管理所涉及的实际交易还会加大了应收账款、存货、管理费用等项目的审计难度,导致审计风险提高(李留闯等,2015)。基于此,审计师可能在要求风险溢价的同时,进一步调整审计程序的性质、时间和范围,投入更多的时间和精力以应对风险以保证审计质量,这势必会增加审计成本并最终提高审计定价水平(胡南薇等,2011)。此外,对于盈余管理水平较高的上市公司而言,被审计师识别出盈余管理行为并出具非标准审计意见的可能性也相对较大,基于利益驱动和成本效益原则,管理层可能会支付较高的审计费用来进行标准审计意见的购买,而审计师在较高的审计费用诱惑面前,可能会接受上市公司标准审计意见的购买行为(张学谦等,2007;曹琼等,2013)。这种审计意见的购买行为具体表现为异常审计费用的提高与不利审计结果的改善之间存在显著的正相关关系(Craswell et al.,2002)。

4.4.2 财务重述与审计意见

4.4.2.1 理论分析
(1) 持续经营审计意见与非标审计意见

注册会计师出具的审计意见包括标准审计意见和非标准审计意见两类。根据被审计对象是否存在导致审计师对持续经营假设产生重大疑虑的事项,又可将非标准审计意见进一步分为持续经营非标审计意见(简称"持续经营审计意见")和非持续经营非标审计意见(简称"非标审计意见"),两类意见均包括带强调事项段的无保留意见、保留意见、否定意见和无法表示意见四种意见。而持续经营无保留审计意见中还有十分重要的一类是带有对持续经营能力存疑的描述段的无保留意见。公司的持续经营能力一直是审计师及投资者关注的重中之重,审计师通过出具持续经营审计意见的方式提醒审计报告使用者关注该公司的财务状况及经营风险。持续经营审计意见不完全等同于非标审计意见。非标审计意见是针对上市公司所披露的会计信息的真实性和完整性(也即信息的可信性)的评价,而持续经营审计意见是专门针对公司持续经营情况的一个客观说明。为了表述方便,借鉴胡南薇等(2011)的研究,我们将包括持续经营审计意见和非标审计意见在内的所有除标准审计意见之外的审计意见均称为严厉审计意见。持续经营审计意见与非标审计意见的类型及关系见表4-1。

表 4-1 审计意见类型

标准审计意见	非标准审计意见（严厉审计意见）	
标准无保留意见	持续经营非标审计意见（持续经营审计意见）	非持续经营非标审计意见（非标审计意见）
	带强调事项段的持续经营无保留意见	带强调事项段的非持续经营无保留意见
	持续经营保留意见	非持续经营保留意见
	持续经营否定意见	非持续经营否定意见
	持续经营无法表示意见	非持续经营无法表示意见

(2) 财务重述、可信性风险与非标审计意见

财务重述是对前期财务报表中存在的重大差错进行纠正或调整，因此，公司发生财务重述后，首先被质疑的就是财务报表的可信性，财务重述向市场传递的是公司财务报表质量低、可靠性差的负面信号，管理层的诚信将会被公众质疑。不论是出于职责还是风险的考虑，审计师都应当对财务重述公司蕴含的潜在风险进行综合评估，审慎出具审计意见。发生审计失败会给会计师事务所带来声誉损失和诉讼代价，因此，在出具审计意见之前，事务所会谨慎评估被审计对象的审计风险。财务重述所蕴含的可信性风险无疑会影响注册会计师对重述公司的审计风险评估，最终会影响注册会计师对公司会计报告是否公允的判断。因此，审计师对发生财务重述的公司更可能出具非标准审计意见。

(3) 财务重述与持续经营审计意见

公司财务信息存在质量问题或者财务报表存在可信性风险都会导致财务重述，同时也意味着公司的经营风险较高。这可以从以下几个方面来分析：首先，很多财务重述是企业进行盈余管理的结果，而财务困境往往是这种盈余管理的动机的来源。Kinney et al. (1989)认为当公司出现财务困境时，公司会为了掩饰财务问题而进行财务舞弊。Callen et al. (2008)发现亏损或将来可能亏损的公司更可能进行利润操纵。其次，企业在财务重述发生后声誉受损，导致一系列负面经济后果，如公司股价下跌，融资成本上升，甚至被投资者提起法律诉讼等，都会导致财务重述公司面临进一步的财务状况恶化和持续经营危机，经营风险大大提升。

审计保险理论认为如果被审计单位出现经营失败，审计师也要承担一定的责任，也就是被审计单位的经营风险被转移了。因此，审计师必须关注被

审计单位的经营风险,因为它可能会导致审计风险。也就是说,审计师面临的审计风险不仅包括审计工作自身的缺陷导致的风险,还包含了被审计单位出现持续经营方面的问题而带来的风险。《中国注册会计师审计准则第1324号——持续经营》中提到,注册会计师有提示被审计对象持续经营能力风险的责任。当审计客户遭受经营或财务失败时,审计师也可能会遭到诉讼。因此,注册会计师为了规避自身风险,往往会对存在较高经营风险的公司出具较严厉的持续经营审计意见。总之,发生财务重述的公司很可能蕴含着更高的经营风险,持续经营能力不确定性升高,更容易陷入经营困境。针对这一情况,高水平的审计师理应对企业持续经营能力做出判断,并向市场中的投资者传递这一信息,为投资者等提供破产警讯信号。

(4) 重复重述与审计意见

国外学者也关注公司重复重述的现象。Files et al. (2014)发现美国证券市场中的重复重述公司表现出更多的内部控制缺陷及其他公司治理问题。如前所述,发生财务重述已经表明这些公司的财务报表是低质量的,而同一公司在较短的一段时期内多次发生财务重述,则更说明这些公司的公司治理可能存在严重缺陷,并且难以进一步改善;也可能说明管理层认为重述的"收益"高于重述的"成本",为此有目的地进行重述,甚至恶意重述。因此,发生财务重述的频次不同,其蕴含的审计风险也存在差异。此外,杨明增等(2007)发现,注册会计师在审计过程中会将锚定和调整启发的方法[1]运用于审计判断,基于既有的年度信息,注册会计师会更加谨慎地对本期控制风险进行评价,控制风险的估计水平更高。也就是说,即使发生过财务重述的公司随后已经加强了公司内部治理,其财务重述的前科仍然会使注册会计师对它的审计失败风险更加敏感。因此,为规避风险,注册会计师在本期审计工作中可能也会综合考虑企业前期表现,更为谨慎地、严格地出具审计意见。

4.4.2.2 实证研究

1) 研究设计

(1) 样本选取

① 数据来源

以2007—2014年沪深两市主板A股上市公司为初始研究样本,数据来

---

[1] 注册会计师在不确定性状态下进行审计工作及出具审计意见需要参考以前年度的审计信息,并以此作为初始参考进行风险判断和决策。

源于同花顺数据库与巨潮资讯网,财务重述公告具体内容与发生频次等数据均由笔者手工整理所获。持续经营审计意见(GCO)数据来自上市公司年度审计报告,我们通过阅读每份审计意见,判断其中是否涉及审计师对公司持续经营能力存疑的事项段,若报告中出现"对公司持续经营能力存在疑虑""公司持续经营能力存在不确定性""持续经营能力存在风险"等字样时,则认为该上市公司被审计师出具了持续经营审计意见。其他数据均来自国泰安(CSMAR)数据库。

② 全样本的筛选

以 2007—2014 年间沪深两市 A 股主板全部上市公司为样本,共获取原始数据 11 059 条。在此基础上,对原始数据进行如下筛选:(a)剔除信息披露要求更为严格的金融类上市公司数据;(b)剔除审计意见、会计师事务所、审计费用等审计相关变量数据缺失的样本;(c)剔除财务及公司治理方面数据缺失的样本。按照上述条件筛选后,最终获得 9 553 条数据,该样本我们称为研究的全样本。

③ 财务重述样本的筛选

本节所界定的财务重述行为是指公司以前年度财务报表存在差错而发布更正公告的行为,不考虑因会计政策变动、会计估计变更而进行公告的行为。因为会计政策变更是由外部客观原因造成的,并非出于企业主观动机,是一种正常的变更,这类重述情况对审计师出具审计意见的影响较弱,故研究中应排除这一部分重述样本。将正常变更样本剔除后,在 2007—2014 年中共获得发生会计差错更正的原始样本 939 个,然后按以下步骤进行筛选:(a)由于存在同一公司对同一重述事项有多次公告的情况,为此本节排查各类重述公告,剔除重复公告数据;(b)数据中存在部分上市公司同一年度出现不止一次发布财务重述公告的情况,为了便于研究,本节规定同一公司一年仅保留一条重述数据;(c)删除数据缺失样本。按上述原则进行筛选后,本节最终获得重述样本 385 个。

④ 重复重述样本的筛选

本节借鉴 Files et al.(2014)的研究中关于重复重述样本的判断规则,结合我国实际情况,制定重复重述样本判断标准如下:(a)2007—2014 年是否有一次以上的重述,如果有则为重复重述;(b)2005 年或 2006 年是否发生过重述,若 2005 年或 2006 年某一上市公司发生过重述,则将 2007 年、2008 年单次重述的公司重新归为重复重述公司。按照上述标准将 385 个财务重述样本区分为重复重述样本和单次重述样本,其中重复重述样本137个,占重述样本总数的35.58%;单次重述样本248个,占重述样本总数的64.42%。可以看到较短的连续期间内,有超过三分之一的上市公司存在不止一次的财务重述行为。

(2) 变量定义

具体的变量定义如表4-2所示。

表4-2 变量解释表

变量类别	变量名称	变量符号	变量定义
被解释变量	非标审计意见	OPINION	当年若被出具非标审计意见,则取1,否则为0
	持续经营审计意见	GCO	当年若被出具持续经营审计意见,则取1,否则为0
解释变量	财务重述	RESTATEMENT	当年若发生财务重述,则取1,否则取0
	重复重述	REPEAT	当重述样本被分类为重复重述样本时,该变量取1,否则为0
	单次重述	SINGLE	当重述样本被分类为单次重述样本时,取1,否则为0
控制变量 公司层面	内控缺陷	MATWEAK	公司内部控制存在缺陷,则取1,否则为0
	权益乘数	EM	期末资产总额/期末股东权益总额
	总资产周转率	TURN	营业收入/平均资产总额
	应收账款比例	ACCOUNTS	应收账款/年末总资产
	亏损状况	LOSS	公司当年净利润若为负数,取1,否则为0
	净资产收益率	ROE	净利润/平均股东权益
事务所层面	事务所规模	BIG4	若年报由国际四大会计师事务所审计,为1,否则为0
	审计费用	LAT	公司当年国内审计费用的自然对数
	年份	YEAR	年份虚拟变量
	行业	IND	行业虚拟变量

(3) 回归模型

$$OPINION(GCO) = \alpha + \beta_1 RESTATEMENT_{i,t} + \beta_2 MATWEAK_{i,t} + \beta_3 EM_{i,t} + \beta_4 TURN_{i,t} + \beta_5 ACCOUNTS_{i,t} + \beta_6 LOSS_{i,t} + \beta_7 ROE_{i,t} + \beta_8 BIG4_{i,t} + \beta_9 LAT_{i,t} + \sum YEAR + \sum IND + \Delta_{i,t}$$

公式(4-1)

$$OPINION(GCO) = \alpha + \beta_1 REPEAT_{i,t} + \beta_2 SINGLE_{i,t} + \beta_3 MATWEAK_{i,t} + \beta_4 EM_{i,t} + \beta_5 TURN_{i,t} + \beta_6 ACCOUNTS_{i,t} + \beta_7 LOSS_{i,t} + \beta_8 ROE_{i,t} + \beta_9 BIG4_{i,t} + \beta_{10} LAT_{i,t} + \sum YEAR + \sum IND + \Delta_{i,t}$$

公式(4-2)

2) 实证结果

(1) 财务重述样本的描述性统计

表4-3列示了财务重述与审计意见的对应分布情况。从表4-3中可以看出，在整个样本期间，被出具非标审计的样本共计586个，其中属于财务重述组样本的有64个，被出具持续经营审计意见的样本共计373个，其中属于财务重述组样本的为40个。而财务重述组样本被出具非标审计意见和持续经营审计意见的比例显著高于非财务重述组5.69%和3.63%的比例。这说明审计师不仅能够识别财务重述所蕴含的可信性风险，而且能识别企业的持续经营风险。

表4-3 财务重述与审计意见的对应分布

Panel A：财务重述与非标准无保留审计意见对应分布						
审计意见类型	非财务重述样本		财务重述样本		总样本	
	数量/个	占比/%	数量/个	占比/%	数量/个	占比/%
标准无保留审计意见	8 646	94.31	321	83.38	8 967	93.87
非标审计意见	522	5.69	64	16.62	586	6.13
合计	9 168	100.00	385	100.00	9 553	100.00

续表

Panel B：财务重述与持续经营审计意见对应分布

审计意见类型	非财务重述样本		财务重述样本		总样本	
	数量/个	占比/%	数量/个	占比/%	数量/个	占比/%
标准无保留审计意见	8 835	96.37	345	89.61	9 180	96.10
非标审计意见	333	3.63	40	10.39	373	3.90
合计	9 168	100.00	385	100.00	9 553	100.00

(2) 财务重述和审计意见

本节构建 Logistic 回归模型来检验假设，回归的结果如表 4-4 所示。其中，在列(1)中，财务重述(RESTATEMENT)的系数在 1% 的水平上显著为正，为 0.991 2，说明发生财务重述的公司更可能被审计师出具非标审计意见。这说明审计师能识别财务重述所包含的可信性风险，出于规避审计风险考虑，对财务重述进行了应有的关注，更可能给这些企业出具非标审计意见。在列(2)中，财务重述(RESTATEMENT)与持续经营审计意见(GCO)的系数为正数，且显著性程度为 1%。这说明相比非重述公司，发生财务重述的公司更可能被审计师出具持续经营审计意见，注册会计师能识别财务重述所蕴含的持续经营风险。其他控制变量的回归结果也基本与预测的结果相符。在列(1)中，内控缺陷(MATWEAK)的系数在 5% 的水平下显著为正，这说明内部控制越差的公司越有可能被审计师出具非标审计意见，与预期结果相符；总资产周转率(TURN)与非标审计意见(OPINION)呈显著负相关，应收账款比例(ACCOUNTS)与 OPINION 呈不显著正相关，这说明具有较高营运能力的公司收到非标审计意见的可能性较小；亏损(LOSS)的系数显著为正，净资产收益率(ROE)的系数显著为负，这说明经营业绩差的企业通常有相对较大的经营风险，其更有可能被审计师出具非标审计意见；审计费用(LAT)的系数在 1% 的水平下显著为负，与预期结果相符；事务所规模(BIG4)系数的符号为正，与预期相同，但并不显著，这可能是由于国内会计师事务所的水平越来越接近国际四大会计师事务所，国际四大会计师事务所更敢于出具非标审计意见的执业质量优势并不十分明显。

表 4-4 财务重述和审计意见的回归结果

解释变量	(1) OPINION	(2) CGO
RESTATEMENT	0.991 2***	0.891 5***
	(0.000)	(0.000)
MATWEAK	0.332 1**	−0.215 4
	(0.022)	(0.308)
EM	−0.093 9***	−0.081 3***
	(0.000)	(0.000)
TURN	−0.731 9***	−1.088 9***
	(0.000)	(0.000)
ACCOUNTS	0.704 2	0.411 1
	(0.233)	(0.595)
LOSS	1.811 7***	2.074 0***
	(0.000)	(0.000)
ROE	−1.355 4***	−1.287 9***
	(0.000)	(0.000)
BIG4	0.140 4	0.360 7
	(0.646)	(0.371)
LAT	−0.581 5***	−0.703 8***
	(0.000)	(0.000)
IND	YES	YES
YEAR	YES	YES
_CONS	4.827 3***	5.315 6***
	(0.000)	(0.004)
Adjusted R^2	0.194 2	0.251 4
N	9 553	9 553

注:***,**和*分别代表0.01,0.05和0.1的显著性水平;括号内为P值。

(3) 重复重述和审计意见

检验结果如表4-5所示。在列(1)和列(2)中,重复重述(REPEAT)的系数分别为1.335(显著性水平为1%)和1.272(显著性水平为1%),单次重述(SINGLE)的系数分别为0.758(显著性水平为1%)和0.638(显著性水平为5%)。另外,无论是在列(1)还是列(2)中,REPEAT的系数均大于SINGLE的系数,两者的系数差异分别达到0.577和0.634,进一步对这两个系数差异进行F-test检验,我们发现它们的显著性程度均达到了1%,说明相比于发生单次重述的公司,发生重复重述的公司被出具非标审计意见以及持续经营审计意见的概率更高。这表示相比于发生单次重述的公司,审计师对发生重复重述的公司有更高的警惕性,对其出具严厉审计意见以规避审计风险的可能性更高。控制变量的回归结果基本与前述保持一致。

表4-5 重复重述与审计意见回归结果

解释变量	(1) OPINION	(2) CGO
REPEAT	1.334 9***	1.272 1***
	(0.000)	(0.000)
SINGLE	0.758 1***	0.638 2**
	(0.000)	(0.015)
MATWEAK	0.326 2**	−0.226 0
	(0.025)	(0.286)
EM	−0.092 5***	−0.079 3***
	(0.000)	(0.001)
TURN	−0.730 7***	−1.087 6***
	(0.000)	(0.000)
ACCOUNTS	0.708 3	0.418 7
	(0.230)	(0.588)
LOSS	1.809 8***	2.072 6***
	(0.000)	(0.000)
ROE	−1.348 0***	−1.277 4***
	(0.000)	(0.000)
BIG4	0.144 2	0.365 8
	(0.638)	(0.365)

续表

解释变量	(1) OPINION	(2) CGO
LAT	−0.587 1***	−0.712 1***
	(0.000)	(0.000)
IND	YES	YES
YEAR	YES	YES
_CONS	4.864 0***	5.376 6***
	(0.000)	(0.003)
Adjusted R^2	0.194 9	0.252 2
N	9 553	9 553

注：***，** 和 * 分别代表 0.01，0.05 和 0.1 的显著性水平；括号内为 P 值。

3) 研究结论

本节主要基于对财务重述与审计意见关系的分析,选择了沪深两市 A 股主板上市公司为研究对象,对审计师是否能识别财务重述所蕴含的持续经营风险和可信性风险问题进行了研究。研究发现：① 发生财务重述的公司在当年不但更可能被审计师出具非标审计意见,而且也更容易被出具持续经营方面审计意见。这说明审计师不但能识别财务重述所蕴含的可信性风险,也能识别其所隐含的持续经营风险。② 相比于单次重复公司,重复重述公司更容易被审计师出具严厉审计意见,包括非标审计意见和持续经营审计意见。

4.4.3 财务重述与审计师选择及变更

4.4.3.1 理论分析

不同类型的审计师对待公司盈余管理行为的态度也存在显著的差异,审计师之间存在的这种行为差异可能导致企业变更现任审计师以寻求与其盈余管理目标更加一致的审计师(章永奎等,2002;蔡春等,2005)。具体而言,出于对盈余管理可能引发的诉讼风险的考虑,现有审计师可能倾向于采取更为保守谨慎的态度,对盈余管理水平过高的公司出具"非清洁"审计意见,但这显然不利于审计客户的声誉,进而导致此类公司更换审计师并寻求没有保守偏向的其他审计师(DeFond et al.,1998;Davidson et al.,2006)。此外,审计师变更可能有助于上市公司达到盈余操纵的目标(刘伟等,2007)。因此,盈余管理与审计师变更之间具有显著的正相关关系(Sengupta et al.,2007；张学谦等,2007)。

财务重述情况也可以作为对企业盈余质量的一种测度。从财务重述角度来看,财务重述是真实发生的事件,能够更好地衡量审计质量,表明审计师在以前期间未能发现或披露错报(Hennes et al.,2014)。当公司较低质量的财务报告被披露后,审计师也会被董事会以及广大投资者质疑。已有研究表明,公司会在丑闻曝光后通过多种渠道和途径进行声誉恢复的行为,这其中就包括更换审计师。因此,发生财务重述后,客户将变更审计师。从声誉动机角度看,企业倾向于寻找审计质量更高的审计师以恢复公司声誉,向市场传递积极信号,重塑投资者信心(Mande et al.,2012；马晨等,2016)。而从合谋动机的角度来分析,财务重述提高了原审计师对财务重述公司风险程度的判断,此时审计师更可能对重述企业出具较严厉的非标准审计意见,而企业更有可能为了获得标准审计意见而将审计师变更为更容易与其"合谋"的审计师(吴芃等,2017)。

4.4.3.2 实证研究

本部分以我国2004—2014年A股主板全部上市公司为样本,从审计师行业专长的角度探讨财务重述对企业审计师变更的影响。

1) 研究设计

(1) 样本选取

全样本:本部分将样本期间定为2004—2014年,然后将该样本期间的沪深两市全部上市公司的相关数据作为原始数据,在此基础上,对这些数据按如下步骤进行筛选:删除B股、中小板、创业板的相关数据;删除相关财务数据缺失的样本公司数据;删除金融业公司的相关数据。最终样本总量为13 552个。

财务重述样本:本部分基于上市公司年报以及年报变更公告文件,以关于前期会计差错更正的公告为确定重述样本的依据,采用人工阅读法整理得到2004—2014年间发生会计差错更正的原始样本1 377个。在此基础上,按以下顺序对这些样本进行筛选:删除中小板、创业板数据;删除重复数据;删除相关数据缺失的样本。经过上述筛选,最终获得673个财务重述样本。

本部分研究所用重述公告相关数据来自同花顺数据库与巨潮资讯网,审计师变更的相关数据和控制变量的相关数据来自国泰安数据库。

(2) 变量定义

本部分研究主要使用了以下变量来构建回归模型,具体的变量类别、名称、定义以及符号如表 4-6 所示。

表 4-6 变量定义表

变量类别	变量名称	变量符号	变量定义
被解释变量	审计师行业专长 1	Spec_asset	以审计客户的总资产为基础,使用行业组合份额法计算
	审计师行业专长 2	Spec_fee	以审计费用为基础,用行业组合份额法计算,用于稳健性检验
解释变量	财务重述	Res	发生重述,取值为 1,否则为 0
	违规	Irr	当重述为违规样本时取 1,为错误样本时取 0
	盈余错报程度	Reraito	财务重述对留存收益的累计影响额/重述前的总资产
	错报项目数	Item	重述项目在四项(含四项)以上,取值为 1,否则为 0
控制变量	事务所变更	Change	发生事务所变更为 1,否则为 0
	公司规模	Size	企业总资产的对数
	资产负债率	Credit	总负债/总资产×100%
	销售增长率	Growth	本期收入减去上期收入的差除以上期收入
	净资产收益率	ROE	公司的净资产收益率,该变量反映上市公司的绩效水平
	总资产周转率	Turn	营业收入/平均资产总额×100%
	第一大股东持股比例	LGSH	第一大股东持股份额/全部股份
	审计收费	Fee	会计师事务所收取的审计费用的自然对数
	上市公司管理层变更	Mchange	若发生变更,取值为 1,否则为 0
	行业	IND	虚拟变量
	年份	Year	虚拟变量

(3) 回归模型

本部分共构建了如下四个回归模型:

$$Change_{i,t+1} = \alpha + \beta_1 Res_{i,t} + \beta_2 Size_{i,t} + \beta_3 Credit_{i,t} + \beta_4 Growth_{i,t} + \beta_5 ROE_{i,t} + \beta_6 Turn_{i,t} + \beta_7 LGSH_{i,t} + \beta_8 Fee_{i,t} + \beta_9 Mchange_{i,t} + \sum YEAR + \sum IND + \varepsilon_{i,t}$$

公式(4-3)

$$Spec_{i,t+1} = \alpha + \beta_1 Res_{i,t} + \beta_2 Change_{i,t+1} + \beta_3 Res_{i,t} \times Change_{i,t+1} + \beta_4 Size_{i,t} + \beta_5 Credit_{i,t} + \beta_6 Growth_{i,t} + \beta_7 ROE_{i,t} + \beta_8 Turn_{i,t} + \beta_9 LGSH_{i,t} + \beta_{10} Fee_{i,t} + \beta_{11} Mchange_{i,t} + \sum YEAR + \sum IND + \varepsilon_{i,t}$$

公式(4-4)

$$Spec_{i,t+1} = \alpha + \beta_1 Irr_{i,t} + \beta_2 Change_{i,t+1} + \beta_3 Irr_{i,t} \times Change_{i,t+1} + \beta_4 Size_{i,t} + \beta_5 Credit_{i,t} + \beta_6 Growth_{i,t} + \beta_7 ROE_{i,t} + \beta_8 Turn_{i,t} + \beta_9 LGSH_{i,t} + \beta_{10} Fee_{i,t} + \beta_{11} Mchange_{i,t} + \sum YEAR + \sum IND + \varepsilon_{i,t}$$

公式(4-5)

$$Spec_{i,t+1} = \alpha + \beta_1 Reraito_{i,t} + \beta_2 Change_{i,t+1} + \beta_3 Reraito_{i,t} \times Change_{i,t+1} + \beta_4 Size_{i,t} + \beta_5 Credit_{i,t} + \beta_6 Growth_{i,t} + \beta_7 ROE_{i,t} + \beta_8 Turn_{i,t} + \beta_9 LGSH_{i,t} + \beta_{10} Fee_{i,t} + \beta_{11} Mchange_{i,t} + \sum YEAR + \sum IND + \varepsilon_{i,t}$$

公式(4-6)

2) 实证结果

(1) 描述性统计

全样本变量的描述性统计结果如表4-7所示。从表中可以看出,Spec_asset均值为0.01,说明在全样本中,企业所选择的会计师事务所行业专业化程度并不高;另外Change的均值为0.11,说明从总体上看,有11%的样本发生了会计师事务所变更;Res的均值为0.05,说明在全部样本中发生财务重述的比例为5%。

表 4-7 全样本描述性统计

变量	样本量/个	最小值	最大值	均值	标准差
Spec_asset	13 552	0.00	1.00	0.01	0.04
Change	13 552	0.00	1.00	0.11	0.32
Res	13 552	0.00	1.00	0.05	0.22
Size	13 552	10.84	27.55	21.52	1.38
Credit	13 552	0.05	6.55	0.56	0.38
Growth	13 552	−1.00	227.68	0.29	2.34
ROE	13 552	−0.79	1.23	0.07	0.15
Turn	13 552	−0.01	2.97	0.55	0.51
LGSH	13 552	0.01	1.00	0.37	0.16
Fee	13 552	10.31	17.52	13.30	0.66
Mchange	13 552	0.00	1.00	0.04	0.19

表 4-8 列示了重述样本的描述性统计结果。从表中可以看出，Change 的均值为 0.61，明显大于全样本的 Change 均值 0.11，说明财务重述企业变更会计师事务所的可能性更高。重述组 Spec_asset 的均值为 0.05，大于全样本的 Spec_asset 均值 0.01，说明财务重述公司选择的审计师具有更高水平的行业专长。Irr 的均值为 0.44，说明财务重述企业中，相比于错误重述，由于违规行为发生重述的企业更少。盈余错报程度（Reraito）的均值为 0.40，与过去的相关研究结果相近。

表 4-8 财务重述样本描述性统计

变量	样本量/个	最小值	最大值	均值	标准差
Spec_asset	673	0.00	1.00	0.05	0.11
Change	673	0.00	1.00	0.61	0.49
Irr	673	0.00	1.00	0.44	0.50
Reraito	673	0.00	19.70	0.40	1.06
Item	673	0.00	1.00	0.39	0.49
Size	673	13.08	25.20	21.24	1.28
Credit	673	0.10	0.89	0.56	0.18
Growth	673	−0.03	0.50	0.10	0.11
ROE	673	−0.06	0.29	0.07	0.07
Turn	673	0.00	1.65	0.43	0.38
LGSH	673	0.04	0.84	0.36	0.17
Fee	673	11.51	14.99	13.16	0.53
Mchange	673	0.00	1.00	0.10	0.30

(2) 回归分析

公式(4-3)的回归分析结果如表 4-9 列(1)所示。从表中可以看出，Res 的系数为 0.554，显著性水平为 1%，说明发生财务重述公司更换会计师事务所的可能性更高。

公式(4-4)的回归结果列示在表 4-9 列(2)中，从表中可以看出，Res 的系数为 0.037，在 1% 的水平上显著，说明相比于没有发生重述的公司，发生财务重述的公司更有可能选择行业专长水平较高的审计师；Res 和 Change 交互项的系数为 0.065，在 1% 的水平上显著，且交互项的系数大于 Res 的系数，这表明相比于没有发生重述的公司，重述公司更有可能将审计师变更为具有行业专长的审计师。

公式(4-5)验证了不同财务重述性质对事务所专长的影响。从表 4-9 列(3)的回归结果可以看出，Irr 的系数为 0.086，在 1% 的水平上显著，这说明相比于错误样本，违规样本有更大的可能选择行业专业化程度高的事务所；Change 的系数为正，且在 1% 的显著性水平上显著。而 Irr 和 Change 交互项的系数为 0.111，显著性程度为 1%，且交互项的系数大于 Irr 单个变量的系数 0.086，说明相比于错误重述的公司，发生违规重述公司更有可能将审计师变更为有更高行业专长水平的事务所。

公式(4-6)验证了不同严重程度财务重述对事务所专长的影响。从表 4-9 列(4)的回归结果可以看出，Reraito 的系数为 0.034，在 1% 的水平上与 Spec_asset 显著正相关，说明盈余错报程度与审计师行业专长存在正向关系；Change 在 1% 水平上的系数为 0.043，说明会计师事务所变更与审计师行业专长正相关。另外，表中显示 Reraito 和 Change 的交互项系数为 0.082（P 值为 0.000），大于 Reraito 的系数 0.034，说明发生财务重述的样本中，盈余错报程度越高，公司越有可能改聘更具专长的会计师事务所。

表 4-9 模型回归结果

变量	列(1) Change	列(2) Spec_asset	列(3) Spec_asset	列(4) Spec_asset
Res	0.554*** (0.000)	0.037*** (0.000)		

续表

变量	列(1) Change	列(2) Spec_asset	列(3) Spec_asset	列(4) Spec_asset
Res×Change		0.065*** (0.000)		
Irr			0.086*** (0.000)	
Irr×Change			0.111*** (0.000)	
Reraito				0.034*** (0.000)
Reraito×Change				0.082*** (0.000)
Change		0.007*** (0.000)	0.037*** (0.000)	0.043*** (0.000)
Size	−0.000 (0.692)	−0.001*** (0.001)	−0.006* (0.089)	−0.007* (0.076)
Credit	−0.007* (0.077)	0.000 (0.41)	0.041** (0.042)	−0.039* (0.070)
Growth	−0.000 (0.637)	0.000*** (0.000)	0.007 (0.540)	0.015 (0.589)
ROE	−0.037** (0.025)	0.002 (0.341)	−0.034 (0.356)	−0.060 (0.300)
Turn	−0.020 (0.193)	−0.006*** (0.000)	−0.014* (0.084)	−0.025** (0.017)
LGSH	−0.032** (0.038)	0.004** (0.013)	0.036** (0.025)	0.040* (0.095)
Fee	−0.003* (0.078)	0.002*** (0.001)	−0.011** (0.022)	0.012 (0.195)

续表

变量	列(1) Change	列(2) Spec_asset	列(3) Spec_asset	列(4) Spec_asset
Mchange	0.224***	0.005***	−0.005	0.037***
	(0.000)	(0.001)	(0.591)	(0.005)
IND	YES	YES	YES	YES
YEAR	YES	YES	YES	YES
Adjusted R^2	0.259	0.628	0.29	0.351
N	13 552	13 552	673	13 552

注：***，** 和 * 分别代表 0.01，0.05 和 0.1 的显著性水平；括号内为 P 值；对于模型 1 来说，Adjusted R^2 为 Pseudo R^2。

3）研究结论

本部分的实证研究结果显示：第一，公司发生重述后更有可能将聘任的审计师变更为更具有行业专长的审计师；第二，相比于发生错误重述的公司，发生违规重述的公司越有可能将聘任的审计师变更为更具有行业专长的审计师；第三，相比重述严重程度较轻的公司，重述严重程度较高的公司更有可能将聘任的审计师变更为更具有行业专长的审计师。本部分的研究结果表明，在我国资本市场，财务重述的确造成了企业的声誉损失，出于恢复声誉的需要，企业会倾向于将审计师变更为具有行业专长的审计师。

4.5 盈余质量对公司财务危机的影响

我国正面临着不断变化的经济环境，劳动力成本的不断提升、人民币升值以及通胀压力的增大，导致不少企业在发展过程中不可避免地出现了经营和财务等方面的问题，这使得财务危机问题成为利益相关者关注的焦点。企业在面对潜在的财务危机时，往往会采取盈余管理的手段加以粉饰，上市公司披露信息的真实性和客观性常常受到盈余管理的干扰。盈余管理是指管理者为了误导利益相关者对于企业潜在财务业绩的判断或者影响基于财务报告相关数据的契约结果，而主观地改变财务报告或者虚构交易的一系列手段（Healy et al.，1999）。近年来，随着我国对上市公司监管力度的加大，重述财务报表的次数也随之增加。当一家公司在其以前的财务报表中发现了由欺诈或错误引起的重大错报，并决定从金融市场召回错报时，就会发生重述。

重述通常被认为是低盈余质量的表现。那么,盈余管理或财务重述究竟和企业财务危机存在何种关系呢? 最终会对企业财务危机造成什么样的综合影响?

4.5.1 盈余管理策略与财务危机的关系研究

盈余管理按照使用手法的不同可以分为应计和真实盈余管理两类。应计盈余管理通过对会计应计项目的调整来达到控制会计盈余信息的目的,是一种会计手段;而真实盈余管理则是通过改变投资或者财务决策的时点来达到改变报告盈余的目的(Schipper,1989;王福胜等,2014),包括对某些费用的操纵、存货过量生产等手段(Dechow et al.,2002;蔡利等,2015)。相比于应计盈余管理,真实盈余管理尽管实施成本较高,但由于其相关的真实交易一般会在财务报告中披露,容易被审计师忽略(Cohen et al.,2010)。Zang(2012)最早对真实盈余管理活动各项成本及其后续影响进行系统研究,他发现企业在实际操纵中,更有可能同时运用真实和应计两种盈余管理,通过权衡两者的成本差异和发生时间点的差异,匹配适合企业的手段。

4.5.1.1 理论分析

(1) 应计盈余管理和财务危机的关系

应计盈余管理会损害公司未来的价值。企业连续两年亏损实际上并不会必然导致财务危机,但是管理者为了避免被特别处理,需要尽量避免企业亏损的出现。这就导致管理者不得不花费大量的精力在财务报告上进行盈余操纵,同时,这种直接对会计数据的操纵也将破坏利益相关者对盈余质量的判断,导致股价和企业声誉下降、资本成本上升,进而导致更严重的财务危机(姜国华等,2005;厉国威等,2010)。因此,应计盈余管理会给企业未来价值带来负面影响。

Francis et al.(1999)及 Bartov et al.(2000a)认为由于潜在的资产变现和持续经营问题的不确定性,审计师通常会认为应计盈余管理伴随着高风险,出于审计保守性(Auditor Reporting Conservatism)的考虑,高应计额的公司更可能被审计师出具非标审计意见。而非标审计意见会带来负面市场反应,从而加大企业陷入财务危机的可能性(Chen et al.,1996;Jones,1996;陆建桥,1999;Bryan et al.,2010;Chan et al.,2015;Tan et al.,2006)。

进行盈余操纵的公司会不会被出具经营审计意见(Going Concern Opinion,GCO)或被出示退市风险警示即特别处理(Special Treatment,

ST),还取决于注册会计师或者监管机构能不能识别盈余管理行为及由此带来的风险。随着我国监管法规的不断完善,以及证券监管机构和审计师监管水平的不断加强,上市公司的应计盈余管理行为越来越难逃脱审计师或者监管机构的监督。因此,带着高应计额的公司更容易被出具持续 GCO 或被 ST。

(2) 真实盈余管理和财务危机的关系

首先,我们可以使用 Bryan et al. (2010)提出的真实盈余管理的空间观点来解释这个问题。相比于应计盈余管理通过会计方法来实现对盈余的操纵,真实盈余管理是通过真实交易来实现操纵盈余的目的。但是,当企业陷入财务危机时,正常经营活动受到影响,此时进行真实盈余管理的空间已非常小,要想通过真实交易来调节盈余有很大难度,因此,真实盈余管理的程度较高在一定程度上是企业财务仍处于正常状态的标志。

真实盈余管理的交易具有真实性的特点,企业一般会在财务报告中披露相关的真实交易,所以审计师并不会过分关注(Cohen et al.,2010)。另外,管理层在进行真实盈余管理时会运用私人信息仔细评估真实盈余管理活动的成本效益,避免损害未来的绩效(Chan et al.,2015;Tan et al.,2006)。

4.5.1.2 实证研究

1) 研究设计

(1) 样本选取

我国现行的持续经营审计相关准则《中国注册会计师审计准则第 1324 号——持续经营》是从 2007 年 1 月 1 日开始执行的,因此,本节选取的样本期间为 2007—2013 年,由于计算应计盈余管理(AQ)需要使用后一年(t+1 年)的数据,因此最终我们确定使用的样本期间为 2007—2012 年。原始样本来自沪深两市 A 股主板上市公司,在剔除了金融类上市公司样本、被出具其他非标审计意见的样本和数据缺失的样本后,最终得到的样本总数为 5 322 个。研究中使用样本 ST 或 GCO 前 3 年(t−1 年至 t−3 年)的数据进行实证研究,因此研究中所用的样本为混合截面样本。数据来源于国泰安和同花顺数据库。

(2) 变量定义

本部分研究主要使用了以下变量来构建回归模型,具体的变量类别、名称、定义以及符号如表 4-10 所示。

表 4 – 10 变量定义表

变量类型	变量名称	变量符号	变量定义
被解释变量	财务危机程度	F	既未被出具 GCO 也未被 ST（即财务正常），取值为 1；仅被出具 GCO，取值为 2，仅被 ST，取值为 3；同时被出具 GCO 和 ST，取值为 4
		f	当企业处于财务危机时，取 1(F=2,3,4)，否则取 0
解释变量	真实盈余管理	RM	Roychowdhury(2006)模型
	应计盈余管理	AQ	DD 模型
控制变量	速动比率	QR	(流动资产－存货)/流动负债
	主营业务利润率	NOP	主营业务利润/主营业务收入
	资产回报率	ROA	净利润/年末总资产
	利息保障倍数	EBITIR	息税前利润/利息费用
	每股收益	EPS	税后利润/股本总数
	应收账款周转率	ART	(销售收入×2)/[(期末应收账款＋期初应收账款)]
	总资产周转率	TAT	(销售收入×2)/[(期末总资产＋期初总资产)]
	现金流量对流动负债比率	CFCDR	经营活动产生的现金流量净额/流动负债
	主营业务收入增长率	MBG	本年主营业务收入/上年主营业务收入－1
	资产负债率	LEV	年末总负债/年末总资产
	公司规模	SIZE	年末总资产的自然对数
	行业	IND	虚拟变量
	年份	YEAR	虚拟变量
	滞后年数	year	虚拟变量

(3) 回归模型

本节将财务状况划分为四个阶段，一类为财务正常阶段，另外三类为财务危机阶段，由于这四个阶段存在严重程度的差异，因此使用多元有序 logit 模型(ologit 模型)来检验盈余管理和财务危机的关系。本节使用的 ologit 模型构建如公式(4-7)所示：

$$logitF = \alpha_0 + \alpha_1 AQ + \alpha_2 RM + \alpha_3 ZAQ \times ZRM + \alpha_4 QR + \alpha_5 NOP +$$
$$\alpha_6 ROA + \alpha_7 EBITIR + \alpha_8 EPS + \alpha_9 ART + \alpha_{10} TAT + \alpha_{11} CFCDR +$$
$$\alpha_{12} MBG + \alpha_{13} LEV + \alpha_{14} SIZE + \sum IND + \sum YEAR + \sum yEAR + \varepsilon_{i,t}$$

公式(4-7)

其中，ZAQ 和 ZRM 表示标准化的 AQ 和 RM。其他相关变量的定义详见表 4-10。

2) 实证结果

(1) 描述性统计

根据本节对财务危机的界定，全部上市公司（未进行处理的原始样本 8 404 个上市公司）财务状况分布情况统计如表 4-11 所示。从纵向总计来看，企业仅被出具 GCO 的数量最多，达到 351 个，其次为仅被 ST 的数量，为 163 个，而既被出具 GCO 又被 ST 的数量最少，只有 97 个。从时间上来看，在 2007—2012 年期间，总体来说，各种财务危机程度的样本比例大致呈逐渐减小的趋势，而正常公司的比重在上升，这说明总体来说，我国上市公司财务状况在不断改善。

(2) 组间均值比较

从筛选后总样本（共 5 322 个）财务危机阶段的数量分布来看，财务正常的样本有 4 862 个(14 586/3)，财务危机一阶段的样本有 248 个(744/3)，财务危机二阶段的样本有 132 个(396/3)，财务危机三阶段的样本有 80 个(240/3)。

表 4-12 和表 4-13 列示了不同程度财务危机组的均值及比较结果。表 4-12 分组列示了分组的样本均值，并将各财务危机组(F=2,3,4)分别和财务正常公司(F=1)进行比较，其中均值相关的显著性程度代表该组均值和组 1(F=1)比较的结果。从中可以看出，三个财务危机样本组的 AQ 均值均显著大于正常组，说明相比于财务正常公司，财务危机公司有较高的应计盈余管理程度。而财务正常样本组的 RM 值显著高于各财务危机样本组，即相比于财务正常公司，财务危机公司有更低的真实盈余管理程度。另外，从表中可以看出，相比于财务正常组，财务危机组的财务状况各方面指标都显著较差，这和前人的研究结果相符。

表 4-11 描述性统计

财务状况	2007 年 数量/个	2007 年 占比/%	2008 年 数量/个	2008 年 占比/%	2009 年 数量/个	2009 年 占比/%	2010 年 数量/个	2010 年 占比/%	2011 年 数量/个	2011 年 占比/%	2012 年 数量/个	2012 年 占比/%	总计 数量/个	总计 占比/%
仅被出具 GCO	55	4.07	65	4.68	69	4.90	58	4.10	63	4.43	41	2.89	351	4.18
仅被 ST	45	3.33	18	1.30	27	1.92	37	2.61	12	0.84	24	1.69	163	1.94
既被出具 GCO 又被 ST	26	1.93	13	0.94	16	1.14	21	1.48	12	0.84	9	0.63	97	1.15
正常	1224	90.67	1293	93.09	1296	92.05	1299	91.80	1334	93.88	1347	94.79	7793	92.73
总计	1350	100	1389	100	1408	100	1415	100	1421	100	1421	100	8404	100

表 4-12 各组均值表

F	组 1	组 2	组 3	组 4
N	($N=14\,586$)	($N=744$)	($N=396$)	($N=240$)
AQ	0.06	0.09***	0.08***	0.11***
RM	0.24	0.18***	0.20***	0.18***
QR	0.78	0.41***	0.59***	0.38***
NOP	0.05	−0.57***	−0.25***	−0.74***
ROA	0.03	−0.07***	−0.07***	−0.13***
EBITIR	8.67	0.22***	−0.63***	−3.03***
EPS	0.07	−0.05***	−0.10***	−0.12***
ART	60.72	52.05	36.06***	27.33***
TAT	0.75	0.49***	0.59***	0.43***
CFCDR	0.14	0.02***	0.06***	0.02***
MBG	0.24	0.03***	0.12***	−0.05***
LEV	0.56	1.14***	0.71***	1.11***
SIZE	21.83	20.400***	21.04***	20.40***

注：***，** 和 * 分别代表 0.01，0.05 和 0.1 的显著性水平。

表 4-13 是对三组财务危机子样本($F=2,3,4$)进行两两均值比较的结果。研究结果表明 AQ 的值在三组财务危机子样本之间均存在显著差异，其中组 2($F=2$)的应计盈余管理程度显著高于组 3($F=3$)，而组 4($F=4$)的 AQ 显著高于另外两组。就 RM 而言，三组样本的均值差异并不显著。这可能是因为陷入困境的公司往往已经没有真实盈余管理的腾挪空间，导致其真实盈余管理程度本身就不高，自然差异也就不显著。另外，从其他财务指标的比较结果来看，组 4($F=4$)各方面的财务表现明显比另外两组要差，一个公司如果既被 ST 又被出具 GCO，的确代表陷入了最严重的财务危机中。另外，组 3($F=3$)和组 2($F=2$)的 QR、NOP、TAT、CFCDR、MBG、EPS 等指标的均值差异也十分显著。上述结果与我们的预期基本一致。这在一定程度上说明我们对财务危机的分类是合理的。

表 4-13 组间均值比较

F	组 3—组 2	组 4—组 2	组 4—组 3
AQ	−0.01**	0.02**	0.03***
RM	0.02	−0.00	−0.02
QR	0.18***	−0.03	−0.20***
NOP	0.32***	−0.17**	−0.49***
ROA	0.01	−0.05***	−0.06***
EBITIR	−0.85	−3.25***	−2.40***
EPS	−0.04***	−0.06***	−0.02
ART	−15.99	24.72***	−8.73
TAT	0.11***	−0.06*	−0.17***
CFCDR	0.04***	0.00	−0.03***
MBG	0.09**	−0.08	−0.17***
LEV	−0.43***	−0.03	0.40***
SIZE	0.65***	0.00	−0.64***

注:***,** 和 * 分别代表 0.01,0.05 和 0.1 的显著性水平。

(3) 滞后年间均值比较

为了了解财务危机公司盈余管理随时间变化而呈现的特点,本部分我们分别对财务危机各样本组前三年的盈余管理和财务指标进行年间均值比较,比较结果如表 4-14 所示。从表 4-14 中我们可以看出,三组困境样本在被出具持续经营审计意见或者被特别处理的前三年中 AQ 差异较小,结合上文组间均值比较的结果,说明公司在陷入财务危机前三年就已经开始通过应计盈余管理的手段来操纵利润,而且即使临近被 ST 或者被出具 GCO 的年份也还在持续进行中。而三组样本的 RM 在被披露的前三年中存在显著差异。其中,组 3 和组 2 在被特别处理或者被出具持续经营审计意见的前三年中真实盈余管理值是逐年递增的,而组 4 在陷入困境前三年的真实盈余管理值的变动并不明显。这个结果在一定程度上说明,组 4 作为财务危机最严重的样本组,在发生困境前三年可能就已经没有进行真实盈余管理的空间了,一定程度上证明了真实盈余管理程度和财务危机的程度呈负相关关系。综合上述结果,我们发现财务危机公司应计盈余管理各年间的差异并不显著;而其真实盈余管理程度除了组 4 外,基本呈逐年递增的趋势。

表 4-14 滞后年间均值比较

变量	F=(2,3,4) (N=460)		F=2 (N=248)	
	t-2 vs. t-1	t-3 vs. t-1	t-2 vs. t-1	t-3 vs. t-1
AQ	0.00	0.00	-0.00	0.01*
RM	-0.04***	-0.05***	-0.03**	-0.03*
QR	0.01	0.07***	0.07***	0.07***
NOP	0.00	0.11**	0.27***	0.21***
ROA	-0.04***	-0.03***	0.06***	0.03*
EBITIR	-3.82***	-4.10***	1.54	-0.38
EPS	-0.04***	-0.07***	-0.00	-0.05***
ART	-10.27*	-14.20*	-1.52	0.20
TAT	-0.02	-0.02	0.01	-0.02
CFCDR	-0.01	-0.01	0.03**	0.02*
MBG	-0.12***	-0.13**	0.11**	0.04
LEV	-0.04***	-0.14***	-0.09***	-0.14***
SIZE	0.10***	0.21***	0.17***	0.25***

变量	F=3 (N=132)		F=4 (N=80)	
	t-2 vs. t-1	t-3 vs. t-1	t-2 vs. t-1	t-3 vs. t-1
AQ	0.00	-0.01	0.01	-0.02
RM	-0.06***	-0.09***	-0.00	-0.03
QR	-0.12***	-0.02	0.02	0.22***
NOP	-0.34***	-0.18***	-0.26**	0.23*
ROA	-0.17***	-0.12***	-0.15***	-0.06*
EBITIR	-13.03***	-11.62***	-5.23***	-3.21***
EPS	-0.10***	-0.09***	-0.07***	-0.06**
ART	-17.97	-32.73	-24.70	-28.29
TAT	-0.09***	-0.07**	-0.00	0.04
CFCDR	-0.09***	-0.07***	0.01	0.01
MBG	-0.50***	-0.46***	-0.21*	-0.09
LEV	0.08***	-0.02	-0.09**	-0.32***
SIZE	-0.09*	0.01	0.22***	0.45***

注：***，**和*分别代表 0.01，0.05 和 0.1 的显著性水平。

(4) 回归结果分析

① 盈余管理和财务危机的关系

表 4-15 列示了盈余管理和财务危机关系的回归结果。方程(1)~方程(3)是针对二阶段财务危机(被解释变量为 f)的检验结果,方程(4)~方程(6)为四阶段财务危机(被解释变量为 F)的检验结果。其中:

方程(1)和方程(4)检验了应计盈余管理和财务危机的关系,可以发现,AQ 和两个代表财务危机的变量 f、F 都呈显著正相关关系,说明应计盈余管理的程度越高,越有可能陷入财务危机,而且越有可能陷入较高程度的财务危机。

方程(2)和方程(5)检验了真实盈余管理和财务危机的关系,RM 和两个代表财务危机的变量 f、F 都呈显著负相关关系,说明真实盈余管理程度越高,陷入财务危机的可能性越小,而且越不可能陷入较高程度的财务危机。

方程(3)和方程(6)进一步检验了应计盈余管理和真实盈余管理是否存在互相影响的关系。从表 4-15 中可以看出,AQ 和 RM 的交互项系数在两个方程中均并不显著,说明在盈余管理对财务危机的影响中,应计和真实两种盈余管理方式对财务危机的影响作用是相互独立的。

从控制变量的结果来看,四类财务方面的指标与财务危机都呈显著的负相关关系,与我们的预期基本相符。

表 4-15 盈余管理和财务危机的回归结果

被解释变量	f			F		
方程	(1)	(2)	(3)	(4)	(5)	(6)
AQ	1.21**		1.50***	1.50***		1.76***
	(0.02)		(0.01)	(0.00)		(0.00)
RM		−0.72***	−0.94***		−0.64***	−0.72***
		(0.00)	(0.00)		(0.00)	(0.00)
ZAQ×ZRM			0.04			−0.00
			(0.96)			(0.19)
QR	−0.56***	−0.54***	−0.54***	−0.83***	−0.80***	−0.81***
	(0.00)	(0.00)	(0.00)	(0.00)	(0.00)	(0.00)
NOP	−0.32***	−0.37***	−0.34***	−0.09	−0.13*	−0.11
	(0.00)	(0.00)	(0.00)	(0.23)	(0.07)	(0.13)

续表

被解释变量	f			F		
方程	(1)	(2)	(3)	(4)	(5)	(6)
ROA	−3.14***	−3.19***	−3.07***	−2.07***	−2.20***	−2.06***
	(0.00)	(0.00)	(0.00)	(0.00)	(0.00)	(0.00)
EBITIR	−0.01***	−0.01***	−0.01***	−0.02***	−0.01***	−0.02***
	(0.00)	(0.01)	(0.00)	(0.00)	(0.00)	(0.00)
EPS	−3.79***	−3.75***	−3.76***	−3.96***	−3.93***	−3.93***
	(0.00)	(0.00)	(0.00)	(0.00)	(0.00)	(0.00)
ART	0.00	0.00	0.00	0.00	0.00	0.00
	(0.31)	(0.28)	(0.29)	(0.73)	(0.70)	(0.67)
TAT	−0.67***	−0.63***	−0.61***	−0.53***	−0.50***	−0.49***
	(0.00)	(0.00)	(0.00)	(0.00)	(0.00)	(0.00)
CFCDR	−0.98***	−0.93***	−0.83***	−1.22***	−1.21***	−1.12***
	(0.00)	(0.00)	(0.00)	(0.00)	(0.00)	(0.00)
MBG	−0.04	0.01	−0.01	−0.07	−0.03	−0.05
	(0.51)	(0.89)	(0.84)	(0.21)	(0.66)	(0.44)
LEV	2.40***	2.45***	2.42***	1.16***	1.19***	1.15***
	(0.00)	(0.00)	(0.00)	(0.00)	(0.00)	(0.00)
SIZE	−0.55***	−0.57***	−0.57***	−0.53***	−0.55***	−0.54***
	(0.00)	(0.00)	(0.00)	(0.00)	(0.00)	(0.00)
IND	Controlled	Controlled	Controlled	Controlled	Controlled	Controlled
YEAR	Controlled	Controlled	Controlled	Controlled	Controlled	Controlled
year	Controlled	Controlled	Controlled	Controlled	Controlled	Controlled
CONS	8.55***	9.055***	8.93***			
	(0.00)	(0.000)	(0.00)			
CUT1				−9.18***	−9.73***	−9.45***
				(0.00)	(0.00)	(0.00)
CUT2				−8.04***	−8.59***	−8.31***
				(0.00)	(0.00)	(0.00)
CUT3				−6.87***	−7.43***	−7.14***
				(0.00)	(0.00)	(0.00)
Pseudo R^2	0.40	0.40	0.40	0.28	0.28	0.28
N	15 966	15 966	15 966	15 966	15 966	15 966

注：***，** 和 * 分别代表 0.01,0.05 和 0.1 的显著性水平；括号内为 P 值。

② 盈余管理和财务危机分年回归检验

表 4-16 是盈余管理和财务危机程度的分年度回归结果。其中，方程 (1)～方程(3)分别检验了财务危机发生前三年间的应计盈余管理和财务危

机程度的关系,方程(4)～方程(6)则分别检验了财务危机发生前三年间的真实盈余管理和财务危机的关系。根据方程(1)～方程(3)的回归结果可知,在陷入困境的前两年(即 $t-1$ 年和 $t-2$ 年),公司的应计盈余管理与财务危机程度显著正相关,而在前三年($t-3$ 年),两者关系并不显著,且从显著性程度和系数大小来看,$t-1$ 年的系数大于 $t-2$ 年的系数,这一结果说明越接近上市公司被 ST 或被出具 GCO 的时点(即陷入财务危机的时点),管理层越会使用应计盈余管理来调节利润,避免财务危机,但是由于应计盈余管理被监管机构和审计师关注的程度较高,经常无法避免被出具 GCO 或者被 ST。由方程(4)～方程(6)的回归结果可知,真实盈余管理与财务危机程度在公司陷入困境的前一年($t-1$ 年)呈负相关,但系数并不显著,而在前二年($t-2$ 年)和前三年($t-3$ 年),两者呈显著负相关关系,且从显著性程度和系数大小来看,前三年真实盈余管理和财务危机程度之间的负相关关系更加强烈,这说明真实盈余管理并不会使企业未来的经营业绩恶化,同时也说明越是在财务危机时期或者临近财务危机时期,公司使用真实交易来调节利润的空间越是受限。

表 4-16 盈余管理和财务危机分年回归检验

被解释变量	F					
方程	(1)	(2)	(3)	(4)	(5)	(6)
	($t-1$ 年)	($t-2$ 年)	($t-3$ 年)	($t-1$ 年)	($t-2$ 年)	($t-3$ 年)
AQ	2.34***	1.95**	−0.31			
	(0.00)	(0.02)	(0.69)			
RM				−0.15	−0.79**	−1.16***
				(0.60)	(0.03)	(0.00)
QR	−0.98***	−0.82***	−0.58***	−0.95***	−0.79***	−0.55***
	(0.00)	(0.00)	(0.00)	(0.00)	(0.00)	(0.00)
NOP	−0.20*	−0.14	0.37***	−0.26**	−0.19	0.34***
	(0.09)	(0.28)	(0.01)	(0.03)	(0.15)	(0.01)
ROA	0.64	−5.71***	−0.33	0.49	−5.86***	−0.43
	(0.29)	(0.00)	(0.67)	(0.41)	(0.00)	(0.59)

续表

被解释变量	F					
方程	(1)	(2)	(3)	(4)	(5)	(6)
	($t-1$ 年)	($t-2$ 年)	($t-3$ 年)	($t-1$ 年)	($t-2$ 年)	($t-3$ 年)
EBITIR	-0.01^*	-0.03^{**}	-0.10^{***}	-0.01	-0.02^{**}	-0.09^{***}
	(0.09)	(0.03)	(0.00)	(0.19)	(0.04)	(0.00)
EPS	-9.48^{***}	-4.63^{***}	-2.46^{***}	-9.52^{***}	-4.57^{***}	-2.44^{***}
	(0.00)	(0.00)	(0.00)	(0.00)	(0.00)	(0.00)
ART	-0.00	0.00	0.00	-0.00	0.00	0.00
	(0.54)	(0.66)	(0.11)	(0.49)	(0.59)	(0.11)
TAT	-0.53^{***}	-0.53^{***}	-0.72^{***}	-0.52^{***}	-0.48^{***}	-0.64^{***}
	(0.001)	(0.00)	(0.00)	(0.00)	(0.00)	(0.00)
CFCDR	-0.45	-1.20^{***}	-1.59^{***}	-0.51	-1.15^{***}	-1.42^{***}
	(0.19)	(0.00)	(0.00)	(0.14)	(0.01)	(0.00)
MBG	0.16^{**}	-0.18	-0.39^{***}	0.21^{**}	-0.13	-0.37^{***}
	(0.04)	(0.13)	(0.00)	(0.01)	(0.28)	(0.00)
LEV	1.33^{***}	1.23^{***}	1.18^{***}	1.37^{***}	1.27^{***}	1.20^{***}
	(0.00)	(0.00)	(0.00)	(0.00)	(0.00)	(0.00)
SIZE	-0.68^{***}	-0.48^{***}	-0.38^{***}	-0.69^{***}	-0.50^{***}	$-0.39-^{***}$
	(0.00)	(0.00)	(0.00)	(0.00)	(0.00)	(0.00)
IND	Controlled	Controlled	Controlled	Controlled	Controlled	Controlled
YEAR	Controlled	Controlled	Controlled	Controlled	Controlled	Controlled
CUT1	-12.23^{***}	-7.71^{***}	-6.17^{***}	-12.76^{***}	-8.44^{***}	-6.33^{***}
	(0.00)	(0.00)	(0.00)	(0.00)	(0.00)	(0.00)
CUT2	-11.03^{***}	-6.38^{***}	-5.12^{***}	-11.56^{***}	-7.11^{***}	-5.28^{***}
	(0.00)	(0.00)	(0.00)	(0.00)	(0.00)	(0.00)
CUT3	-9.83^{***}	-4.97^{***}	-4.02^{***}	-10.37^{***}	-5.71^{***}	-4.17^{***}
	(0.00)	(0.00)	(0.00)	(0.00)	(0.00)	(0.00)
Pseudo R^2	0.32	0.35	0.24	0.32	0.35	0.24
N	5 322	5 322	5 322	5 322	5 322	5 322

注：***，** 和 * 分别代表 0.01，0.05 和 0.1 的显著性水平；括号内为 P 值。

③ 附加测试——制度环境的影响

我国作为新兴经济体,与发达国家的企业组织结构和经济行为有着巨大差异,忽视制度因素的对比研究可能会产生误导性的结论(Fan et al.,2011)。因此,本部分我们将制度因素纳入盈余管理和财务危机关系的研究中,综合考虑转型经济背景下有中国特色的制度环境对盈余管理和财务危机的影响。在不同的制度环境下,盈余管理与财务危机的关系可能会产生变化。对于制度环境的衡量,我们采用樊纲对中国各地区市场化程度的打分作为对上市公司所处的制度环境的衡量(樊纲等,2011)。本节借鉴 Wang et al.(2008)对制度环境的衡量方法,选取信贷市场发育程度、政府分散化程度以及法律中介机构的发展指数作为制度环境衡量指标。CMI 代表信贷市场发育程度,GDI 代表政府分散化程度,LEI 代表法律和中介的发展指数。

根据上文对制度环境和盈余管理即财务危机之间的关系分析,表 4-17 首先在原模型中加入 CMI、GDI 和 LEI 三个变量,控制制度环境的影响。方程(1)～方程(3)分别单独检验了 CMI、GDI、LEI 和陷入财务危机概率的关系,结果显示 CMI、GDI、LEI 均和 F 显著负相关,说明信贷市场发育程度越高、政府分散化程度越高、法律环境越好,企业陷入财务危机的可能性越低,即市场化程度越高、法律制度越完善的地区也有利于企业的经营发展。方程(4)则将三个制度变量加入盈余管理和财务危机的回归方程中,AQ 的系数仍然显著为正,而 RM 的系数依然显著为负,即应计盈余管理和财务危机之间显著正相关,而真实盈余管理和财务危机显著负相关。这说明控制了制度因素以后,我们的结果仍然保持稳健。

表 4-17 盈余管理和财务危机回归检验(加入制度环境控制变量)

被解释变量			F		
方程	(1)	(2)	(3)	(4)	(5)
AQ				1.47***	
				(0.00)	
RM					−0.64***
					(0.00)
CMI	−0.07***			0.04	0.04
	(0.00)			(0.16)	(0.14)
GDI		−0.06***		0.00	−0.00
		(0.00)		(0.89)	(0.94)

续表

被解释变量	F				
方程	(1)	(2)	(3)	(4)	(5)
LEI			−0.05***	−0.07***	−0.07***
			(0.00)	(0.00)	(0.00)
QR	−0.80***	−0.82***	−0.80***	−0.82***	−0.80***
	(0.00)	(0.00)	(0.00)	(0.00)	(0.000)
NOP	−0.11	−0.11	−0.12	−0.09	−0.14*
	(0.12)	(0.13)	(0.11)	(0.19)	(0.05)
ROA	−2.15***	−2.15***	−2.09***	−1.98***	−2.10***
	(0.00)	(0.00)	(0.00)	(0.00)	(0.00)
EBITIR	−0.02***	−0.02***	−0.02***	−0.02***	−0.02***
	(0.00)	(0.00)	(0.00)	(0.00)	(0.00)
EPS	−3.93***	−3.96***	−3.90***	−3.91***	−3.87***
	(0.00)	(0.00)	(0.00)	(0.00)	(0.00)
ART	0.00	0.00	−0.00	−0.00	−0.00
	(0.97)	(0.92)	(0.89)	(0.95)	(0.98)
TAT	−0.49***	−0.52***	−0.46***	−0.46***	−0.43***
	(0.00)	(0.00)	(0.00)	(0.00)	(0.00)
CFCDR	−1.33***	−1.31***	−1.33***	−1.24***	−1.22***
	(0.00)	(0.00)	(0.00)	(0.00)	(0.00)
MBG	−0.06	−0.06	−0.07	−0.09	−0.04
	(0.33)	(0.29)	(0.27)	(0.14)	(0.51)
LEV	1.19***	1.19***	1.16***	1.12***	1.15***
	(0.00)	(0.00)	(0.00)	(0.00)	(0.00)
SIZE	−0.53***	−0.53***	−0.53***	−0.53***	−0.54***
	(0.00)	(0.00)	(0.00)	(0.00)	(0.00)
IND	Controlled	Controlled	Controlled	Controlled	Controlled
YEAR	Controlled	Controlled	Controlled	Controlled	Controlled
year	Controlled	Controlled	Controlled	Controlled	Controlled

续表

被解释变量	F				
方程	(1)	(2)	(3)	(4)	(5)
CUT1	−9.67***	−9.81***	−9.66***	−9.31***	−9.89***
	(0.00)	(0.00)	(0.00)	(0.00)	(0.00)
CUT2	−8.53***	−8.67***	−8.52***	−8.17***	−8.75***
	(0.00)	(0.00)	(0.00)	(0.00)	(0.00)
CUT3	−7.37***	−7.51***	−7.36***	−7.00***	−7.59***
	(0.00)	(0.00)	(0.00)	(0.00)	(0.00)
Pseudo R^2	0.28	0.28	0.28	0.28	0.28
N	15 966	15 966	15 966	15 966	15 966

注：***，**和*分别代表0.01，0.05和0.1的显著性水平；括号内为 P 值。

表4-18是在表4-17的基础上加入了应计盈余管理和制度环境指标的交互项来检验制度环境对应计盈余管理和财务危机关系的影响。方程(1)～方程(3)的回归结果显示分别加入了信贷市场指数(CMI)、政府分散化指数(GDI)、法律环境指数(LEI)后，AQ 和 F 仍然显著正相关，进一步验证了我们的理论分析；方程(2)和方程(4)中的交互项 ZAQ×ZGDI 与 F 存在单尾显著关系，且政府分散化程度越高，越会减弱应计盈余管理对财务危机之间的正向的关系；而其他制度环境变量与 AQ 的交互项均不显著，说明法律环境和信贷市场环境对应计盈余管理与财务危机的调节作用不明显。

表4-18 应计盈余管理、制度环境与财务危机回归检验

被解释变量	F			
方程	(1)	(2)	(3)	(4)
AQ	1.45***	1.38***	1.27***	1.32***
	(0.00)	(0.00)	(0.01)	(0.01)
CMI	−0.06***			0.05
	(0.00)			(0.10)
ZAQ×ZCMI	−0.03			−0.02
	(0.26)			(0.70)
GDI		−0.05***		0.02

续表

被解释变量	F			
方程	(1)	(2)	(3)	(4)
		(0.01)		(0.51)
ZAQ×ZGDI		−0.03		−0.04
		(0.11)		(0.19)
LEI			−0.05***	−0.07***
			(0.00)	(0.00)
ZAQ×ZLEI			−0.04	−0.00
			(0.22)	(0.99)
QR	−0.81***	−0.84***	−0.82***	−0.83***
	(0.00)	(0.00)	(0.00)	(0.00)
NOP	−0.09	−0.08	−0.09	−0.09
	(0.23)	(0.25)	(0.21)	(0.22)
ROA	−2.02***	−2.02***	−1.98***	−1.95***
	(0.00)	(0.00)	(0.00)	(0.00)
EBITIR	−0.02***	−0.02***	−0.02***	−0.02***
	(0.00)	(0.00)	(0.00)	(0.00)
EPS	−3.94***	−3.99***	−3.90***	−3.93***
	(0.00)	(0.00)	(0.00)	(0.00)
ART	0.00	0.00	−0.00	−0.00
	(0.93)	(0.86)	(0.91)	(0.99)
TAT	−0.49***	−0.52***	−0.45***	−0.47***
	(0.00)	(0.00)	(0.00)	(0.00)
CFCDR	−1.26***	−1.23***	−1.27***	−1.25***
	(0.00)	(0.00)	(0.00)	(0.00)
MBG	−0.08	−0.09	−0.09	−0.09
	(0.18)	(0.14)	(0.15)	(0.13)
LEV	1.17***	1.16***	1.13***	1.12***
	(0.00)	(0.00)	(0.00)	(0.00)
SIZE	−0.52***	−0.52***	−0.52***	−0.53***
	(0.00)	(0.00)	(0.00)	(0.00)

续表

被解释变量	F			
方程	(1)	(2)	(3)	(4)
IND	Controlled			
YEAR	Controlled			
year	Controlled			
$CUT1$	−9.37***	−9.47***	−9.40***	−9.21***
	(0.00)	(0.00)	(0.00)	(0.00)
$CUT2$	−8.237***	−8.34***	−8.26***	−8.07***
	(0.00)	(0.00)	(0.00)	(0.00)
$CUT3$	−7.06***	−7.17***	−7.09***	−6.90***
	(0.00)	(0.00)	(0.00)	(0.00)
Pseudo R^2	0.28	0.28	0.28	0.28
N	15 966	15 966	15 966	15 966

注：***，**和*分别代表0.01,0.05和0.1的显著性水平；括号内为P值；为了防止多重共线性的影响，对交互项均采取了标准化处理，ZAQ、ZCMI、ZGDI、ZLEI均为标准化后的变量。

表4-19检验了制度环境因素对真实盈余管理和财务危机发生概率之间负相关性的影响，方程(1)~方程(4)的回归结果显示，分别加入了信贷市场指数(CMI)、政府分散化指数(GDI)、法律环境指数(LEI)后，RM和F仍然显著负相关，进一步验证了我们的理论分析。方程(1)~方程(4)交互项均不显著，该结果与上文关于真实盈余管理的理论分析结果一致，说明制度环境并不会影响真实盈余管理对业绩的改善，无论在制度环境较好还是较差的地区，管理层都会将自己的私人信息运用于真实盈余管理活动中，来改善企业的经营状况，避免陷入财务危机；制度环境的差异并不会引起审计师对真实盈余管理的特别关注，也即制度环境的好坏并不会影响真实盈余管理和财务危机之间的关系。

表4-19 真实盈余管理、制度环境与财务危机回归检验

被解释变量	F			
方程	(1)	(2)	(3)	(4)
RM	−0.65***	−0.67***	−0.64***	−0.65***
	(0.00)	(0.00)	(0.00)	(0.00)

续表

被解释变量	F			
方程	(1)	(2)	(3)	(4)
CMI	−0.07***			0.04
	(0.00)			(0.12)
ZRM×ZCMI	0.01			0.04
	(0.83)			(0.59)
GDI		−0.06***		−0.00
		(0.00)		(0.95)
ZRM×ZGDI		−0.00		−0.04
		(0.92)		(0.28)
LEI			−0.05***	−0.07***
			(0.00)	(0.00)
ZRM×ZLEI			0.01	0.02
			(0.81)	(0.77)
QR	−0.78***	−0.81***	−0.79***	−0.80***
	(0.00)	(0.00)	(0.00)	(0.00)
NOP	−0.14*	−0.13*	−0.14*	−0.14*
	(0.06)	(0.07)	(0.05)	(0.05)
ROA	−2.16***	−2.16***	−2.11***	−2.08***
	(0.00)	(0.00)	(0.00)	(0.00)
EBITIR	−0.01***	−0.01***	−0.01***	−0.02***
	(0.00)	(0.00)	(0.00)	(0.00)
EPS	−3.89***	−3.93***	−3.86***	−3.87***
	(0.00)	(0.00)	(0.00)	(0.00)
ART	0.00	0.00	−0.00	0.00
	(0.91)	(0.88)	(0.95)	(0.99)
TAT	−0.44***	−0.47***	−0.42***	−0.43***
	(0.00)	(0.00)	(0.00)	(0.00)
CFCDR	−1.23***	−1.21***	−1.23***	−1.21***
	(0.00)	(0.00)	(0.00)	(0.00)
MBG	−0.03	−0.04	−0.04	−0.04
	(0.61)	(0.55)	(0.52)	(0.47)

续表

被解释变量	F			
方程	(1)	(2)	(3)	(4)
LEV	1.19***	1.19***	1.16***	1.15***
	(0.00)	(0.00)	(0.00)	(0.00)
SIZE	−0.54***	−0.54***	−0.54***	−0.55***
	(0.00)	(0.00)	(0.00)	(0.00)
IND		Controlled		
YEAR		Controlled		
year		Controlled		
CUT1	−9.97***	−10.11***	−9.96***	−9.88***
	(0.00)	(0.00)	(0.00)	(0.00)
CUT2	−8.83***	−8.98***	−8.82***	−8.74***
	(0.00)	(0.00)	(0.00)	(0.00)
CUT3	−7.67***	−7.81***	−7.65***	−7.58***
	(0.00)	(0.00)	(0.00)	(0.00)
Pseudo R^2	0.279	0.278	0.281	0.281
N	15 966	15 966	15 966	15 966

注：***，**和*分别代表0.01，0.05和0.1的显著性水平；括号内为P值；为了防止多重共线性的影响，对交互项均采取了标准化处理，ZAQ、ZCMI、ZGDI、ZLEI均为标准化后的变量。

3) 研究结论

研究结果发现：(1) 应计盈余管理具有投机性，在临近财务危机发生前两年更严重，而且应计盈余管理与财务危机程度呈现正相关关系，说明长期来看，应计盈余管理行为会引起监管机构和审计师的额外关注，最终会使企业陷入更严重的危机中，从而损害企业价值。(2) 真实盈余管理和财务危机之间呈负相关关系。这也印证了真实盈余管理的真实性特征，由于真实盈余管理活动依靠真实的经营活动来进行，当企业财务状况不佳时，企业往往缺乏真实盈余管理的空间，同时，真实盈余管理相对不会引起监管者和审计师的注意，暴露的风险较小。(3) 应计盈余管理和真实盈余管理对财务危机的作用是相互独立的，不存在相互影响。(4) 制度环境对财务危机发生的概率具有显著抑制作用，说明良好的制度环境有利于企业的经营发展；制度环境指标对应计盈余管理和财务危机发生概率之间的正向关系具有减弱作用，而不会影响真实盈余管理和财务危机发生概率的负向关系。说明制度环境的改善能够抑制财务危机临近前的投机性盈余管理(应计盈余管理)行为,减小企业财务危机发生的概率。

4.5.2 财务重述对公司发生财务危机的影响

财务重述往往发生在财务危机之前,会给公司未来的经营带来更大的风险和不确定性。因此,了解财务危机的发生与财务报表重述之间的关联性是非常重要的。与之前对中国股票市场的研究一致,我们使用"ST"标签来判断上市公司是否正在经历财务危机。

4.5.2.1 理论分析

先前的研究表明,重述公告可能导致一系列经济后果,包括股价波动、公司价值损失(Owers et al.,2002;Palmrose et al.,2004a)、管理层更替和审计师被解雇(Desai et al.,2006;Hennes et al.,2014)。重述也可能导致资本成本和诉讼成本的显著增加(Hogan et al.,2015;Donelson et al.,2013;Palmrose et al.,2004a)。此外,财务重述会导致声誉和股东信任的严重损失(Karpoff et al.,2008;Chakravarthy et al.,2014),增加其信息风险,从而影响投资者对公司的信心,还会导致财务危机风险的增加。Wang X et al.(2011)发现,中国投资者比美国投资者对重述更敏感。

(1) 财务重述引起的财务危机问题——基于声誉视角

Rhee et al.(2009)将声誉定义为公众对公司的情感评价,它不是静态的,而是包括了损害和修复阶段。他们总结了先前关于声誉对公司价值影响的研究结果,发现声誉可以给公司带来重大利益:它可以导致更高的销售价格,更大的销售额,客户数量的增长,对市场进入者的保护,更低的成本和更低的资本成本,公司对潜在员工、合作伙伴和潜在收购者的吸引力的增加,更高的社会绩效,以及公司对政府资金等潜在资金来源的吸引力的增加。然而,一旦发生有损公司声誉的事件,如财务重述的披露,公司的利益相关者、客户、供应商、债权人以及其他相关的商业伙伴则可能会对公司做出消极反应,这对公司的价值及其随后的业绩会产生深远的负面影响(Rhee et al.,2009;Karpoff et al.,2008;Chakravarthy et al.,2014)。财务重述通常被认为是缺乏管理诚信或能力的结果,现有的会计研究发现,重述会给公司的声誉和信用带来重大损失,损害其股权价值和随后的业绩。研究还发现,与公司是诚信的正面信息相比,个体更倾向于重视关于公司不诚信的负面信息

(Madon et al.,1997;Kim et al.,2004)。

Chakravarthy et al.(2014)总结了已有的财务重述相关研究发现：围绕会计丑闻发生的与声誉相关的市场损失是由于不确定性增加,利益相关者对公司履行承诺的意图和能力的期望降低。具体地说,声誉资本贬值的原因是：资本提供者的融资成本预期增加；与公司其他利益相关者(包括客户、员工和公司运营所在的地理社区)进行交易的成本预期增加；以及销售损失、项目被放弃和诉讼增加等来源导致的未来现金流预期减少(Karpoff et al.,2008;Murphy et al.,2009;Karpoff et al.,2012)。财务重述会导致融资成本的上升,由于股权融资成本上升,公司更加依赖债务融资,特别是私人债务融资(Chen et al.,2013;Hribar et al.,2004),高财务杠杆很容易导致财务危机。

Chen et al.(2014)发现,大多数重述公司在公告财务重述的三年间经历了股票回报率的大幅下降,这也增加了股价的波动性和财务危机的风险。财务重述还可能导致管理人员流失和审计师解雇(Desai et al.,2006;Mande et al.,2013)。还会增加公司的诉讼风险,并可能导致大量罚款(Palmrose et al.,2004;Palmrose et al.,2004b)。Amel-Zadeh et al.(2015)发现,财务重述会影响潜在收购者的收购决策,重述公司成为收购目标的可能性大大降低。这些社会和经济后果都会使公司的财务状况恶化,并增加财务危机的风险。此外,财务重述也可能标志着公司治理的失败和无效的内部控制(Ashbaugh-Skaife et al.,2007),可能迫使公司实施新的公司治理和内部控制政策,从而增加运营成本(Karpoff et al.,2008),这表明公司立即采取补救行动重建形象的难度更大。

(2)产权性质、财务重述与财务危机

与非国有企业相比,国有企业必须面对多个管理者并且有着更为复杂的代理结构,同时受到股东的监督较少(Fan et al.,2002)。国有企业所有权属于政府和国家,管理者对企业的控制和运营往往受到政府官员的干预,且缺乏有效监督和管理评价机制。国有企业的管理者也是政客,比起民营企业的管理者,他们更关心自己的政治晋升,更注重与上级保持关系。因此,与非国有企业相比,国有企业的经营效率更低,公司绩效更差(Wang X et al.,2011)。另外,公司的短期财务业绩仍然是政府评估管理者的基础,这与管理者晋升的机会密切相关(Li et al.,2005)。因此,管理者有较强动机操纵短期收益,特别是在合同到期之前,财务重述的可能性将增加。关于复杂的国有企业激励体系的研究表明,国有制和财务重述之间可能存在相互作用,国企在发生财务重述后更容易受到财务危机的影响。

由于资本市场对代理问题的关注,国有企业的信用风险一直较高,会因为财务重述而遭受更多的声誉损失。Chen et al. (2014)发现,那些更担心信誉危机的企业和那些没有采取措施恢复信誉的企业将经历更长时间的盈余反应系数(ERC)下降,这将相应增加财务危机的风险(Palmrose et al.,2004)。与此同时,因其在经济和社会中的重要性,公众媒体和投资者对国有企业给予了密切关注。当国有企业高管出现不当行为时,媒体的反应会更快,对事件的报道也会更多。李培功等(2013)发现,媒体关于不当管理层薪酬的报道中有50%以上与国企有关。公众和媒体对国有企业的密切关注和严加监管可能导致财务重述新闻的更快传播,为公司带来更多的声誉损失,引起更多的不良经济后果。此外,财务重述造成的声誉损失也可能会损害公司与当地政府官员和支持者的联系,从而导致公司难以就税收进行谈判或获得补贴(Chakravarthy et al.,2014),而这些国有企业的重要资金来源。

此外,与非国有企业相比,国有企业更容易出现与会计盈余相关的错报,而投资者对有关盈余的错报消息则更为敏感(Chen et al.,2014)。公信力风险较高的国有企业通常规模更大,员工更多,组织结构更复杂,在实施任何计划之前需要遵循更多的行政程序。因此,这类企业对财务重述的反应较慢,也更难迅速采取行动恢复公司的信誉。伍巧佳等(2013)认为,国有企业在处理公众信任危机方面有着恶劣的声誉,并使用了四种典型的应对危机的方式:推卸责任,提供前后矛盾的答案,保持沉默,攻击原告(特别是媒体)。以前的文献发现,那些声誉不佳、反应迟缓或使用不当策略应对危机的公司很可能会在危机中遭受更多损失(Dawar et al.,2000;Kim et al.,2004;方正等,2011)。

(3) 不同重述类型对财务危机的影响

Palmrose et al. (2004a)和 Hennes(2008)将违规(故意误述)和与错误(无意误述)区分开来,并发现这样的分类可以显著提高与财务重述相关的测试的能力。Palmrose et al. (2004a)发现,和与错误相关的重述相比,市场对与违规发现相关的重述公告的反应要更为激烈。Hennes et al. (2008)发现与违规相关的重述样本的累计超额收益率显著高于与错误相关的重述样本,且违规样本的 CEO/CFO 离职率远高于与错误相关的重述样本。这些研究表明,违规行为对公司后续业绩的影响更大。Palmrose et al. (2004b)还指出，故意的错误陈述更有可能导致随后的破产或退市。因此，不同的财务重述类型将对公司价值和后续业绩造成不同程度的损害。

基于之前对国有企业与非国有企业区别的讨论，我们认为重述类型也会与产权性质相互作用，使得违规行为的负面影响在国有企业中更加突出。在国有企业中，如果再加上披露重述是违规行为的结果，可信度风险将增加更多，容易导致投资者和客户遭受更大损失，并使公司更有可能陷入财务危机。这也与危机管理文献中关于企业声誉不同类型危机对品牌资产影响的调节作用的研究结果是一致的(Dawar et al.，2000；方正等，2011)。

(4) 不同重述程度对财务危机的影响

Palmrose et al.(2004a)发现，基于重述的相对程度和普及性程度，重述的程度对随后的经济后果会有一定影响。Palmrose et al.(2004a)使用重述前基于总资产衡量的净收入错报金额来衡量重述的相对规模，并使用账户组的数量来捕捉重述的普遍性。他们发现，重述的相对规模越大，市场反应越负面，重述越普遍，市场反应越负面。王霞等(2005)使用类似的方法测量重述的大小，发现重述的相对大小和普及性程度都与非标准审计意见的出具显著正相关，这表明重述的程度影响了人们对公司盈余质量的估计和对后续业绩的预期，从而导致更多的声誉损失。考虑到这一点，我们认为，对以前报告的收入进行较大重述的公司，以及那些重述影响多个账户的公司，更有可能遭受财务危机。

4.5.2.2 实证研究

1) 研究设计

(1) 样本选择

本节以上海证券交易所和深圳证券交易所的 A 股上市公司为样本，利用巨潮资讯网和同花顺数据库获取上市公司重述公告。那些在 2004 年至 2013 年间宣布重述的公司被确定为重述样本，而其他公司则被认为是非重述样本。然后，我们从 CSMAR 数据库中获得了其他变量的数据。利用 2004 年至 2013 年在沪深证券交易所上市的 A 股公司，我们获得了 19 563 个原始观察数据。然后剔除了在中小企业板(SME)和创业板(GEM)上市的公司，以及发行 B 股的公司。这些公司在规模、盈利能力和偿债能力等方面都不同于主板上市公司。进一步排除了数据缺失的公司，最后在全样本中获得了 13 001 个观测数据。

(2) 变量定义

本部分研究主要使用了以下变量来构建回归模型,具体的变量类型、名称、定义以及符号如表 4-20 所示:

表 4-20 变量定义表

变量类型	变量名称	变量符号	变量定义
被解释变量	财务危机	ST	如果公司被 ST,则取 1,否则为 0。ST 或 *ST 标签表示公司正在经历异常情况,例如连续多年的亏损、股票负余额、申请破产保护和其他异常情况
解释变量	财务重述	RESTATEMENT	如果公司发生重述,则取 1,否则为 0。当公司因发现重大错报而召回其前几年的财务报告时,就会发生重述
	违规	IRREGULARITY	如果重述被归类为违规,则取 1,否则为 0。违规行为是指那些由于故意错误陈述(如欺诈)或由监管机构投资和惩罚的重述而产生的重述
	错误	ERROR	如果重述被归类为错误,则取 1,否则为 0。错误是指那些由于无意的错误陈述而造成的重述
	盈余错报程度	RERATIO	财务重述对留存收益的累计影响额/重述前的总资产
	错报项目数	ITEM	重述项目在四项(含四项)以上,取值为 1,否则为 0
控制变量	国有企业	SOE	若公司为国有企业,则取 1,否则为 0
	公司规模	SIZE	期末总资产的自然对数
	资产负债率	LEV	期末总负债/期末总资产
	总资产增长率	GROWTH	当期资产总计/上期资产总计-1
	净资产收益率	ROE	净利润/当期平均所有者权益
	总资产周转率	TURN	营业收入/当期平均资产总计

(3) 回归模型

为了检验财务重述的影响以及重述和国有所有权对财务危机的联合影响,我们建立了以下模型:

$$ST_{i,t} = \alpha + \beta_1 SOE_{i,t} + \beta_2 RESTATEMENT_{i,t} + \beta_3 SOE_{i,t} \times$$
$$RESTATEMENT_{i,t} + \beta_4 SIZE_{i,t} + \beta_5 LEV_{i,t} + \beta_6 GROWTH_{i,t} +$$
$$\beta_7 ROE_{i,t} + \beta_8 TURN_{i,t} + \sum Year + \sum IND + \varepsilon_{i,t}$$

公式(4-8)

为了检验重述类型及其与国有所有权的联合效应对财务危机的影响,我们建立了以下模型:

$$ST_{i,t} = \alpha + \beta_1 SOE_{i,t} + \beta_2 IRREGULARITY_{i,t} + \beta_3 SOE_{i,t} \times$$
$$IRREGULARITY_{i,t} + \beta_4 SIZE_{i,t} + \beta_5 LEV_{i,t} + \beta_6 GROWTH_{i,t} +$$
$$\beta_7 ROE_{i,t} + \beta_8 TURN_{i,t} + \sum Year + \sum IND + \varepsilon_{i,t}$$

公式(4-9)

为了检验重述程度及其与国有所有权的联合效应对财务危机的影响,我们建立了以下模型:

$$ST_{i,t} = \alpha + \beta_1 SOE_{i,t} + \beta_2 RERATIO_{i,t} + \beta_3 SOE_{i,t} \times RERATIO_{i,t} +$$
$$\beta_4 SIZE_{i,t} + \beta_5 LEV_{i,t} + \beta_6 GROWTH_{i,t} + \beta_7 ROE_{i,t} + \beta_8 TURN_{i,t} +$$
$$\sum Year + \sum IND + \varepsilon_{i,t}$$

公式(4-10)

2) 实证结果

(1) 描述性统计

① 全样本

从表4-21可以看出,我们的所有测试变量(国有产权属性、财务重述和重述类型)在财务危机公司和普通公司之间显示出显著的差异。除成长性和净资产收益率外,大多数控制变量在财务危机公司和普通公司之间也表现出差异。与我们之前的讨论结果一致的是,大多数中国上市公司仍然是国有企业(超过70%),这表明在研究中国公司时考虑国有产权属性的影响是重要的。

表4-21 全样本描述性统计

变量	普通公司		财务危机公司		组间差异	组间差异T值
	均值	标准差	均值	标准差		
SOE	0.79	0.41	0.71	0.45	0.08	5.19***
RESTATEMENT	0.04	0.19	0.11	0.31	−0.07	−7.45***

续表

变量	普通公司 均值	普通公司 标准差	财务危机公司 均值	财务危机公司 标准差	组间差异	组间差异 T值
IRREGULARITY	0.00	0.07	0.03	0.16	−0.02	−4.39***
ERROR	0.03	0.17	0.08	0.27	−0.05	−5.86***
SIZE	21.80	1.43	20.24	1.34	1.56	36.01***
LEV	0.65	8.16	1.82	7.97	−1.17	−4.55***
GROWTH	1.25	56.84	1.65	51.42	−0.40	−0.22
ROE	0.08	0.75	1.39	43.64	−1.31	−0.97
TURN	0.74	0.66	0.44	0.46	0.30	19.28***

注：***，**和*分别代表0.01,0.05和0.1的显著性水平。

② 财务重述样本

表4-22显示，财务危机公司与普通公司重述的违规（以IRREGULARITY衡量）和错误（以ERROR）均表现出显著差异，这与我们的预测是一致的。重述样本的RERATIO的原始值（取绝对值前）的表外平均值为0.05，与前人的研究结果一致（王霞等,2005；佘晓燕,2011），表明我们的研究结果是可靠的。

表4-22 财务重述样本描述性统计

变量	普通公司 均值	普通公司 标准差	财务危机公司 均值	财务危机公司 标准差	组间差异	组间差异 T值
SOE	0.66	0.48	0.67	0.47	−0.01	−0.27
IRREGULARITY	0.01	0.04	0.22	1.31	−0.21	−1.88*
ERROR	0.12	0.33	0.29	0.46	−0.17	−4.01***
SIZE	21.52	1.03	20.22	1.40	1.31	10.05***
LEV	0.58	0.26	2.36	7.63	−1.79	−2.73***
GROWTH	0.12	0.39	−0.01	1.09	0.13	1.37
ROE	0.08	1.93	0.24	4.32	−0.16	−0.41
TURN	0.72	0.65	0.41	0.41	0.31	6.56***

注：***，**和*分别代表0.01,0.05和0.1的显著性水平。

(2) 回归结果分析

表4-23报告了财务重述、产权性质以及两者联合对财务危机的影响的检验结果。与我们在假设中的预测一致，重述的系数显著为正（系数=

1.030,$P=0.000$),表明财务重述增加了企业财务危机的可能性。结果还表明,国有企业的财务危机系数显著为正(系数=0.240,$P=0.000$),说明国有企业的财务危机更为显著。列(2)显示了整合重述和国有所有权后的测试结果。与我们在假设中的预测一致,在 0.05 水平上,RESTATEMENT×SOE 的系数显著为正(系数=0.681,$P=0.025$),表明重述声明和国有所有制对财务危机有共同的影响。当国有企业重述其财务报表时,它比非国有企业更有可能经历财务危机。

表 4-23 财务重述、产权性质与财务危机的关系

被解释变量:ST			
解释变量	Predicted Sign	(1)	(2)
Intercept		17.936***	17.988***
		(0.000)	(0.000)
SOE	+	0.240***	0.184***
		(0.004)	(0.034)
RESTATEMENT	+	1.030***	0.517***
		(0.000)	(0.053)
SOE×RESTATEMENT	+		0.681**
			(0.025)
SIZE	−	−0.951***	−0.952***
		(0.000)	(0.000)
LEV	+	−0.011**	−0.011**
		(0.045)	(0.045)
GROWTH	−	0.000	0.000
		(0.266)	(0.263)
ROE	−	0.004	0.004
		(0.238)	(0.235)
TURN	−	−1.110***	−1.115***
		(0.000)	(0.000)
IND		YES	YES
Year		YES	YES
−2 Log likelihood		5 641.44	5 636.19
Pseudo R^2		0.28	0.28
N		13 001	13 001

注:***,** 和 * 分别代表 0.01,0.05 和 0.1 的显著性水平;P 值在括号内。

表 4-24 报告了我们使用公式(4-9)进行的逐步回归分析的结果,测试了重述类型及其与国有产权属性的联合效应对财务危机的影响。表 4-24 中的结果表明,涉及违规或错误的重述与财务危机相关,而列(3)中的违规系数几乎是错误系数的两倍。我们对这两个系数进行了 t 检验,发现关于违规的系数明显高于关于错误的系数,并且与那些仅涉及错误的重述相比,涉及违规重述的公司更可能陷入财务危机。表 4-24 的最后一列[列(6)]报告了我们在集成交互项 SOE×IRREGULARITY 和 SOE×ERROR 后的测试结果。涉及违规的重述的国有企业比涉及错误的重述的非国有企业有更高的财务危机发生率,这表明涉及违规的重述公告对国有企业的影响大于非国有企业。另外,错误相关重述和国有企业对财务危机没有这种共同影响(系数=0.557,P=0.114)。总体而言,基于错报意图的重述类型对财务危机有显著影响,并且与国企属性对财务危机有共同影响。

表 4-24 逐步回归结果

被解释变量:ST				
解释变量	Predicted Sign	(1)	(2)	(3)
Intercept		17.191***	17.657***	17.721***
		(0.000)	(0.000)	(0.000)
SOE	+	0.245***	0.227***	0.239***
		(0.003)	(0.006)	(0.004)
IRREGULARITY	+	1.674***		1.710***
		(0.000)		(0.000)
SOE×IRREGULARITY	+			
ERROR	+		0.842***	0.864***
			(0.000)	(0.000)
SOE×ERROR	+			
SIZE	−	−0.947***	−0.941***	−0.945***
		(0.000)	(0.000)	(0.000)
LEV	+	−0.011**	−0.011**	−0.011**
		(0.039)	(0.044)	(0.050)
GROWTH	−	0.001	0.000	0.001

续表

被解释变量：ST				
解释变量	Predicted Sign	(1)	(2)	(3)
		(0.227)	(0.223)	(0.216)
ROE	−	0.004	0.000	0.004
		(0.235)	(0.256)	(0.231)
TURN	−	−1.129***	−1.119***	−1.113***
		(0.000)	(0.000)	(0.000)
IND		YES	YES	YES
Year		YES	YES	YES
−2 Log likelihood		5 682.25	5 687.85	5 651.17
Pseudo R^2		0.27	0.27	0.27
N		13 001	13 001	13 001
解释变量	Predicted Sign	(4)	(5)	(6)
Intercept		17.818***	17.692***	17.782***
		(0.000)	(0.000)	(0.000)
SOE	+	0.221***	0.195**	0.182**
		(0.009)	(0.023)	(0.036)
IRREGULARITY	+	0.838*		0.865*
		(0.093)		(0.083)
SOE×IRREGULARITY	+	1.183**		1.191**
		(0.042)		(0.04)
ERROR	+		0.421	0.436
			(0.176)	(0.162)
SOE×ERROR	+		0.551	0.557
			(0.117)	(0.114)
SIZE	−	−0.947***	−0.941***	−0.946***
		(0.000)	(0.000)	(0.000)
LEV	+	−0.011**	−0.011**	−0.011**
		(0.038)	(0.044)	(0.049)
GROWTH	−	0.001	0.001	0.001
		(0.224)	(0.221)	(0.211)
ROE	0.004	0.004	0.004	

续表

被解释变量：ST				
解释变量	Predicted Sign	(4)	(5)	(6)
		(0.227)	(0.258)	(0.226)
TURN		−1.133***	−1.121***	−1.120***
		(0.000)	(0.000)	(0.000)
IND		YES	YES	YES
Year		YES	YES	YES
−2 Log likelihood		5 677.9	5 685.31	5 644.38
Pseudo R^2		0.27	0.27	0.27
N		13 001	13 001	13 001

注：***，**和*分别代表0.01,0.05和0.1的显著性水平；P值在括号内。

为了分析重述程度对财务危机的影响，我们使用公式(4-10)对重述样本进行进一步分析，并在表4-25中给出结果。根据表4-25[使用公式(4-10)得出的结果]中盈余错报程度和错报项目数的主要影响的测试结果，我们通过盈余错报程度(系数=5.598,P=0.018)发现，盈余错报程度较大的公司通过错报项目数(系数=0.954,P=0.004)，在多个项目发生重述的公司更可能发生财务危机。然而，结果表明，SOE×RERATIO和SOE×ITEM的交互项与财务危机风险没有显著关联性。这一结果表明，盈余错报程度与国有企业所有权之间不存在显著的联合效应，盈余错报程度对财务危机的影响在国有企业中并不比在非国有企业中更为显著。无论是国有企业还是非国有企业，重述重大错报和更多错报账目的公司都可能出现财务危机。

表4-25 对重述样本进行进一步回归

被解释变量：ST				
解释变量	Predicted Sign	(1)	(2)	(3)
Intercept		8.840	13.005***	10.201
		(0.417)	(0.004)	(0.252)
SOE	+	0.717**	0.740**	0.726**
		(0.028)	(0.023)	(0.029)
RERATIO	+	5.976**		5.598**
		(0.013)		(0.018)

续表

被解释变量：ST

解释变量	Predicted Sign	(1)	(2)	(3)
SOE×RERATIO	+			
ITEM	+		0.982***	0.954***
			(0.003)	(0.004)
SOE×ITEM	+			
SIZE	−	−0.800***	−0.897***	−0.856***
		(0.000)	(0.000)	(0.000)
LEV	+	2.477***	2.499***	2.323***
		(0.000)	(0.000)	(0.000)
GROWTH	−	−0.170	−0.165	−0.125
		(0.503)	(0.541)	(0.606)
ROE	−	−0.018	0.001	−0.006
		(0.678)	(0.976)	(0.895)
TURN	−	−1.068***	−1.079***	−0.999***
		(0.002)	(0.002)	(0.005)
IND		YES	YES	YES
Year		YES	YES	YES
−2 Log likelihood		350.31	349.44	342.43
Pseudo R^2		0.57	0.57	0.58
N		555	555	555

解释变量	Predicted Sign	(4)	(5)	(6)
Intercept		8.328	12.686***	10.262
		(0.581)	(0.005)	(0.206)
SOE	+	0.797**	0.988***	0.91**
		(0.027)	(0.009)	(0.024)
RERATIO	+	7.582*		4.989
		(0.055)		(0.173)
SOE×RERATIO	+	−2.729		0.329
		(0.589)		(0.946)

续表

被解释变量：ST				
解释变量	Predicted Sign	（4）	（5）	（6）
ITEM	＋		1.713***	1.518**
			(0.006)	(0.016)
SOE×ITEM	＋		－1.040	－0.797
			(0.158)	(0.286)
SIZE	－	－0.808***	－0.886***	－0.849***
		(0.000)	(0.000)	(0.000)
LEV	＋	2.484***	2.536***	2.352***
		(0.000)	(0.000)	(0.000)
GROWTH	－	－0.171	－0.192	－0.145
		(0.502)	(0.485)	(0.558)
ROE	－	－0.021	0.001	－0.005
		(0.640)	(0.977)	(0.912)
TURN	－	－1.091***	－1.102***	－1.018***
		(0.002)	(0.002)	(0.004)
IND		YES	YES	YES
Year		YES	YES	YES
－2 Log likelihood		350.1	347.43	341.28
Pseudo R^2		0.57	0.58	0.59
N		555	555	555

注：***，**和*分别代表0.01，0.05和0.1的显著性水平；P值在括号内。

(3) 稳健性检验

为了检查季度重述是否影响我们对公式(4-10)的测试结果，我们排除了季度报告的重述，并重新进行了测试，回归结果如表4-26所示。排除季度重述后，所有结果仍然有效，表明季度报告重述不会影响我们的回归结果。

表 4-26 排除季度报告重述影响

被解释变量: ST				
解释变量	(1)	(2)	(3)	(4)
Intercept	8.692	8.107	12.869***	12.542***
	(0.412)	(0.573)	(0.004)	(0.005)
SOE	0.712**	0.790**	0.737**	0.986***
	(0.030)	(0.029)	(0.024)	(0.009)
RERATIO	5.964**	7.527**		
	(0.013)	(0.056)		
SOE×RERATIO		−2.653		
		(0.599)		
ITEM			0.970***	1.702***
			(0.004)	(0.006)
SOE×ITEM				−1.043
				(0.157)
SIZE	−0.789***	−0.797***	−0.888***	−0.877***
	(0.000)	(0.000)	(0.000)	(0.000)
LEV	2.444***	2.451***	2.476***	2.513***
	(0.000)	(0.000)	(0.000)	(0.000)
GROWTH	−0.173	−0.174	−0.169	−0.196
	(0.497)	(0.496)	(0.535)	(0.479)
ROE	−0.016	−0.019	0.002	0.002
	(0.713)	(0.675)	(0.954)	(0.951)
TURN	−1.058***	−1.080***	−1.071***	−1.094***
	(0.002)	(0.029)	(0.002)	(0.002)
IND	YES	YES	YES	YES
Year	YES	YES	YES	YES
−2 Log likelihood	349.34	349.05	348.72	346.7
Pseudo R^2	0.57	0.57	0.57	0.57
N	547	547	547	547

注: ***,** 和 * 分别代表 0.01,0.05 和 0.1 的显著性水平;P 值在括号。

如果重述是由公司糟糕的财务业绩决定的,则重述可能是内生的。为了检验我们的结果是否存在严重的内生性问题,我们遵循先前的研究(唐松莲等,2010),并使用解释变量和控制变量的滞后一年数据重新进行测试,回归结果如表 4-27 所示。如表 4-27 所示,所有结果仍然有效,表明内生性对于我们的测试结果的影响并不严重。

表 4-27 内生性检验

被解释变量:ST_{t+1}		
解释变量	(1)	(2)
Intercept	8.451***	8.584***
	(0.000)	(0.000)
SOE	0.601***	0.496***
	(0.000)	(0.000)
RESTATEMENT	0.711***	−0.359
	(0.000)	(0.257)
SOE×RESTATEMENT		1.484***
		(0.000)
SIZE	−0.527***	−0.530***
	(0.000)	(0.000)
LEV	−0.011	−0.011**
	(0.141)	(0.150)
GROWTH	0.000	0.000
	(0.962)	(0.958)
ROE	−0.102***	0.102***
	(0.000)	(0.000)
TURN	−0.922***	−0.935***
	(0.000)	(0.000)
IND	YES	YES
Year	YES	YES
−2 Log likelihood	5438.16	5417.06
Pseudo R^2	0.12	0.13
N	13 001	13 001

注:***,** 和 * 分别代表 0.01,0.05 和 0.1 的显著性水平;P 值在括号内。

3) 研究结论

我们发现,财务重述和国有企业属性与财务危机显著正相关,这意味着财务重述企业和国有企业更有可能陷入财务危机。更有趣的是,我们发现了财务重述和国有产权对财务危机的共同影响,这表明国有企业在重述后更可能经历财务危机。继 Hennes et al. (2008)的研究之后,我们将重述分为涉及违规的重述和涉及错误的重述,然后检验重述类型是否影响财务危机。我们发现,和与错误相关的重述相比,由故意错报(如违规行为)导致的重述更有可能导致财务危机。此外,在将国有属性引入测试后,我们发现,与非国有企业相比,涉及违规行为的重述国有企业更容易经历财务危机,这表明披露重述是违规行为导致的消息对国有企业的影响要大于非国有企业。所有上述发现也与现有管理研究中的危机应对策略理论一致(Dawar et al., 2000;方正等,2011;Rhee et al., 2009),该理论认为危机可能受到危机类型、企业声誉和企业应对危机策略的影响。本节还分析了重述程度对财务危机的影响。根据之前的文献(Palmrose et al., 2004a),我们使用重述的相对规模和普遍性来捕捉重述的规模。我们发现财务危机与这两个因素相关。当错报金额较大且重述涉及更多账户时,公司更可能出现后续财务危机。最后,我们的研究对重述公司的应对策略进行了扩展分析。我们提出了一个理论模型来讨论财务重述、声誉损失、危机反应和财务危机之间的关系,并且测试结果与我们的研究结果相一致。

综上所述,本节发现重述与财务危机之间存在着显著相关性,这种相关性将受到重述类型和重述程度的影响。更重要的是,利用中国股市的数据,我们发现了重述和国有产权属性对财务危机的共同影响,这为现有的重述和财务危机研究提供了独特的文献。研究表明,股权结构在公司重述的后果中起着重要的作用,在我国上市公司的相关研究中,有必要考虑国有股权的影响。我们的研究结果还表明,中国政府应该加强对国有企业的监管,使管理层的利益与企业的长期利益相一致。此外,我们建议国有企业更多地关注重述造成的声誉损失,并迅速采取适当的策略和补救措施,重建公众信任,以避免财务危机等更严重的经济后果。

4.6 研究小结

上市公司的财务重述和财务舞弊这类严重的盈余质量问题,尽管短期来看可以达到逃避监管、避税、提升股价等目的,但长期而言会给公司带来极为严重的负面影响。较低的盈余质量会损害公司的未来价值,打破公司原本的良性循环,不利于公司的可持续发展,甚至会导致公司陷入财务危机,影响公司的持续经营。因此,出于自身发展的考虑,公司也需要重视自己的盈余质量问题,切实提高盈余质量。

总之,我们的研究结果表明了关注盈余质量问题的重要性,对管理者、审计师与监管部门都有重要的启示作用。公司管理层应当意识到盈余质量问题可能会带来经营风险和可信性风险问题,以及由此可能导致的非标审计意见的出具和不利的市场反应。为此应建立起有效的内部控制机制,充分提高会计信息披露质量。审计师出具审计意见时必须充分认识到客户公司盈余质量问题所蕴含的风险,特别是对于持续经营能力存在问题的公司发生的盈余质量问题,要给予足够的重视。国家监管机构应当规范制度,尤其是加强对盈余质量问题的监管。

第 5 章　上市公司盈余质量问题的治理

上文提到了上市公司出现盈余质量问题对上市公司、投资者、债权人以及审计师等不同资本市场主体都会产生较为恶劣的影响，不利于推动我国经济的高质量发展，因此遏制公司造成盈余质量问题的盈余操纵行为需要成为被关注的重点。公司的一系列行为都是基于成本效益原则做出的，因此了解并切实解决上市公司的盈余质量问题，明确盈余操纵行为的成本与效益非常重要。盈余操纵行为的成本与管理层操纵盈余的机会有关，这通常受公司治理体系有效性的影响。稳定高效的公司治理体系能显著提高盈余操纵行为的成本，使得盈余操纵行为的成本大于收益，从而有效解决上市公司的盈余质量问题。

5.1　公司治理的定义

狭义的公司治理是指股东对管理层的监督机制，换句话说，就是指通过设置一种制度安排来对股东和管理层之间的权利及应承担的责任进行合理的分配，最终实现股东利益最大化这一公司所追求的目标。广义的公司治理的内涵更加丰富，指通过一整套正式和非正式的制度安排和设计，来统筹和协调公司与各利益相关方之间的关系。广泛的利益相关方包括股东、债权人、供应商、员工、政府和社区等。

5.2　公司治理体系

图 5-1 展示了公司治理体系的参与方。完整的公司治理体系包含公司内部治理和公司外部监督两部分。内部治理包括股东大会、董事会、监事会、经理层之间的权责利关系的制衡；外部监督主要是来自公司外部利益相关方的约束，包括产品市场、资本市场、经理人市场、政府和行业的监管以及审计

师、分析师、媒体等信息中介等,还包括制度背景、文化背景等软约束。

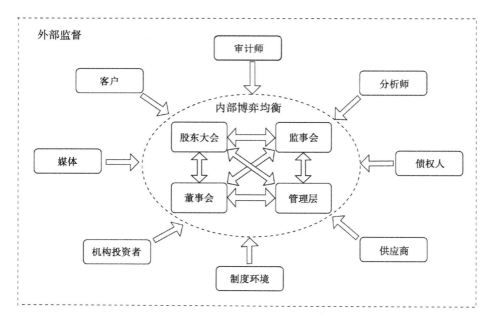

图 5-1　公司治理体系

5.3　公司治理与盈余质量

公司治理体系的有效性与盈余质量密切相关。公司内部治理和公司外部监督作为公司治理体系的两个组成部分,它们是如何影响公司的盈余质量的一直是学者们重点关注的话题,随着研究的不断发展与深入,公司治理与盈余质量的相关理论得到了一定的丰富与完善。

5.3.1　内部治理

5.3.1.1　董事会

董事会在监督公司管理层行为和保护股东权利方面发挥着关键作用(Fama et al.,1983)。现有关于董事会特征对盈余质量的影响的相关文献较为丰富,主要涉及规模、独立性、勤勉程度、性别、任期以及国际化等方面的特征。

在董事会规模方面,董事会的规模过大可能会导致严重的搭便车的问题,由于责任过于分散,公司出现治理问题时难以找出最应负责的人员,且董事们倾向于相互依赖(Yermack,1996)。Yermack(1996)利用美国500家最大的公众公司的数据进行实证分析,发现董事会规模越大,对应的公司业绩越差,且董事会规模扩张也会影响公司对外的信息披露,随着规模的扩张,董事会发挥的监督职能减弱,公司进行财务舞弊的可能性也大大增加。类似的,Beasley(1996)得出相同的结论。进一步的,Vafeas(2000)考察董事会结构对会计信息相关性的影响后也发现类似的结论,他们发现董事会规模的增加会降低会计信息的相关性水平。但另一竞争性观点认为,规模较大的董事会可能导致较低的盈余管理水平(Peasnell et al.,2005;Vafeas,2000),因为它更可能包括更多独立和更有经验的董事,他们更有能力监督管理活动。

在董事会的独立性方面,许多研究发现董事会的独立性对盈余质量有正向影响(Beasley,1996;Klein,2002;Peasnell et al.,2005)。董事会成员的独立性越强,对管理者的约束作用就越强,因为前者会避免与后者串通欺骗股东,以免破坏其声誉资本(Fama et al.,1983)。Klein(2002)、Uzun et al.(2004)和Peasnell et al.(2005)均对董事会独立性的监督作用进行了研究,发现随着董事会独立性的增强,企业的盈余管理水平有所下降。Beasley(1996)的研究指出,发生舞弊的公司相比于没有发生舞弊的公司来说外部董事的比例更小,即董事会独立性更弱。Ahmed et al.(2007)考察了董事会的独立性与会计稳健性的关系,他们发现外部董事持股比例与会计稳健性呈正相关关系,而内部董事的比例相反。Frankel et al.(2011)研究了董事会的独立性和非GAAP收益的特点之间的关系,结果表明,独立董事较少的公司更有可能从非GAAP收益中择机排除经常性的项目。当董事会中的独立董事比例较低时,从非GAAP收益中排除的项目与未来的GAAP收益和经营收益有更大的关联性。一个例外是Vafeas(2000),他的研究没有发现外部董事比例与会计信息相关性之间的明显联系。另一些研究从舞弊的角度对董事会的独立性对盈余质量的影响进行分析。Chen et al.(2006)基于中国公司的数据,结合中国证监会执法行动的大背景,研究了所有权结构和董事会特征是否对中国的公司财务欺诈有影响,结果发现外部董事的比例、董事会会议的数量和董事长的任期都与欺诈的发生率有关。Ng et al.(2021)发现专注于改变治理结构(如董事会的独立性)的提案会导致盈余管理行为的减少。总的来说,大量研究结果表明,董事会的独立性能够提高企业的盈余质量。国内学者的相关研究也得出类似的结论。刘立国等(2003)通过对舞弊公司与控制样本的实证分析得出与 Beasley(1996)一致的结论,即发生财务舞弊的公司相比于未发生财务舞弊的公司而言,其内部董事占董事会的比例更大。然而,梁英等(2014)没有发现董事会独立性与信息披露及时性之间的显著相关关系。

在董事会勤勉程度方面,Chen et al.(2006)基于中国公司的研究表明,董事会会议的频次以及董事会主席的任期都与舞弊的发生率有关。在董事会的性别特征方面,王晓亮等(2019)从董事会性别断裂带的研究视角出发,综合运用社会比较与分类理论,实证分析了这一董事会特征对企业真实盈余管理的影响,他们的结论指出,董事会性别断裂带的存在强化了上市公司真实盈余管理行为,他们还进一步分析指出,会计稳健性能够缓解董事会性别断裂带对真实盈余管理的正向影响。此外,Chen et al.(2006)还发现董事会主席的任期与舞弊发生的可能性有关。

对于董事会国际化对公司盈余管理质量的影响,学者们意见不一。一些研究发现,外国董事的存在提高了董事会的有效性,他们引进了国外公司治理经验,更了解国际资本市场。因为独立于管理层,外国董事可以对经理人进行批判性的审查,从而降低公司的盈余管理水平(Du et al.,2017a;Estélyi et al.,2016;Oxelheim et al.,2013;Oxelheim et al. Randy,2003)。此外,外国董事降低了董事会内部的凝聚力,思维更加独立,更容易通过提出有争议的问题来促进认知冲突(Forbes et al.,1999)。在其他国家参与过最佳公司治理实践的外国董事,能够应用自己学到的经验帮助改善当地公司的治理(Iliev et al.,2018)。在中国这样的新兴市场经济体背景下,具有公司治理机制发达国家的背景和经验的外国董事可能会带来道德改善和先进的管理技术。基于以上文献可以归纳出,外国董事的存在有助于降低公司的盈余管理水平。然而另一些研究则发现,外国董事的存在降低了董事会的有效性,提高了公司的盈余管理水平(Hooghiemstra et al.,2019)。由于外国董事缺乏对当地法律法规的了解和语言问题,外国董事的存在不利于对管理层进行有效监督(Hooghiemstra et al.,2019;Piekkari et al.,2013),从而导致更高的盈余管理水平。外国董事存在的另一个问题是语言障碍。外国董事可能难以与其他主要讲中文的董事沟通,语言障碍可能会导致董事会内部缺乏沟通或者造成低效率的讨论。Piekkari et al.(2013)认为,使用不同语言的董事会成员可能会很难在董事会会议上发言和表达不同意见。因此,由于外国董事的存在造成语言障碍,董事会监督管理层的整体有效性可能会降低,而盈余管理水平可能会提高。表 5-1 为上述关于董事会对公司盈余质量问题的治理效应研究的分类总结。

表 5-1 董事会对公司盈余质量问题的治理效应研究

内部治理机制	影响因素	主要观点	相关研究
董事会	规模	董事会规模过大或者规模的扩张可能会导致更高的盈余管理水平	Beasley(1996);Vafeas(2000);Yermack(1996)
		董事会规模较大可能导致较低的盈余管理水平	Peasnell et al.(2005);Vafeas(2000)
	独立性	董事会的独立性对盈余质量有正向影响	Ahmed et al.(2007);Beasley(1996);Chen et al.(2006);Fama et al.(1983);Frankel et al.(2011);Klein(2002);Ng et al.(2021);Peasnell et al.(2005);Uzun et al.(2004);刘立国等(2003)
		董事会的独立性对盈余管理水平没有明显影响	Vafeas(2000);梁英等(2014)
	勤勉程度	董事会会议的频次与盈余管理水平正相关	Chen et al.(2006)
	性别特征	董事会性别断裂带的存在强化了上市公司真实盈余管理行为	王晓亮等(2019)
	任期	任期越短,舞弊发生的可能性越高,盈余管理水平越高	Chen et al.(2006)
	国际化	董事会国际化有利于降低盈余管理水平	Du et al.(2017);Estélyi et al.(2016);Forbes et al.(1999);Iliev et al.(2018);Oxelheim et al.(2013);Oxelheim et al.(2003)
		董事会国际化会提高盈余管理水平	Hooghiemstra et al.(2019);Piekkari et al.(2013)

5.3.1.2 监事会

关于监事会对盈余质量影响的相关研究数量较少。国内学者进行了少量研究,刘立国等(2003)基于舞弊发生的可能性进行分析,将舞弊公司和具有类似特征的非舞弊公司的特征进行比较,结果表明监事会的规模与舞弊发生的可能性呈现正相关的关系,这在一定程度表明我国监事会制度的存在没有发挥相应的治理作用。王兵等(2018)进一步分析了监事会未能有效发挥其监督作用的可能原因,他们认为监事会"有名无实"的原因包括监事的专业知识与能力不足、信息获取的途径较少以及监事的独立性不够高等几个方面。他们进一步从监事专业知识水平的角度出发,研究了内部审计人员兼任监事能否发挥公司治理效应,结果表明内部审计人员兼任监事这一方式能够明显约束公司的盈余管理行为,且若是审计总监兼任监事,则监事会发挥的约束作用更强,证明了监事的专业知识水平对于监事会的治理作用的发挥至关重要。

5.3.1.3 审计委员会

审计委员会对盈余质量的影响也得到了充分的实证研究,相关研究集中于审计委员会的独立性和专业性这两方面的特征。

在独立性方面,Abbott et al.(2000)将被美国证券交易委员会处罚的上市公司和配对的未被处罚的公司样本进行比较分析,结果表明会计信息质量与审计委员会独立性这一特征的差异显著相关。具体而言,全部由独立董事构成的审计委员会,或独立董事比例较高的审计委员会,有助于降低上市公司财务错报的可能性。此外,他们进一步分析指出,若审计委员会全部由独立董事构成,即没有内部董事的存在,则审计委员会发挥的治理作用更强,他们更有可能选择拥有行业权威地位的会计师事务所来开展财务报告审计工作,进而帮助公司提升会计信息质量。Archambeault et al.(2001)从会计师事务所更换的视角进行分析,发现审计委员会的独立性越低,公司在非正常的情况下选择更换会计师事务所的可能性则越高。Raghunandan et al.(2001)从会计舞弊的视角出发,发现审计委员会的独立性越高,公司因进行不当会计信息披露以及发生会计舞弊行为而受到美国证券交易委员会处罚的可能性也越低。Klein(2002)的分析表明审计委员会的独立性与异常的应计项目之间存在显著的负相关关系,且全部由独立董事构成的审计委员会,最能够发挥其约束公司盈余管理行为的作用,进而保证公司提供高质量的会计信息。Abbott et al.(2002)发现较低的财务报告重述和欺诈性会计信息披露的概率,往往出现在具有较高的审计委员会独立性,具备一名以上拥有财务专长及工作经验的审计委员会成员,且召开审计委员会会议频率较高的上市公司,即审计委员会的独立性、专业知识水平以及审计委员会的勤勉程度与会计信息的不实披露及财务重述概率呈现出显著的负相关关系。

国内研究得到了类似结论。翟华云(2006)的研究发现,上市公司审计委员会制度的存在以及审计委员会规模的扩大均能显著提高企业盈余质量,该提升作用随委员会成员人数的增加而显著加大。王颖等(2006)从独立性的角度进行分析,发现审计委员会对上市公司盈余管理行为的约束效应随着审计委员会中独立董事数量的增加而增加,验证了审计委员会独立性的提高能够帮助公司提高盈余质量。类似的,王守海等(2012)从管理层干预的视角出发,指出当管理层干预审计委员会中董事的选择时,审计委员会的监督作用被大大降低,进一步说明了审计委员会独立性的重要性。吴国萍等(2012)考察了审计委员会的规模、勤勉程度、专业能力以及独立性,发现这些特征均能对公司的会计信息质量产生显著的正面影响。潘珺等(2017)的研究进一步指出了审计委员会的独立性以及专业知识水平对于公司盈余质量提高的重要意义。具体来说,审计委员会的独立性越强以及审计委员会中具有会计或审计实务经验的专家或相关行业专家越多,越有可能提升公司的盈余质量,并且当审计委员会中存在更多熟悉会计准则的成员时,有助于提高财务报表信息的可靠性。他们还研究了审计委员会召集人的履职状况,发现召集人影响力越大,越有利于抑制公司的盈余管理行为;而如果是财务总监同时兼任审计委员会的成员,召集人影响力产生的正面效应则会被削弱。此外,黄芳等(2020)从私人关系视角出发,发现审计委员会主任和高管之间的私人关系能够促进会计信息质量的提升,但管理层权力抑制了这一正面效应的发挥。

在专业性方面,Raghunandan et al.(2001)的研究结果表明,当审计委员会成员拥有财务背景以及会计实务经验时,他们能够利用具备的专业知识更为有效地与内部审计部门和会计部门进行沟通,并且能够深入理解内部审计的工作计划以及审计结论,从而更好地帮助企业提高会计信息质量。进一步的,Xie et al.(2003)研究了公司管理经验或银行工作背景对审计委员会发挥治理效应的影响,他们的结论表明审计委员会的活动及其成员所具备的财务知识是约束企业盈余管理行为的重要因素,具有管理经验或银行工作背景的成员比例越高,审计委员会发挥的作用越强。Bedard et al.(2004)也得出了类似的研究结论,他们发现随着审计委员会成员专业能力的提升,公司发生过度盈余管理行为的可能性将大大降低。Abbott et al.(2004)基于财务重述进一步检验了审计委员会成员专业性的重要性,他们发现审计委员会成员专业水平越高,公司年度财务报告重述的可能性越低。Bilal et al.(2018)进一步区分了会计财务专家和非会计财务专家,他们发现审计委员会成员的财务专长与盈余质量显著正相关,而会计财务专家对盈余质量的影响显著强于非会计财务专家。Ashraf et al.(2020)则进一步研究了审计委员会的信息技术专长,观察这一特征是否影响财务报告的可靠性和及时性。他们的研究结果表明,在审计委员会成员具有信息技术专长的公司中,发生重大重述的可能性降低,与信息技术相关的重大缺陷发生的可能性降低,而且盈利公告的发布更加及时。

国内关于审计委员会的专业性的作用的研究并未得到一致结论。颜志元(2006)发现具备财务会计知识背景和工作经验的成员在审计委员会占半数以上时,将有助于降低上市公司利用会计估计变更对盈余进行人为操纵的概率。但是翟华云(2006)对审计委员会的专业性进行的实证检验的结果与预期并不一致,他没有发现上市公司盈余质量与审计委员会的专业性存在显著的相关关系。张习鹏(2007)的研究也发现,上市公司的会计信息质量会随着审计委员会的成员人数的增加、独立董事比例的提高和成员专业素养及行业权威性的提高而发生同向变动,但系数没有通过显著性检验,这表明审计委员会在提高公司会计信息质量方面的作用并未得到充分发挥。表5-2为上述监事会和审计委员会对公司盈余质量问题治理效应研究的分类总结。

表5-2 监事会和审计委员会对公司盈余质量问题的治理效应研究

内部治理机制	影响因素	主要观点	相关研究
监事会	规模	规模与舞弊发生的可能性呈现正相关的关系,和盈余管理行为也是正相关	刘立国等(2003)
	监事会特征	专业知识水平和独立性越高越能约束盈余管理行为	王兵等(2018)
审计委员会	独立性	越高的独立性越能约束盈余管理行为	Abbott et al. (2000);Archambeault et al. (2001);Klein(2002);Raghunandan et al. (2001);潘珺等(2017);王守海等(2012);王颖等(2006);吴国萍等(2012)
	规模	审计委员会规模与盈余质量成正相关	吴国萍等(2012);翟华云(2006)
	勤勉程度	勤勉程度对会计信息质量产生显著的正面影响	吴国萍等(2012)

续表

内部治理机制	影响因素	主要观点	相关研究
审计委员会	专业知识	专业知识水平能提高盈余质量	Abbott et al.（2000）；Ashraf et al.（2020）；Bedard et al.（2004）；Bilal et al.（2018）；Raghunandan et al.（2001）；Xie et al.（2003）；潘珺等（2017）；吴国萍等（2012）；颜志元（2006）
		专业知识水平与盈余质量没有明显关系	翟华云（2006）；张习鹏（2007）

5.3.1.4 股权结构

关于股权结构对盈余质量的影响的相关研究较为丰富，研究主要集中在股权集中度、多重股东、产权性质、管理层持股、机构投资者持股和外国投资者持股等几个方面。

(1) 股权集中度

我国上市公司更容易出现第二类代理问题，即中小股东不能有效监督大股东，导致大股东有动机也有能力为了满足私利而做出损害中小股东利益的行为。多数股东与少数股东之间的冲突表明，控股股东倾向于以牺牲少数股东的利益为代价来侵占企业资源。这会促使控股股东进行盈余管理，以掩盖其寻租行为，促进企业资源的转移（Fan et al.，2002）。此外，中国证监会（CSRC）通常使用盈利标准来确定哪些公司有资格进行首次公开发行股票或股权增发。先前的研究表明，这些规定导致了中国上市公司较多的盈余管理行为（Aharony et al.，2000；Chen et al.，2004）。

在股权集中度方面，Morck et al.（1988）的研究最具有代表性，他们认为，股东持股能够通过两方面的效应来影响公司价值——协同效应和壕沟效应。协同效应（alignment effect）是指随着股东持股比例的逐渐增加，股东在公司中分得的利益也逐渐增加，公司价值越高则股东获利越多，由于股东与公司之间的利益随着持股比例的增加趋于一致，股东持股比例的增加会对公司价值产生正面促进效应。壕沟效应（entrenchment effect）是指股东（尤其是大股东）掌控公司资源的能力随着持股比例的提高而不断增强，其利用职权谋取私利的可能性增加，这种行为会损害中小股东的利益，获得的收益却全部属于大股东，这就导致了通常所说的代理问题。La Porta et al.（1999）

的发现表明股权集中度与财务报告质量之间存在显著负相关关系。股权集中度越高,代理问题可能越严重,公司治理机制失效的可能性越大,控股股东很有可能基于自利的目的对会计信息进行操纵,这将增加公司财务舞弊的概率。进一步的,Fan et al.(2002)分析股权集中度影响企业盈余质量的可能机制,提出了壕沟效应假说、信息效应(information effect)假说和激励效应(incentive effect)假说三种假说并进行实证检验,研究结果表明股权集中度以及两权分离程度与会计盈余质量显著负相关,支持了壕沟效应假说和信息效应假说。在大股东方面,Jiang et al.(2020)研究了当主要利益冲突发生在控股股东和其他股东之间时多个大股东对盈余管理的影响,发现有多个大股东的公司往往比只有一个控股股东的公司有更高的盈余管理水平。当这些股东是同一产权属性——国有或私有时,多个股东对盈余管理行为的诱导作用更加明显。大股东越多,其他大股东对控股股东的相对所有权越高,盈余管理水平也就越高。结果与成本分担假说一致,即其他大股东与控股股东按比例承担盈余管理的成本,但不享有控制权的私人利益。进一步的检验结果表明,多个大股东和盈余管理之间的正向关系在内部或外部监督较强的公司中不太显著。

目前,股权集中度方面,国内外研究呈现出两种竞争性的观点。一是股权适度集中能够约束公司的盈余操纵行为,有利于提高公司盈余质量。支持这一理论逻辑的学者认为在股权过于分散的情况下,小股东们缺乏意愿或能力对公司的经营状况和治理情况进行监督。如Erivelto et al.(2016)发现公司股权集中度与企业的盈余稳健性和盈余持续性呈现出显著的正相关关系。张俊瑞等(2011)也发现股权集中度越高,大股东监督管理层的动机和能力越强,有利于公司盈余质量的提高。

第二种观点认为股权适度分散能够约束公司的盈余操纵行为,进而提高公司的盈余质量。这种观点与第二类代理问题(即大股东与中小股东之间的代理问题)的存在密切相关,即大股东存在基于自利的虚假披露的动机,股权的适度分散能够约束大股东的自利行为进而保护中小股东的利益。此外,中小股东对公司的控制权水平较低,难以操纵盈余,但他们为了保护自身利益不受损害,有动力去监督和约束管理层的不当行为,因此股权的适度分散能提升盈余质量。La Porta et al.(1999)研究指出,上市公司的股权集中度与盈余质量呈现显著负相关关系,并验证了这一观点。徐新华等(2014)基于中国上市公司研究"一股独大"现象,他们的研究结果同样验证了股权集中度与盈余质量之间的负相关关系,表明了第二类代理问题的存在,即控股股东会为了自身利益的最大化选择侵害中小股东利益。陈宋生等(2013)也有类似发现。雷光勇等(2007)聚焦公司首次亏损年度的盈余管理行为,研究了大股东向公司输送利益以及从公司攫取利益对盈余管理的影响,他们发现的证据表明,当大股东占用过多公司资源时,公司可用于改善自身经营状况和管理能力的资源随之减少,使得公司不得不进行负向盈余管理,即大股东资金占用与盈余管理行为显著正相关,而当第一大股东为非经营性股东,无法向公司输送利益时,公司负向盈余管理的程度会进一步加深。窦欢等(2017)进一步分析了大股东占款对会计信息相关性的影响,他们的研究结果表明,大股东占款与企业会计信息的相关性水平之间存在显著的负相关关系。

(2) 多重股东

由控股股东承担的潜在声誉或经济损失往往由其他股东按比例分担。由于控股股东通常是在盈余报告上签字的董事会成员,因此要承担责任,当盈余管理被发现并受到惩罚时,控股股东和其他大股东都要承担潜在的惩罚。因此,其他大股东承担的盈余管理成本高于其收益,而控股股东的盈余管理收益高于其成本。

盈余操纵会增加诉讼(DuCharme et al.,2004)和证监会执法行动的可能性,这通常伴随着严重的法律成本、罚款、公众警告和批评(Dechow et al.,1996)。对于单一控股股东的公司,所有董事会成员都是同一控股股东的代表。因此,对任何董事的处罚都被视为控股股东的法律费用。相比之下,拥有多个大股东的公司拥有代表其他大股东而非控股股东的董事会席位。对这些董事的惩罚不是由控股股东承担的。因此,拥有多个控股股东的公司相对于拥有单一控股股东的公司而言,控股股东承担的盈余管理相关成本的比例更低,盈余管理净收益更大,相应的盈余管理水平也更高。

与之相反,另一种观点是,多个大股东可能通过监督或退出威胁对盈余管理产生负面影响。研究表明,多个大股东可以通过监督管理者来增加公司价值并降低资本成本。最近的一些研究(Admati et al.,2009;Edmans,2009;Edmans et al.,2011)表明大股东可以通过威胁退出来实施治理。虽然控股股东具有操纵盈余的动机和权力(Fan et al.,2002),但其他大股东仍然可以通过其董事会成员代表的声音或通过退出威胁对公司盈余管理活动发挥治理作用。因此在这种情况下,多个控股股东与公司盈余管理之间是负相关关系。

(3) 产权性质

在产权性质方面,朱茶芬等(2008)实证检验了国家控股对会计信息质量的影响以及背后可能的作用机制,结果发现国家控股的上市公司的会计稳健性较低。徐宗宇等(2012)检验了产权性质以及两权分离度对企业盈余管理的影响,结果指出当最终控制人不是国家以及两权分离程度较大时,企业显著增加了隐蔽性更强的线上项目盈余管理行为。肖作平等(2020)从财务重述的视角进行分析,发现公司现金流量权越大,财务重述的可能性越小,而控制权与现金流量权之间的分离度越大,公司财务重述的可能性也越大,国企财务重述的可能性显著低于非国企。

Aharony et al.(2000)指出,国有企业也通过管理收益来提高被选择上市的机会。Chen et al.(2006)指出,作为企业最终所有者的地方政府可能会为企业提供补贴,以使企业盈利水平超过特定的融资门槛,这种现象被称为"中国的政府辅助盈余管理"。最近的研究结果表明,即使在国有企业,ROA和EVA等经济绩效在评价国有企业高管方面也变得重要(Du et al.,2017a),这将诱导国有企业管理者进行盈余管理。此外,中国国有上市公司存在大量非流通股,所有者缺位现象严重,管理层道德风险问题比非国有企业严重,发生会计重述的可能性更高,盈余质量低于非国有控股企业。王烨(2010)指出国有股权份额越高,国企的盈余质量问题越严重。俞静等(2016)的研究也验证了相比于国企,非国企的盈余质量更高这一观点。

与之相反,黄雷等(2012)发现相比于国企,非国企受到更少的政府"照顾",需要承担更高的业绩和融资压力,因此具有实施向上盈余管理的动机。这可能是因为,非国企的经营方针必须更多地以市场为导向,而不是像国企一样需要承担更多的政治或社会责任(Bai et al.,2006)。李亚静等(2010)基于IPO公司的产权性质进行研究,他们的研究结果表明非政府控制的公司相比于政府控制的公司而言在上市后增发新股的难度明显更大,因此为了获得充足的营运资金,非政府控制的上市公司更有可能进行盈余操纵。

刘立国等(2003)的研究指出当第一大股东为国资委时,公司更有可能进行财务报告舞弊。王化成等(2006)基于我国上市公司的研究表明,控股股东会降低企业会计信息相关性,但该效应在国有企业以及股权制衡度较低时更为明显。谢德仁等(2018)基于控股股东股权质押,研究了股权质押对真实盈余管理行为的影响。他们的研究结果表明,控股股东股权质押会显著增加公司向上操纵盈余的动机,即控股股东质押与向上真实盈余管理显著正相关,这种正相关关系在非国企以及内部股权制衡水平较差的公司更为突出。田高良等(2020)从会计信息可比性的角度实证检验了控股股东的股权质押行为对盈余质量的影响,他们发现控股股东股权质押与会计信息可比性显著正相关,且这种正相关关系在非国有企业、股票流动性较差的企业以及股权集中度较高的企业中更加显著。余怒涛等(2021)实证检验了大股东的退出威胁对财务报告质量的治理效应以及大股东的异质性对这一效应的影响,他们的研究结果表明,大股东的退出威胁能够提高财务报告质量,但因大股东的异质性而异,具体来说,大股东的数量越多、大股东的持股比例越高、财富更为集中以及大股东退出可信度更强时,其退出威胁对财务报告质量的提升作用越大,且相较于国企大股东,非国企大股东的退出威胁发挥的作用更大。进一步分析还发现,大股东退出威胁发挥的治理作用在非国企以及管理层持股的企业中更为显著。

(4) 管理层持股

目前关于管理层持股对公司盈余质量的影响还没有形成一致的结论,不同的学者看法不一。一部分学者认为管理层持股有利于抑制公司的盈余操纵行为,提高公司的盈余质量。这部分学者认为,当公司管理层持股比例较低时,管理层的公司所有权意识较低,有动机做出短期机会主义行为;但当管理层持股比例增加时,管理层的公司所有权意识增强,与股东之间的目标冲突减少,能解决一定的委托代理问题,有较少的动机操纵盈余以免损害长期利益。Warfield et al. (1995)和Lim et al. (2013)的研究证实了管理层持股对公司盈余质量提高的促进作用。国内学者宋建波等(2012)也发现虽然中国上市公司管理层持股现象并不常见,但管理层持股比例越高,公司的盈余持续性越高。

另一方面,一部分国内学者的研究得出了相反的结论。温章林(2010)发现当管理层持股比例提高到一定程度后,管理层持股对盈余质量的改善作用也随之降低,此时管理层既为公司的所有者,又为公司的管理者,在选择会计政策时有更大的话语权,有可能为了追求自身利益最大化而选择较为乐观的会计政策,从而降低了盈余稳健性。路军伟等(2015)也提出管理层持股虽然能解决一定的委托代理问题,但仍然无法实际性地减少盈余管理的动机,只是有可能改变管理层盈余管理的策略选择。管理层持股会增加管理层选择会计政策时的话语权,为实施应计盈余管理提供了更大的空间。

还有部分学者认为管理层持股与企业盈余质量间存在非线性的相关关

系。Yeo et al.(2002)在 Warfield et al.(1995)的研究的基础上,以新加坡上市公司的数据为研究样本,发现随着管理层持股比例的提高,管理层持股与企业盈余质量的正相关关系并不能持续,当管理层持股比例提高到一定的值后,管理层持股比例越高,企业的盈余质量反而越差,即管理层持股与企业盈余质量呈现倒 U 型的相关关系。Ben-Nasr et al.(2015)也得出了与 Yeo et al.(2002)相同的结论,管理层持股降低代理成本、提高盈余质量的作用只有在管理层持股比例较低时才比较显著;但当管理层持股比例提高到一定的值后,管理层此时既为公司的所有者,又为公司的管理者,面临的外部约束更少,更便于操纵盈余以满足私利,导致公司的盈余质量下降。

(5) 机构投资者持股

机构投资者持股对企业盈余质量的提高作用并不是绝对的,会受到机构投资者态度的影响。一方面,积极的机构投资者往往能更多地参与到监管公司管理层和股东的工作中,进而提高公司的盈余质量;另一方面,消极的机构投资者往往只会对公司提供融资,并不会参与到公司的日常经营管理活动中,对管理层的监督作用有限,无法有效提高公司的盈余质量。

一方面,大多数学者认为机构投资者持股能够解决上市公司盈余质量问题。基于委托代理理论,Warfield et al.(1995)和 Dechow et al.(1996)都认为由于机构投资者持股比例的提高有利于降低机构投资者的代理成本以及提高其监督公司管理层的积极性,因此有利于增加管理层操纵盈余的难度,进而提高公司的盈余质量。Rajgopal et al.(1999)指出来自持股的机构投资者的有效监督可以提高公司的盈余质量。Jung et al.(2002)同样发现了机构投资者持股与公司盈余质量的正向相关关系。薄仙慧等(2009)、孙光国等(2015)基于国内上市公司数据,也得出了类似的结论。

另一方面,也有很多学者认为机构投资者持股并不能解决公司的盈余质量问题,反而会降低公司的盈余质量。宋建波等(2012)认为我国机构投资者发展较晚,大部分机构投资者比较短视,这大大降低了机构投资者对公司监管的有效性;同时,机构投资者自身的信息和资金优势有可能会加剧资本市场中的"搭便车"现象,便于机构投资者操纵资本市场,进而验证了机构投资者持股比例与企业盈余持续性之间确实存在显著的负相关关系。杨海燕等(2012)基于财务报告的可靠性,认为由于机构投资者倾向于对业绩稳定且良好的公司进行投资,因此为了留住现有机构投资者并吸引更多潜在的新机构投资者,当发现公司预期盈余低于目标盈余时,管理层会选择向上管理盈余,而当发现预期盈余高于目标盈余时,管理层也会选择向下管理当期盈余以平滑盈余,提高公司所披露盈余的持续性。综上所述,机构投资者持股会提高公司的盈余管理水平。

(6) 外国投资者持股

外国投资者作为成熟的投资者,拥有更广泛的资源来收集和分析盈余信息,从而对公司的盈余质量产生积极的影响。外国投资者利用他们的专业知识和技能,通过收集信息和根据盈余质量调整定价来积极监控公司。由于成熟的外国投资者会密切关注管理层的信息披露,当成熟的外国投资者持有大量股权时,公司愿意提供高质量的盈余信息。

此外,外资持股的公司有动机向投资者提供更准确的收益,以缓解外资股东对新兴市场公司盈余质量的担忧。这是因为与国内投资者相比,外国投资者在信息方面处于劣势,因此要求企业公开高质量的收益,以减少信息风险。由于外国投资者相对于国内投资者,信息来源相对有限,更有可能依赖公开披露的信息,对高质量收益的需求更高。Dou et al. (2018)调查了关于财务报告质量的退出威胁。他们发现,当退出威胁增加时,报告质量更高,而管理者的利益强化了投资者退出威胁与财务报告质量之间的关系。因此,外资持股起到了公司治理的作用,促使公司提供高质量的盈余。

表 5-3 为上述股权结构对公司盈余质量问题的治理效应研究的分类总结。

表 5-3 股权结构对公司盈余质量问题的治理效应研究

内部治理机制	影响因素	主要观点	相关研究
股权结构	股权集中度	股权适度分散能够约束公司的盈余操纵行为,进而提高公司的盈余质量	Fan et al. (2002); Jiang et al. (2020); La Porta et al. (1999); Mock et al. (1988); 徐新华等(2014)
		股权适度集中能够约束公司的盈余操纵行为,有利于提高公司盈余质量	Erivelto et al. (2016); Mock et al. (1988); 张俊瑞等(2011)
	产权性质	国有控股企业的盈余管理行为少于非国有控股企业	黄雷等(2012); 李亚静等(2010); 谢德仁等(2018); 徐宗宇等(2012); 肖作平等(2020)

续表

内部治理机制	影响因素	主要观点	相关研究
股权结构		国有控股企业的盈余管理行为多于非国有控股企业	Aharony et al.(2000);Chen et al.(2008);Du et al.(2017);窦欢等(2017);雷光勇等(2007);刘立国等(2003);田高良等(2020);王烨(2010);王化成等(2006);俞静等(2016);余怒涛等(2021);朱茶芬等(2008)
	管理层持股	管理层持股有利于抑制公司的盈余操纵行为,提高公司的盈余质量	Lim et al.(2014);Warfield et al.(1995)
		管理层持股不利于抑制公司的盈余操纵行为,反而降低了公司的盈余质量	路军伟(2015);温章林(2010)
		管理层持股与企业盈余质量间存在非线性相关关系	Ben-Nasr(2015);Yeo(2002)
	机构投资者持股	机构投资者持股能够解决上市公司盈余质量问题	Dechow(1996);Jung et al.(2002);Rajgopal et al.(1999);Warfield et al.(1995);薄仙慧等(2009);孙光国等(2015)
		机构投资者持股并不能解决公司的盈余质量问题,反而会降低公司盈余质量	宋建波等(2012);杨海燕等(2012)
	外国投资者持股	外资持股起到了公司治理的作用,促使公司提供高质量的盈余	Dou et al.(2018)
	多重股东	拥有多个控股股东的公司的盈余管理水平高于拥有单一控股股东的公司	Dechow et al.(1996);DuCharme et al.(2004);Chen et al.(2005)
		拥有多个控股股东的公司的盈余管理水平低于拥有单一控股股东的公司	Admati et al.(2009);Edmans(2009);Edmans et al.(2011);Fan et al.(2002)

5.3.1.5 管理层

1) 管理层能力与权力

Baik et al.(2020)调查了管理层能力是否与收入平滑现象有关,即与管理层能力有关的平滑是否提高了盈余和股票价格关于未来业绩预测的信息含量。他们发现管理层能力与收入平滑度正相关,高能力的管理者会通过平滑化将更多关于现金流的前瞻性信息纳入当前的盈余,从而提高了盈余的信息含量。

在管理层权力方面,Guay et al. (1996)讨论了高管自由裁量权对企业会计信息质量的影响,他们认为高管自由裁量权包含三个部分。其中,与业绩相关部分,高管自由裁量权有助于提升会计信息的可靠性与及时性,进而提升会计信息质量;而机会主义行为与"噪音"部分,高管自由裁量权则会降低会计信息的精确性,并将导致较低的会计信息质量。国内学者林芳等(2012)研究了上市公司管理层权力与盈余管理行为之间的关系,他们的结论指出管理层的权力越大,他们实施盈余管理的难度越低,并且非国企和国企对盈余管理方式的选择有不同的偏好,非国企的管理层更倾向于使用应计盈余管理,而国企更倾向于使用真实盈余管理。

2) 管理层联结

在管理层联结方面,张娆(2014)基于企业间网络关系的视角对企业间高管联结与会计信息质量之间的关系进行研究,发现联结企业和目标企业的会计信息质量有所趋同,也即目标企业的会计信息质量随着联结企业的会计信息质量的提高而提高。周晓苏等(2017)基于组织间模仿的视角进一步考察了企业间高管联结与会计信息可比性之间的关系以及可能的关联机制,并且检验了高管兼任情况对企业间高管联结与会计信息可比性之间关系的影响。他们的研究结论表明,各企业组织对于会计政策的选择存在组织间的模仿行为,即有高管联结关系的各企业的会计政策选择更为相似,盈余结构也更为相似,提高了会计信息的可比性。当高管兼任企业财务部门主管时,这种促进作用更为突出。另外,基于私人关系的研究视角,黄芳等(2020)考察了审计委员会主任与高管之间存在的私人关系对会计信息质量的影响,并进一步研究了管理层权力是否对这一影响具有调节效应,他们发现审计委员会主任与高管之间的私人关系的存在能够显著提高会计信息质量,而管理层权力显著降低了会计信息质量,并且管理层权力抑制了审计委员会主任与高管之间的私人关系对会计信息质量的正向影响。汪芸倩等(2019)研究了 CFO(Chief Financial Officer,首席财务官)兼任董秘对企业会计信息质量所产生的影响,发现 CFO 兼任董秘不利于公司加强内部监督,因而方便了企业管理层进行盈余操纵,降低了企业会计信息质量。宁美军等(2021)基于中国特色的制度背景和社会文化,实证检验了 CFO 兼任内部董事对财务报告质量的影响,他们发现CFO兼任内部董事能显著提高财务报告质量。朱朝晖等(2020)则考察了CEO与审计委员会中独立董事的社会关系对财务信息质量的影响,发现CEO与审计委员会中的独立董事之间存在社会关系会显著降低企业财务信息质量,尤其是在法律制度不完善、治理水平较低的地区,或是在民营企业中。

除了私人关系视角,还有学者研究了高管差异性特征对企业盈余质量的影响。何威风(2015)研究了董事长与总经理之间的性别差异、学历差异、年龄差异以及任职时间差异对企业盈余管理行为的影响,结果指出前两种差异与盈余管理行为呈现正相关关系,年龄差异与盈余管理行为之间未发现显著关系,而任职时间差异则能够约束企业的盈余管理行为。陈冬华等(2017)检验了同一高管任职过的公司之间是否具有相似的会计信息质量特征,在控制不同公司的财务状况和治理特征后,他们的研究结论表明,拥有相同高管的公司的盈余管理水平更为相似,说明了高管个人特征对企业行为的影响,验证了企业盈余管理会受经理人惯性的影响。

3) CEO

作为公司的主要经营管理者,公司的CEO在一定程度上能决定企业的财务决策及经营发展策略。而且与发达国家相比,在中国,CEO在组织决策过程中有着更加显著的话语权(Wei et al.,2015)。尽管直观来看,可能公司的CFO能更加直接地影响公司会计政策的选择和会计处理等一系列会计行为,但中国的传统集权和等级文化相比于国外更加明显,国内CFO往往会屈从于作为"一把手"的CEO的压力,因此CEO往往在无形中也主导了公司的一系列财务决策。

(1) CEO背景

基于高阶理论,作为高管团队的核心人物,CEO依据自身的特征进行有限理性决策进而影响公司的经营发展,在这些特征中,除了显性特征如性别、年龄和学历等,学者们发现CEO早期的职业经历、从军经历和留学经历等隐性特征也会对CEO打上身份烙印,从而影响企业的财务和战略决策。

① CEO的海外经历

基于生物学中的烙印理论(imprinting theory),如果经历过特定的环境"敏感"时期,那么焦点主体(focal entity)会形成相应的"印记",即使后期外部环境已经发生了变化,这些"印记"也会对焦点主体的后续行为产生持续的影响(Marquis et al.,2013)。个体在海外的生活通常被视为人生中的一段重要经历,会给个体留下难以忘记的记忆,进而对其随后的行为产生极大的影响。基于这一理论,杜勇等(2018)考察了 CEO 的海外背景对企业盈余管理的影响,发现 CEO 的海外背景与企业盈余管理之间存在显著的负相关关系,并且这种负面效应在外部融资需求较高以及位于市场化程度较高的地区的企业中更为突出。

与起步较晚的国内资本市场相比,海外资本市场由于起步较早,经过较为漫长的发展历程,如今已具有比较高的投资者保护水平和相对完善的法律体系,同时政府的监管效率以及契约的执行效率也较高,对于信息披露的要求也较为严格,已处于较为发达的发展阶段。因此有海外经历的 CEO 可能会受到海外制度文化潜移默化的影响,价值观念和认知框架有所不同。一方面,海外不同文化的影响往往能够引发 CEO 对自身行为的反思(Suutari et al. ,2007),并拓宽自身眼界,提高认知的远见性,因此,有过海外经历的 CEO 有可能在决策时更加关注公司的长期利益,减少短利行为。同时由于海外道德标准和价值理念的不同,具有海外经历的 CEO 相比于单纯迎合资本市场可能会更重视企业的社会责任问题(Slater et al. ,2009;Zhang et al. ,2018),从而注重保护利益相关者的合法权益,遏制盈余管理等不道德行为。另一方面,在各项制度完善的发达国家,法律文化氛围通常比较浓厚,因此民众普遍具有较强的法律意识,知法、懂法和守法的氛围浓厚,具有海外经历的 CEO 更有可能意识到企业盈余操纵行为可能会面临一系列严重的惩罚成本,因此,他们会选择减少盈余行为以规避惩罚风险。

另外,国外管理学理论发展历史悠久,海外经历可能会带给 CEO 更完善的知识结构和更强的实践管理能力(Duan et al. ,2018)。CEO 的海外教育经历,尤其是管理学和经济学的相关知识可以更好地帮助其理解资本市场的运行规律,因此,在分析问题时,在丰富的理论知识储备的帮助下,他们更倾向于使用复杂和详细的信息处理过程,结合更多可以获得的证据,基于相对全面的信息做出判断和选择,以提高会计判断和估计的准确性。Beatty et al. (1987)发现 CEO 若有北美教育背景,那么其所在公司发生财务舞弊的可能性更小。优质的教育也往往能提高个人能力,Demerjian et al. (2012)的研究证明了盈余质量与管理者能力存在显著的正相关关系。并且,与新兴市场相比,发达国家的公司治理机制更加健全,海外的经历能帮助 CEO 学到先进及丰富的公司治理知识,而这些借鉴了发达国家成功经验与失败教训的公司治理知识会随着 CEO 的迁移而引入新的组织,帮助公司完善其公司治理机制,进而抑制公司盈余管理行为(高雷等,2008)。

② CEO 的灾荒经历

早年的灾荒经历会显著影响 CEO 此后的财富观、风险观和价值观。由于在灾荒经历时期,CEO 往往会面临贫穷和较低的社会地位的困境,因此有灾荒经历的 CEO 可能会更加关注职业生涯中能获得的财富地位,更加厌恶风险,会倾向于做出风险规避型的决策,对于惩罚风险的厌恶会抑制其实施盈余管理。相比于没有经历过灾荒的 CEO,他们可能会更注重企业的长期利益和利益相关者的诉求,提供更可靠和更可信的会计信息,提高公司的盈余质量以规避惩罚风险,保护自身的财富地位。

③ CEO 的从军经历

许楠等(2019)实证检验了高管在部队的经历对于其违规和盈余操纵行为的影响,他们的检验结果表明,有部队经历的高管更加能够约束自身,且遵守市场规则,因而企业违规情况和盈余操纵行为发生的可能性较低。

(2) CEO 的任期

CEO 长期任职有利于积累经营管理经验和个人威信,增加其能控制的资源和掌握的权力。任期较短的 CEO 往往处于相关领域的专业技能的积累阶段,为了避免产生经营能力不佳的负面印象影响后续任职,任期短的 CEO 可能会更关注短期利益,过于重视公司对外披露的盈余信息,有更强的动机进行利润的粉饰,导致盈余质量降低(Mibourn,2003);而任期长的 CEO 已经积累了经营能力较强的声誉,相比于短期利益更关注公司和自身的长期发展,因此他们会减少短利行为,选择更为稳健的会计政策,公司的盈余质量更好(Ali et al.,2015)。Hazarika et al.(2012)、陈德球等(2011)的研究也发现,随着 CEO 任期的加长,企业财务报告的稳健性和盈余质量也能得到提高;而新上任的 CEO 为了寻求外界对自身经营能力的认可,更可能实施盈余操纵,导致公司的盈余质量降低。许言等(2017)进一步研究了在任期的不同阶段 CEO 如何隐瞒公司的坏消息以及具体的手段,他们的研究结果指出,CEO 在任职的第一年会集中释放前任 CEO 时期的坏消息,而在任职初期以及离任的前一年会选择隐藏坏消息,并实施盈余管理行为。

(3) CEO 的自恋倾向

CEO 的自恋倾向会对企业决策产生影响(Habib et al.,2017)。为了寻求社会认同和赞扬(Buyl et al.,2019),自恋型 CEO 的自我崇拜和优越感是他们避免不利的潜在结果的驱动力(Olsen et al.,2014)。有高度自恋倾向的管理者可能会夸大公开财务报告中的数字,以塑造积极的社会形象(McManus,2018),并获得赞扬和肯定(Tang et al.,2018)。

相关研究表明,CEO 的自恋倾向与业绩、绩效等关键财务指标呈正相关(Chatterjee et al.,2011;Aktas et al.,2016),与误报也呈正相关(Ham et al.,2017)。此外,当合同或法规基于会计数字时,管理者可能有参与盈余管理的动机(Ali et al.,2015)或损害会计质量(Dimitropoulos et al.,2016)。随着 CEO 任期的增加,自恋型 CEO 可能会通过盈余管理解决公司的不良绩效(Kim,2018)。

(4) 代理 CEO

在我国,经营业绩可以在一定程度上影响高管人员的货币薪酬,甚至对其产生决定性的影响(杜兴强等,2007)。对于代理 CEO 而言,提高公司的业绩水平不仅能获得更多的货币薪酬,更可以提高被转正的概率。即使未能转正,良好的经营业绩也能提高代理 CEO 的声誉,有利于其在经理人市场中的后续发展(Murphy et al.,1993;Godfrey et al.,2003;杜兴强等,2010)。Finkelstein et al.(2009)研究发现,代理 CEO 如果能转正就能显著提高其现有的薪酬水平,并且能获得更高的社会地位甚至跻身精英行列,因此代理 CEO 有动机操纵盈余来美化公司业绩水平以提高转正的概率,为自己谋求更大更长远的利益。

由于代理 CEO 一般是前任 CEO 离职后寻觅下一任 CEO 前弥补职位空缺的过渡性角色,他们的任期一般都比较短,较短的任期很可能会导致短视行为的出现,因此代理 CEO 完全有动机实施盈余操纵行为,通过牺牲企业长期利益来换取个人利益的最大化,也就是说代理 CEO 为了提高转正的概率以获取更持久更稳定的正式 CEO 职位,有动机实施向上管理盈余以美化业绩迎合较难达到的业绩预期(Chen et al.,2015)。同时,代理 CEO 身份的不确定性也导致了他们很难在短期内树立权威,企业往往仍在沿着前任 CEO 所制定的策略进行日常运营,代理 CEO 若想实施改革以推行自己的经营策略往往会导致大量的增量内部整合成本,在短时间内提升公司的业绩及企业价值的难度较大,升高的成本甚至可能会导致企业的业绩水平下滑(Ballinger et al.,2010;Intintoli et al.,2012)。

与此同时,代理 CEO 虽然是过渡性的角色,但其仍然会参与到企业的日常生产经营活动中,能够接触大量公司的私有和核心信息,并且有权干预企业对于会计政策的使用,这为其利用会计准则以及制度要求的弹性实施盈余操纵创造了条件,即其就有能力向上管理盈余以美化业绩。另外,相比于正式 CEO,代理 CEO 迎合股东预期以保全职位甚至转正的欲望更加强烈,因此相比于正式 CEO,代理 CEO 向上盈余管理的动机更加强烈(Graham et al.,2005)。由此,代理 CEO 将通过会计政策赋予的一定程度的自主权和真实盈余管理的手段来提高利润水平,美化自己的经营业绩以取悦董事会和股东们,从而提高自身转正的概率。此外,相比于正式 CEO,代理 CEO 处于企业领导者变更的动荡阶段,往往面临着挑战性和不确定性更强的经营环境,也会面临外界对其经营能力的诸多质疑(Marcel et al.,2013),为了缓解外界利益相关方对公司未来发展的担忧以及对自身经营能力的质疑,他们往往具有非常强烈的盈余管理动机(Chen et al.,2015),通过实施向上盈余管理来提高企业利润水平以美化业绩,换言之,相比于正式 CEO,代理 CEO 向上管理盈余的自利动机更强。

(5) CEO 的兼职情况

CEO 的双重角色,即同时担任 CEO 和董事会主席,可以提高公司的财务业绩,因为 CEO 对公司的战略和运营有透彻的了解。当董事会中独立董事较多而缺乏内部董事时,独立董事就会严重依赖 CEO 来获取内部信息。在这种情况下,CEO 的双重性可能会导致公司财务数字的透明度降低,导致更高的盈余管理水平(Dimitropoulos et al.,2010)。许楠等(2016)研究了创始人是否兼任 CEO 对于企业会计信息质量的影响,发现创始人不兼任 CEO 的企业相比于创始人兼任 CEO 的企业具有更高的会计信息质量。类似的,徐奕红等(2020)的研究也发现创始人放弃兼任 CEO 能够显著提升企业的盈余信息质量,他们还进一步区分 CEO 的来源,发现相较于企业内部提拔的 CEO,来源于经理人市场的 CEO,更加能够提高企业的盈余信息质量,然而,这一正向影响会被企业面临的外部环境信息压力所削弱。

此外,潘红波等(2016)考察了纵向兼任高管对企业会计信息质量的影响,他们的考察结果表明纵向兼任高管显著提高了企业会计信息质量,并且这种效应在国企中更为显著,说明纵向兼任高管可以作为控股股东加强对管理者的监督的一种方式,能够有效地缓解股东与管理者之间的第一类代理问题,因而可以提升企业的会计信息质量。

(6) CEO 的声誉

徐宁等(2020)的实证研究考察了 CEO 声誉对企业真实盈余管理行为的影响以及可能的作用机制,发现了 CEO 声誉的"双刃剑"效应,即 CEO 声誉与企业真实盈余管理行为之间存在显著的倒 U 型的关系,可能的作用机制是 CEO 声誉影响 CEO 的风险承担水平,进而影响其盈余操纵水平。He (2015)调查了 CEO 持有的内部债务对财务报告质量的影响,发现较高的 CEO 内部债务持有量与较低的异常应计项目、较高的应计项目质量、较低的盈利误报可能性和较低的盈利基准跳动发生率有关,这表明 CEO 持有内部债务提高了财务报告质量。Huang et al. (2020)把交错采用普遍需求(UD)法作为诉讼风险的外生因素进行探讨,研究了经理人的诉讼风险对经理人在面对巨额盈余亏损时披露盈利警告的因果效应,发现普遍需求法的采用导致了管理者发布盈利警告的减少,尤其是在采用前面临较高诉讼风险的公司,即较高的诉讼风险激励管理者发布更多的盈利警告。

4) 高管特征

(1) 独董

关于独立董事(简称"独董")的特征,Rosenstein et al. (1990)将独立董事按职业分为财务型、公司型以及中立型三种类型,其中财务型独立董事是指具有银行或非银行金融机构的任职经验的独立董事。Park et al. (2004)的研究指出仅仅增加独立董事的数量不足以约束企业盈余管理行为,只有当独立董事具有财务相关背景,才有可能发挥监督作用,也就是说具备财务专业知识和经验是独立董事发挥治理作用进而提高企业会计信息质量的重要特征。

① 独董薪酬

基于独立董事薪酬的视角,张天舒等(2018)考察了独立董事对企业不当行为的治理作用,考察结果指出,若薪酬过低,独立董事由于受到的激励不足,主动监督企业行为的积极性会大大降低,因而不利于约束企业的盈余管理行为。

② 独董背景

王兵(2007)的研究认为独立董事在总体上难以发挥监督作用,但是具有会计专业背景的独立董事有能力帮助改善企业的盈余质量。赵德武等(2008)指出,良好的履职环境、会计从业背景以及人数规模均有助于独立董事发挥监督效应,提升企业会计稳健性。Xie et al. (2003)、胡奕明等(2008)均发现有会计专业背景的独董能够提高企业的盈余质量。DeFond et al. (2005)基于事件研究法研究了公司聘任具有会计专业背景独立董事这一事件引发的市场反应,他们发现公司聘任具有会计专业背景的独立董事会产生显著正面的市场反应，相比之下，公司聘任无会计专业背景的独立董事没有产生显著的市场反应。除了会计专业背景，还有学者研究了独立董事的信息技术背景。胡元木等（2016）从操控性研发投入的视角检验了具有技术背景的独立董事对企业真实盈余管理行为的影响，结果表明有技术背景的独立董事能够约束管理层操控研发投入的行为，进而能够提高企业会计盈余信息质量。他们还发现，当有技术背景的独立董事同时具有理论和实务界的职业背景时，更加能发挥其监督治理功能，而有技术背景的独立董事兼职的公司数量过多，则会抑制其监督作用的发挥。类似的，袁蓉丽等（2021）再次检验了董事的信息技术背景对企业盈余管理行为的影响，也发现董事的信息技术背景能够显著抑制盈余管理行为，且这种抑制作用主要体现在产品的市场竞争程度较低以及机构投资者持股比例较低的企业。

在我国，学者型独董大部分来自于高校以及科研机构，文化水平和知识储备水平都比较高。相较于其他人，他们所具备的强大的知识储备、严密的逻辑思维使他们形成了较强的处理信息的能力以及迅速分析、判断以及解决问题的能力，他们的意见也更加不容易被别人左右，这有助于他们更好地发挥监督职能。学者型独董为企业董事会补充了更加多元化的专业知识，帮助董事会做出更好的战略决策，有利于董事会更好地发挥监督职能。Francis et al.（2015）将会计专业独董分为学者型独董和非学者型独董，发现学者型独董对盈余质量的正向影响更强。学者型独董在企业履行监督、咨询等职能时会更加积极，并且遵守法律法规以及相关规章制度。Valentine et al.（2008）研究发现，教授的伦理标准与社会责任履行是显著正相关的。Cho et al.（2017）研究表明，相比于其他公司，董事会中有学者型董事的公司有更好的履行企业社会责任的表现。学者型独董比非学者型独董更有可能参与监督相关的委员会，如审计委员会和公司治理委员会等（Francis et al.，2015）。来自学术界的独立董事在监督和咨询方面具有显著作用（沈艺峰等，2016）。学者型独董拥有丰富的专业知识和较高的社会声誉，能够促进其在企业咨询与监督工作中更好地发挥专业性和独立性的作用，将有助于提升公司的盈余质量。向锐等（2019）也检验了学者型独董对企业盈余质量的影响，结果表明学者型独董能够显著提高企业盈余质量，且这种作用对于非国企来说更为明显。他们还进一步检验指出学者型独董声誉水平的提高也能显著提高公司盈余质量。

基于团队的视角，郑梅莲等（2012）考察了独立董事的团队异质性与会计信息质量之间的关系,发现独立董事团队的知识背景的异质性和年龄的异质性能够显著提高会计信息质量,而独董任期的异质性和所属行业的异质性与会计信息质量之间没有显著相关关系。

③ 独董声誉

独立董事发挥治理作用还依赖于声誉机制的作用,在相关法律制度不够完善的市场中,声誉是独立董事所采取的行为的主要约束。Sila et al. (2017)分析了独立董事的声誉激励与股票价格的信息量之间的关联性,发现独立董事在董事职位中的排名越高,公司股票价格中的公司特有信息含量就会越大。此外,受到较高的声誉激励的独立董事能够促使公司主动披露更多信息,降低公司股价崩盘的风险。从会计信息可靠性的角度,黄海杰等(2016)发现声誉较高的独立董事能够有效发挥监督作用,约束管理层的机会主义行为,提高会计信息的可靠性。

④ 独董参与度

Firoozi et al. (2019)研究了董事与公司总部的距离的接近程度如何影响财务报告质量,结果显示,董事会(审计委员会)中居住在公司总部附近的独立董事所占比例较大的公司,其财务报告质量要高于董事会由地理上比较分散的董事组成的公司。然而,在非本地董事中,非本地国内董事对财务报告质量的影响与本地董事相似。相反,与本地董事相比,美国董事的存在对财务报告质量有负面的影响。周军等(2019)考察了独立董事的交通便利性对企业盈余质量的影响以及调节因素,他们的考察结果表明,异地具有会计专业背景的独立董事的交通便利性能够显著提高企业的盈余质量,且相较于异地具有会计专业背景的独立董事,本地具有会计专业背景的独立董事更加能够抑制企业的盈余管理行为,但是交通便利的异地与本地具有会计专业背景的独立董事对企业盈余质量的提升作用并没有显著的差异,表明了交通便利性对于独董发挥治理作用进而提高企业盈余质量的重要性。

(2) CFO

邱昱芳等(2011)广泛研究了CFO的各类职业特征对盈余质量的影响,包括学历背景、专业资格背景、行业工作经验以及知识更新程度等方面,他们的研究结果表明,CFO的行业工作经验以及他们的知识更新程度都会对会计信息质量产生显著为正的影响,而其余几个特征对会计信息质量并未产生显著影响。王霞等(2011)主要研究了CFO的专业认证资格(CPA,注册会计师)对会计信息质量的影响,他们的研究结果表明,具有专业技术资格的CFO

能够显著降低会计错报发生的可能性以及会计错报的广泛性,进一步分析CFO的性别,他们发现女性CFO能够帮助企业提高会计信息质量。然而,刘笑霞等(2018)得出了相反的结论,他们发现女性CFO更有可能促进公司的盈余管理行为,降低企业信息质量。张川等(2020)基于财务重述的视角分析了CFO的个人特征、专业背景以及身份背景特征对企业会计信息质量的影响,他们发现年龄较高、学历较高、具有审计工作经验、没有政治关联以及CFO与CEO之间的权力差距较小的CFO所在的公司更不可能发生财务重述,会计信息质量更高。此外,秦璇等(2020)从财务总监(CFO)首次入职公司时的经济状况这一特征出发,结合烙印理论,研究了其与企业盈余管理行为之间的相关性。他们研究发现,当CFO首次入职时若经济状况较差,则公司的盈余管理程度更低,公司的股权性质、所处地区的市场化程度以及股权分置改革都会对此效应产生影响。

(3) 董秘

周开国等(2011)广泛研究了董秘个人特征、背景特征以及持股情况对企业信息披露质量的影响,他们发现董秘的年龄、任职期限、学历背景、兼职状况以及相关工作经验等特征与企业信息披露质量之间没有显著的相关性,而董秘持股则会降低企业信息披露质量,他们的结论表明董秘的特征还未能较好地发挥公司治理作用,董秘相关制度进一步完善的空间较大。基于社会资本嵌入的理论,高凤莲等(2015)从横向、纵向以及声誉等三个层面综合构建指标来对董秘的社会资本进行衡量,考察了董秘社会资本对企业信息披露质量的影响。他们发现董秘的社会资本显著提高了企业的信息披露质量,这种影响尤其体现在法律保护水平较低或社会信任水平较低的地区。林长泉等(2016)研究董秘的性别与企业信息披露质量的相关关系,他们发现女性担任董秘并没有显著提高企业的信息披露质量,反而可能会降低企业信息披露质量,尤其是在规模较大的企业中。卜君等(2018)聚焦董事会秘书的兼任情况,他们的研究结果表明,相较于仅有单一身份的董秘,兼有多重身份的董秘更加能够发挥监督作用,显著提高了企业的信息披露质量;同时,兼任高管或执行董事的董秘提升信息披露质量的效果更佳。

(4) 性别

在经济背景下,女性比男性更倾向于规避风险(Eckel et al.,2008)。在公司环境中,Adams et al.(2009)发现,女性董事占比较高的董事会由于具备更好的道德导向而有助于改善公司治理,但同时因为更低的风险承担能力会降低公司绩效。Betz et al.(1989)认为,男性比女性更有可能为了个人利益而违反法律和有关费用报告的政策。同样,Kaplan et al.(2009)的研究表明,女性董事比男性董事更不可能参与虚假财务报告事件。同时,一些研究表明,与男性董事相比,女性董事更厌恶风险,决策行为更保守(Adams et al.,2009;Carter et al.,2003;Francis et al.,2015)。为了最大化他们的激励薪酬,男性高管比女性高管更容易操纵盈余(Arun et al.,2015;Cheng et al.,2005)。杜兴强等(2017)实证检验了高管性别与盈余管理行为之间的相关关系,结果发现女性高管比例与盈余管理行为之间存在倒 U 型的关系,说明女性高管会对企业盈余管理行为产生非对称性的影响。

(5) 高管审计背景

企业制度的两权分离和信息不对称会产生委托代理问题,作为理性经济人,有审计背景的高管在拥有内部信息优势的情况下,为获得更高的报酬,有动机进行盈余管理以实现业绩目标。在会计师事务所的工作经验可以帮助有审计背景的高管提高相关专业知识水平以及知识运用能力,这使得他们对审计的一般流程和方法具有很强的预测能力,提前预知可能被发现的操纵行为使得他们有能力将盈余管理活动"粉饰"得令人难以察觉。拥有审计背景的高管可以在实施盈余操纵行为的同时获得审计师的认可。

随着外部监管机制的日趋完善,会计准则赋予管理层对交易和事项会计处理方法进行选择的自由裁量权缩小,基于应计项目的盈余管理行为越来越容易受到审计师和监管者的注意,而被监管的可能性较低、操纵更为隐蔽的真实盈余管理越来越受到高管的偏爱。而如果企业想要通过对真实业务活动进行操纵实现盈余管理,就必须在会计年度结束之前做出最后决策,这一决策更加需要拥有专业知识和职业判断力的高管。相较于具有其他背景的高管,具有审计背景的高管具备明显的专业知识优势,因而更擅长进行真实盈余管理,这一推论得到了现有文献的实证证据支持。蔡春等(2015)的实证研究指出,高管具有审计背景的公司为了实现低监管风险下的自身利益最大化,有动机从应计盈余管理转变为实施真实盈余管理行为,验证了高管的审计背景与公司财务信息质量的负相关关系以及高管的审计背景与公司审计风险的正相关关系。

5) 高管激励

Watts et al.(1990)提出了企业进行盈余管理的三大可能的动机——奖金计划、债务契约和政治成本,并且指出公司内部合约的激励是盈余管理行为的主要诱因之一。Warfield et al. et al.(1995)的研究指出,高管的股权激励能够通过降低股东与管理层之间的代理冲突来提高会计信息的相关性。LaFond et al.(2008)同样发现高管的股权激励能够降低管理者与股东间的代理冲突,进而提升会计稳健性。然而,Cheng et al.(2005)的研究发现较高水平的股权激励会诱使管理层为了自身利益而实施盈余管理行为来影响股价。Abernethy et al.(2017)也发现基于业绩的报酬与较高的收益操纵水平有关。Erickson et al.(2006)却发现,高管股权激励与公司财务欺诈之间并无显著关联,即股权激励在提升会计信息可靠性方面是无效的。

苏冬蔚等(2010)基于股权分置改革这一事件分析比较了高管股权激励的治理效应,他们发现相较于股权分置改革之前,股权分置改革后高水平的股权激励对盈余管理的抑制作用大大减弱了。以14个代表性垄断行业为研究对象,杨蓉(2012)发现管理层有动机通过盈余管理操纵会计信息来实现自身权力最大化,而管理层权力与高管的薪酬激励显著正相关,表明薪酬激励是公司进行盈余操纵的原因。陈冬等(2012)考察了高管薪酬和公司避税对会计信息披露质量的交互作用,他们发现公司会计信息质量随着企业避税程度的增加而下降,而高管薪酬能够显著缓解这两者之间的负相关关系。张娟等(2014)的发现还表明货币薪酬激励能够明显地约束高管的机会主义行为,降低盈余管理的可能性,但这种抑制作用在高管同时拥有股权激励时会被弱化。罗宏等(2016)结合了攀比的心理特征,检验了高管薪酬攀比对企业盈余质量的影响。他们发现当高管薪酬远低于同行业的可比公司给定的高管薪酬时,高管的攀比心理动机越强,越有可能进行盈余管理来实现自身利益的增加,且更有可能采取对真实业务活动进行操纵的真实盈余管理行为。刘宝华等(2016)考察了实施股权激励计划的公司的盈余管理方式的选择问题,他们发现高管薪酬类型如是否包含股权能够影响企业盈余管理方式的选择。刘银国等(2018)区分了激励性和非激励性的股权激励计划,他们的研究结果表明,相较于采取非激励性股权激励计划的公司,采取激励性股权激励计划的公司更有可能实施真实盈余管理,且实施的程度更大;股权激励计划中所规定的行权条件越严格,管理层越有可能实施真实盈余管理来达到条件。

6) 下属高管

来自CEO的实现短期业绩目标的压力是公司实施盈余管理行为的动机之一。虽然与CEO相比,关键下属高管可能面临类似甚至更大的短期绩效压力,但关键下属高管有更长远的视野,他们会更关注长期的公司价值。首先,许多关键下属高管的职业发展目标之一就是能升任本公司的 CEO 一职。研究表明,68.6% 的 CEO 是从公司内部进行提拔的(Cremers et al.,2014)。那么,作为未来的潜在 CEO,相比于短期盈利目标,这些下属高管更关心公司的现金流情况以确保公司的持续经营能力。由于投资回报的延迟性,如果下属高管能够在后期成为本公司的 CEO,那么他们任期前期甚至整个任期中公司业绩水平在很大程度上是由如今的投资项目所决定的。因此,相比于牺牲公司长期利益实施盈余操纵以达到短期的盈利目标,下属高管更有可能关心公司的长期利益以便为自己的未来铺路。其次,如果公司表现不佳或经营失败,相比于 CEO,下属高管可能会面临更大的损失。关键下属高管的年龄往往小于 CEO,这意味着下属高管会有更长的后期职业生涯,未来薪酬会在他们人生总收入和财富中占据更大比例。虽然 CEO 也可能遭受公司业绩不佳的影响,但年轻高管往往会因为经营水平不佳所带来的声誉损失而降低后续在经理人市场的身价,丧失晋升机会导致收入减少。最后,Fama(1980)认为,一般来说,下属高管的外部工作机会取决于其他下属高管和 CEO 的行为和公司业绩水平,这种效应可以激励下属高管更注重公司的长远利益,监督 CEO 的行为,防止 CEO 的短视行为损害公司长远利益。

综上所述,相比于 CEO,下属高管往往拥有更加宏观的视野和长远的目光。下属高管的视野越宏观目光越长远,他们就越有动机不为短期目标牺牲长期价值。下属高管不仅有动机,而且他们也有能力影响 CEO 的决策。当前 CEO 的薪酬往往取决于公司当期的业绩水平,而下属高管的工作努力程度往往会对公司的业绩水平施加重要的影响,如果 CEO 不考虑下属高管的利益,那么下属高管的工作努力程度往往会降低甚至可能消极怠工,导致公司当期业绩水平降低进而影响 CEO 的薪酬(Allen et al.,2000;Acharya et al.,2011)。考虑到这一点,考虑下属高管的利益以激励下属高管更努力地工作,是有利于 CEO 自身利益的最大化的(Landier et al.,2009)。如果 CEO 选择实施会损害公司长期利益的真实盈余管理行为,那么关键下属高管出于自身利益考虑,往往会降低自己的工作努力程度。考虑到这一点,CEO 将不太可能实施真实盈余管理。换句话说,为了保持和下属利益的一致性,激励下属高管努力工作,达到双方互惠互利,CEO 不会选择实施真实盈余管理行为损害公司长远利益。

此外,CEO 实施真实盈余管理往往需要下属高管的帮助,真实盈余管理需要通过实际的交易和生产活动实现,而下属高管往往比 CEO 更了解自己部门的生产经营情况。举例来说,生产部门的下属高管可能会了解更多关于原材料供应和客户需求的信息;而负责研发的下属高管更能够影响企业是否以及在多大程度上减少当期的研发。也就是说,虽然 CEO 拥有正式的决策权,但由于下属高管的信息优势,他们拥有影响公司生产经营的实际权力,即他们拥有对决策的有效控制权(Aghion et al.,1997)。因此,CEO 将不得不考虑下属高管的偏好。

总的来说,关键下属高管的视野和影响企业生产经营决策的能力能够抑制 CEO 的短视行为。关键下属高管目光越长远,影响企业生产经营决策的能力越强,公司内部治理机制越有效,公司实施真实盈余管理的可能性越小。

7) 高管变更

Strong et al. (1987)认为,在高管变更的过程中,继任者的来源的差异会带来公司盈余管理行为的不同。如果继任者来自公司外部而不是从内部提拔,公司更有可能会出现延迟确认收益,即将变更当年的利润调整至变更后几年进行确认的利润操纵行为,以制造继任后利润持续增高的假象,美化自己的经营业绩。DeAngelo(1988)发现企业高管在代理权的竞争中会实施向上应计盈余管理行为以保住自己的职位。Pourciau(1993)发现,在出现非常规变更的公司中,他们的离任 CEO 并不会实施应计盈余管理以操纵盈余,但继任 CEO 在变更的当年却会实施应计盈余管理向下调低利润,并将利润下滑的责任归咎已离职的 CEO;而在其继任的后一年,他们会实施应计盈余管理向上调增利润,以伪造自己的经营能力强于前任 CEO 的假象。Geertsema et al. (2020)发现在 CEO 离职后,美国公司会调整实际业务活动,以实施盈余管理避免收益下降,这种影响在机构所有权水平较低的企业中更为明显。

国内也有较多研究探讨了高管变更对盈余管理的影响。杜兴强等(2010)发现高管变更会导致公司的盈余管理水平上升,尤其是向下的盈余管理水平,这种情况在继任 CEO 不是由内部提拔而是来自于公司外部时更加明显。朱星文等(2010)的研究也发现,发生高管变更的公司,变更的当年存在比较严重的向下的盈余管理现象;但公司的国有产权和大股东制衡能在一定程度上缓解这种现象,即相比于非国企,国企的高管变更所导致的变更当年出现的向下盈余管理水平更低。林永坚等(2013)考察了上市公司发生总经理变更后的盈余管理行为,他们发现在总经理变更当年,上市公司利用应计盈余管理来调减利润的行为增加,但没有实施真实盈余管理行为。

表5-4为上述管理层对公司盈余质量问题的治理效应研究的分类总结。

表5-4 管理层对公司盈余质量问题的治理效应研究

内部治理机制	影响因素	主要观点	相关研究
管理层	管理层能力与权力	高能力管理者会实施更多的盈余管理行为	Baik et al.(2020)
		管理者权力对盈余管理有正反两种影响	Guay et al.(1996)
		权力大的管理者更容易进行盈余管理	林芳等(2012);潘红波等(2016)
	管理层联结	会计信息质量随着联结企业的会计信息质量的提高而提高	张娆(2014)
		管理层联结有利于会计信息质量的提高	黄芳等(2020);宁美军等(2021);周晓苏等(2017)
		管理层联结不利于会计信息质量的提高	汪芸倩等(2019);朱朝晖等(2020)
	CEO	CEO的海外背景与企业盈余管理之间存在显著的负相关关系	Beatty et al.(1987);Demerjian et al.(2012);Duan et al.(2017);Slater et al.(2009);Suutari et al.(2007);Zhang et al.(2015);杜勇等(2018);高雷等(2008)
		有从军经历的高管发生盈余操纵行为的可能性较低	许楠等(2019)
		任期短的CEO比任期长的CEO更会进行盈余管理	Ali et al.(2015);Hazarika et al.(2012);Milbourn(2003);陈德球等(2011)
		在任职初期以及离任的前一年实施盈余管理行为	许言等(2017)

续表

内部治理机制	影响因素	主要观点	相关研究
管理层	高管特征	CEO的自恋倾向会是盈余管理的动机	Aktas et al.（2016）；Ali et al.（2015）；Chatterjee et al.（2011）；Dimitropoulos et al.（2016）；Ham et al.（2017）；Kim（2018）；McManus（2018）；Tang et al.（2018）
		CEO的双重角色会降低盈余质量	Dimitropoulos et al.，2010；许楠等（2016）；徐奕红等（2020）
		CEO的声誉会影响企业的盈余质量	He（2015）；Huang et al.（2020）；徐宁等（2020）
		独董薪酬过低不利于降低盈余管理水平	张天舒等（2018）
		有专业或学术背景的高管更能约束盈余管理行为	Cho et al.（2017）；DeFond et al.（2005）；Francis et al.（2015）；Valentine et al.（2008）；Park et al.（2004）；Xie et al.（2003）；胡奕明等（2008）；胡元木等（2016）；沈艺峰等（2016）；王兵（2007）；向锐等（2019）；袁蓉丽等（2021）；赵德武等（2008）
		独立董事的团队知识背景的异质性和年龄的异质性能够显著提高会计信息质量	郑梅莲等（2012）
		声誉较高的独立董事能约束盈余管理行为	Sila et al.（2017）；黄海杰等（2016）
		独董参与度越高越能降低盈余管理水平	Firoozi et al.（2019）；周军等（2019）
		CFO的各类职业特征以及性别会对会计信息质量产生影响	刘笑霞等（2018）；秦璇等（2020）；邱昱芳等（2011）；王霞等（2011）；张川等（2020）
		董秘的相关特征，例如持股比例、社会资本、性别、兼任情况等会对信息披露质量产生影响	卜君等（2018）；高凤莲等（2015）；林长泉等（2016）；周开国等（2011）

续表

内部治理机制	影响因素	主要观点	相关研究
管理层		女性董事比男性董事更约束盈余管理行为	Adams et al.（2009）；Arun et al.（2015）；Betz et al.（1989）；Carter et al.（2003）；Cheng et al.（2005）；Eckel et al.（2008）；Francis et al.（2015）；Kaplan et al.（2009）
		女性高管会对企业盈余管理行为产生非对称性影响	杜兴强等（2017）
		高管的审计背景与公司财务信息质量之间存在负相关关系	蔡春等（2015）
	高管激励	高管激励会降低盈余管理水平	LaFond et al.（2008）；Warfield et al.（1995）；陈冬等（2012）；罗宏等（2016）；张娟等（2014）
		高管激励会提高盈余管理水平	Abernethy et al.（2017）；Cheng et al.（2005）；Watts et al.（1986）；苏冬蔚等（2010）；杨蓉（2012）
	下属高管	高管激励与盈余管理水平无关	Erickson et al.（2006）
		关键下属高管的视野和影响企业生产经营决策的能力能够抑制CEO的短视行为	Acharya et al.（2011）；Aghion et al.（1997）；Allen et al.（2000）；Cremers et al.（2014）；Fama（1980）；Landier et al.（2009）
	高管变更	高管变更会提高盈余管理水平	DeAngelo（1988）；Geertsema et al.（2020）；Pourciau（1993）；Strong et al.（1987）；杜兴强等（2010）；林永坚等（2013）；朱星文等（2010）
		高管的非常规变更不会影响盈余管理水平	Pourciau（1993）

5.3.1.6 内部控制

大部分学者都认为企业的内部控制能够约束盈余管理行为。Donaldson（2005）认为建立健全内部控制机制，可以对上市公司会计信息质量起到持续、高效的监督和改善作用。Ashbaugh-Skaife et al.(2008)从会计应计项目的质量这一角度切入,探讨会计信息质量受内部控制制度的影响程度。Ashbaugh-Skaife et al.(2007)对内部控制与会计信息质量之间的相关关系进行了考察,发现良好的内部控制能够显著改善公司的会计信息质量,相反,存在内控缺陷往往与较低的会计信息质量相关。Doyle et al.(2007)也发现内部控制缺陷的存在与盈余质量呈现显著的负相关关系。Ashbaugh-Skaife et al.(2008)的研究结果显示,对于前期存在财务报告内控缺陷的公司,如果本期经注册会计师审计,已经对已有的内控缺陷进行了修正,那么相对于尚未修正的公众公司来说,盈余质量较高。Chan et al.(2008)的实证研究结论也表明企业内部控制缺陷的存在与过度盈余管理行为正相关。Goh et al.(2011)从会计稳健性的角度进行分析,结果同样表明内部控制缺陷与企业的会计信息质量显著负相关。对于真实盈余管理,Lenard et al.(2016)、Järvinen et al.(2016)认为,薄弱的内部控制环境为企业提供了操纵真实经济活动来调整盈余的机会,外部人员很难发现或约束。因此,高质量的内部控制将会制约企业的真实盈余管理。

樊进科等(2002)首先对内部会计控制这一名称给出了全新的概念界定。具体来说,将内部会计控制界定为,出于保证高标准的企业会计信息生成的目的,借助财务流程控制、不相容的职责互相分离、会计凭证传递与保管流程等各种措施的集合。内部会计控制的建立健全将有助于企业在日常经营核算过程中,形成自动纠错防弊的机制,以保护整个会计核算管理系统安全有效。内部会计控制系统是一系列相互联系并制约的措施和手段的总称。此概念与本节的研究重心基于财务报告的内部控制类似。内部会计控制作为企业内部控制的一环,侧重于强调对财产物资的安全性、会计信息的真实可靠性、信息披露的及时性加以保障。刘亚莉等(2004)研究发现企业内部控制制度的建立与执行水平,将影响企业的会计信息质量,进而也在一定程度上影响企业的整体质量。方春生等(2008)扎根中国石化公司,利用其海外上市地位,采用实地调研方法研究内控方案对会计信息质量的影响,发现内控制度的建立有助于强化财报的"如实反映""可验证性"等会计信息可靠性特征。吴益兵(2012)检验了内部控制对盈余管理的影响,发现了内控与盈余管理行为之间的负相关关系,即内控制度能够有效抑制公司的盈余管理行为。方红星等(2011)认为,薄弱的内部控制通过增加生产、交替销售、削减研发和广告支出以及降低运营成本,为真正的盈余管理提供了机会。基于此,他们对高质量的内控制度如何影响企业盈余管理行为进行了深入研究，发现高质量的内部控制制度能够显著抑制企业盈余管理行为，并且披露了内控制度鉴证报告的企业的盈余管理程度更低。叶建芳等(2012)进一步检验了内部控制缺陷及其修正与企业盈余管理行为之间的相关关系，同样发现相较于不存在内控制度缺陷的公司，内控制度存在缺陷的公司更有可能进行大幅度的盈余管理，而当内控制度缺陷得到改进之后，公司的盈余管理程度则会显著降低。黄惠平等(2012)比较了自愿披露内控制度自我评估报告以及内控审计报告的公司与具有类似特征的未披露公司，发现他们的会计信息质量以及企业价值均有明显差异，表明自愿披露内控报告的企业具有更高的盈余质量。程小可等(2013)同样基于内部控制自愿性披露的视角，聚焦真实盈余管理行为，进一步分析了内控制度对盈余管理行为的影响，他们的研究结果表明自愿披露内控鉴证报告的公司进行真实盈余管理的可能性更低，同时应计盈余管理行为也更少。刘启亮等(2013)进一步检验了管理层权力对内部控制与会计信息质量之间关系的调节作用，他们的研究结果表明内部控制对企业信息质量的促进作用被管理层权力强度所缓和。范经华等(2013)则进一步研究了内部控制和审计师专长之间的交互作用，他们发现高质量的内控制度一方面能够抑制企业的应计盈余管理行为，另一方面和审计师的专长具有互补效应，即良好的内部控制制度能够放大审计师专长对企业盈余管理行为的抑制作用。管考磊等(2019)发现良好的内部控制机制和高质量的审计师在企业声誉对盈余质量的影响中起到中介作用，即高声誉企业更有可能实施有效的内部控制，进而提高企业信息质量。

然而，也有少部分学者持相反的看法。张国清(2008)以上海证券交易所A股上市公司为样本，发现高质量的内部控制并不伴随着高质量的盈余。研究还发现，应计盈余质量并没有随着内部控制质量的提高而提高。范经华等(2013)发现高质量的内部控制并不有助于约束公司的真实盈余管理。Hogan(2008)和Bedard et al.(2012)按照公众公司是否存在内部控制缺陷这一标准，对样本公司分类后进行对比实证研究，他们发现是否存在内部控制缺陷与会计信息质量没有显著关联。

上述内部控制与盈余质量关系的相关研究可以分类总结如表5-5所示。

表 5-5　内部控制对公司盈余质量问题的治理效应研究

内部治理机制	影响因素	主要观点	相关研究
内部控制	内部控制机制	企业严格的内部控制机制能够约束盈余管理行为	Ashbaugh-Skaife et al.（2008）；Beng（2008）；Chan et al.（2008）；Donaldson（2005）；Doyle et al.（2007）；Järvinen et al.（2016）；Lenard et al.（2016）；程小可等（2013）；范经华等（2013）；方春生等（2008）；方红星等（2011）；管考磊等（2019）；黄惠平等（2012）；刘启亮等（2013）；刘亚莉等（2004）；吴益兵（2012）；叶建芳等（2012）
		企业严格的内部控制机制并不有助于约束公司的盈余操纵行为	Bedard et al.（2006）；范经华等（2013）；Hogan（2008）；张国清（2008）

5.3.2　外部监督

5.3.2.1　外部审计

在审计的治理作用方面，Becker et al.（1998）发现高质量的外部审计能够遏制管理层粉饰利润等机会主义行为，降低公司的盈余管理水平。黄新建等（2011）的结论同样表明高质量的外部审计能够识别并约束企业的盈余管理行为，提高信息质量，他们还指出这种抑制作用受到政治关联的调节作用。李江涛等（2012）进一步考察了审计质量对基于真实交易的盈余管理行为的影响，他们发现相较于被非四大会计师事务所审计的公司，被四大会计师事务所审计的公司的真实盈余管理水平更高，进而得出了企业利用更为隐蔽的真实盈余管理行为躲避外部高质量审计的研究结论。管考磊和张蕊（2019）也指出企业声誉对盈余管理的抑制作用部分是通过选择高质量的审计师来实现的。

在审计师声誉方面，Teoh et al.（1993）认为审计师的声誉会影响企业会计信息含量，相较于美国八大会计师事务所，非八大会计师事务所所审计的企业的盈余反应更差。谢志明等（2012）研究发现，不确定性较高以及信息不对称程度较高的拥有高投资机会的上市公司拥有较高的盈余管理水平，尽管高声誉的审计师能够在一定程度上约束公司的盈余管理行为，但效果并不十分明显，即审计师的声誉对不同投资机会的上市公司的盈余管理行为并未产生显著影响。Cook et al. (2020)研究了声誉在审计师与客户匹配中的作用，发现同一审计师的客户具有类似的不当行为特征。他们还发现，审计师基于声誉对行为高度不当的客户的接受程度可以预测他们的新客户未来的不当行为。也就是说不在乎声誉的审计师所对应的客户更可能有不当行为。此外，Aghazadeh et al. (2020)发现许多审计公司会使用客户关系管理工具（例如客户满意度调查），然而过度强调客户关系质量可能会使审计师容易受到客户的影响。

在审计特征方面，Gul et al. (2006)研究表明审计师的"非审计业务"会降低企业的会计信息相关性，且上述效应在非六大会计师事务所中更为明显。Caramanis et al. (2008)考察了审计师努力程度与企业盈余管理之间的关系，其中审计师努力程度使用审计师工作小时数进行衡量，结果发现，审计师的努力程度与企业正向盈余管理行为显著负相关，表明审计师能抑制企业的不当行为，提高信息质量。沈玉清等(2009)指出审计任期的延长有助于审计师深入了解企业各类经营管理状况，进而提升盈余质量，但是该效应仅存在于公司治理较好的企业中。朱松等(2010)指出，由于自我满足、动力缺失、流程规范性与审计师独立性下降，任期较长的审计师很可能会降低审计标准，进而对企业的会计稳健性产生负向影响。张建勇(2014)基于审计师变更的视角研究审计师对盈余管理的影响，他们的研究结果表明，审计师变更会影响审计师的独立性进而影响审计师作用的发挥，可能会引发公司管理层实施盈余操纵等不当行为，使企业的会计稳健性大大降低。蔡利等(2015)聚焦企业真实管理行为，研究审计师的公司治理作用。他们发现审计师不仅能够发现真实盈余管理现象的存在，还将真实盈余管理作为考虑的风险因素来修改审计定价决策；针对盈余管理行为，事务所会提高团队水平并增加额外的审计努力来降低审计风险。蔡利等(2018)的后续研究进一步发现事务所会通过选派更加有经验的审计师、收取高额的审计费用来应对难以觉察的真实盈余管理行为。王守海等(2020)检验了公允价值计量的会计政策对企业盈余管理行为的影响以及审计师行业专长对这一影响的调节作用，他们的研究结果表明，审计师行业专长没有办法有效地约束公司运用公允价值计量的方法进行盈余管理的行为，表明审计师的外部监督作用并非总是有效的。闫焕民等(2020)实证检验了审计师的工作压力与企业盈余质量之间的相关关系，并且进一步检验了不同事务所组织机制支持的调节作用。他们的结论表明，审计师的工作压力会对企业盈余质量产生负面影响，而在更高的行业专长水平以及更大的事务所组织支持力度的情况下,审计师的工作效率会有所提高,工作压力对盈余质量的负面效应会被缓解。刘笑霞等(2022)聚焦签字会计师的个人经验进行分析,结果表明,虽然两位签字会计师的平均一般经验抑制企业真实盈余管理行为的作用较小,但签字会计师的平均行业经验能够显著抑制企业的盈余管理行为,此外,复核合伙人的一般经验以及行业相关经验也能显著抑制两类盈余管理行为。柳木华等(2020)的研究则从利用专家工作的角度证明审计师能够抑制公司的应计和真实盈余管理行为。

上述审计师对公司盈余质量问题的治理效应研究的分类总结如表 5-6 所示。

表 5-6 审计师对公司盈余质量问题的治理效应研究

外部治理机制	影响因素	主要观点	相关研究
审计师	审计质量	高质量的审计能抑制企业的盈余质量问题	Becker et al. (1998);管考磊等(2019);李江涛等(2012);黄新建等(2011)
	审计师声誉	审计师的声誉会影响企业的盈余质量,但对于显著程度以及影响方向还未得出一致的结论	Aghazadeh et al. (2020);Cook et al. (2020);Teoh et al. (1993);谢志明等(2012)
	审计特征	非审计业务占比、审计师工作努力程度、审计师任期、审计师变更、审计师特长等都会影响企业的盈余质量	Caramanis et al. (2008);Gul et al. (2006);蔡利等(2015);蔡利等(2018);柳木华等(2020);刘笑霞等(2021);沈玉清等(2009);王守海等(2020);闫焕民等(2020);张建勇(2014);朱松等(2010)

5.3.2.2 分析师

Sun et al. (2011)发现分析师跟踪数量的增加能够促使企业采用更为稳健的会计政策。Yu(2008)指出分析师跟踪可能会对企业会计信息质量产生两种截然不同的影响,一种是有效监督公司管理者的行为,减少企业盈余管理发生的可能性,另一种是加大管理层的业绩压力,进而增加企业盈余管理活动。LaFond et al. (2008)认为分析师的关注能显著减少管理者与股东之间的信息不对称。He et al. (2020)探讨了金融分析师对公司欺诈披露的反应,认为分析师在欺诈披露后降低了欺诈公司的预测盈利水平,以示其质量和诚信。Christensen et al. (2021)研究了分析师覆盖范围的外生变化如何影响经理人自愿披露(非 GAAP)绩效指标的可能性和其非 GAAP 披露的相对质量,发现在分析师覆盖范围缩小后,经理更有可能披露非 GAAP 每股收益(EPS)数字,表明分析师的监督阻止了激进的非 GAAP 披露。

江轩宇等(2012)聚焦于分析师的独立性,进一步考察了分析师对公司盈余管理的影响,结果表明相较于投行分析师,独立分析师能够更好地抑制企业的盈余管理,且对正向盈余管理的抑制作用更加显著。赵玉洁(2013)发现分析师关注有利于遏制经理层的短期盈余管理行为,其对现任和未来股东利益的关注,有利于保护未来股东的利益。李春涛等(2014)的研究表明,分析师能够发挥外部监督作用,抑制盈余管理及财务报告微利等降低信息质量的行为,但这种监督作用仅体现在声誉较高的公司。进一步的,在比较分析师对不同类别盈余管理的监督效果差异后,李春涛等(2016)指出分析师虽然能够有效抑制应计盈余管理,但可能导致公司管理层转向更为隐蔽的真实盈余管理。

表 5-7 为上述分析师对公司盈余质量问题的治理效应研究的分类总结。

表 5-7　分析师对公司盈余质量问题的治理效应研究

外部治理机制	影响因素	主要观点	相关研究
分析师	分析师关注	分析师关注能提高企业的盈余质量	Christensen et al.（2021）；LaFond et al.（2008）；Sun et al.（2011）；Yu（2008）；李春涛等（2014）；赵玉洁（2013）
	分析师独立性	分析师关注会降低企业的盈余质量	Yu（2008）；李春涛等（2016）
		分析师独立性越高,对公司盈余质量问题的治理效应越明显	江轩宇等（2012）

5.3.2.3　媒体

Dyck et al.(2002)利用来自 120 多个国家和地区的数据,强调了媒体能够发挥公司治理的作用,迫使公司以股东和整个社会都能接受的方式行事。Miller(2006)强调了媒体在报道公司欺诈行为和其他不良行为方面的有效性。根据他的研究,如果潜在感兴趣的受众范围更广,那么媒体更有可能报道欺诈行为,但没有证据表明商业媒体在这类行动中更有效。Dyck et al.(2008)研究了俄罗斯媒体的作用,他们发现,通过迫使公司改变决策和要求当局采取行动,关于公司欺诈的新闻报道可能会有效地扭转公司的不良行为。在欠发达国家,受国家经济和政治制度控制较少的外国媒体在公司治理行动方面更加有效,潜在的检举人必须有正确的动机以保证其有效性。Dyck et al.(2010)强调,只有记者才有职业动机去检举公司的不良行为,而且仅限于足够大的案件,但可以通过货币激励来克服这种报道动机不足的困难。Dai et al.(2015)在某种程度上把媒体的公司治理角色和信息传播角色结合起来,认为媒体在降低内幕交易吸引力方面起到了一定的作用:媒体一方面能够减少信息不对称,另一方面增加了内幕交易暴露后的诉讼风险。An et al.(2020)提供证据说明媒体覆盖率越高,企业隐瞒坏消息的倾向就越低。

于忠泊等(2011)考察了媒体关注对企业盈余管理的影响。他们认为大量的媒体关注大大增加了企业的信息透明度,缓解了信息不对称现象,同时也增加了管理者面对的市场压力,迫使管理层实施基于应计项目的盈余管理行为来满足市场的盈利预期,这种市场压力在分析师跟踪数量多以及机构投资者持股比例高的情况下更为突出;他们还指出,管理者面对短期市场压力不会选择伤害公司长期业绩的真实盈余管理行为。进一步的,于忠泊等(2012)分析了市场压力的来源及其对管理者行为决策的影响,他们发现媒体关注显著增加了盈余信息的短期市场反应,并且减少了长期视角的盈余公告后漂移现象,媒体关注的这种效应主要体现在外部市场化环境较差的地区。他们的研究进一步验证了媒体关注能够减少信息不对称,并且通过影响资本市场信息发挥外部治理作用。应千伟等(2017)的研究得出了类似的结论,即媒体关注能够大大增强个人投资者的关注度进而增加管理层面临的市场压力,实施更多的基于应计项目的盈余管理行为。王福胜等(2021)基于百度搜索指数的数据,从投资者异常关注的视角研究了网络媒体报道对盈余管理的影响机制,他们的研究结果也指出,网络媒体报道能够诱发投资者对上市公司的异常关注,对公司管理层造成外部市场压力,迫使公司管理层实施更多的盈余管理行为。

此外,Besley et al.(2006)强调媒体的公司治理作用可能会受到政府影响力的调节。You et al.(2018)考察了政府控制对媒体的公司治理作用的影响。还有文献指出媒体关注的负面作用。彭情等(2019)的研究结果指出媒体传闻与会计盈余的价值相关性呈现出显著的负相关关系,并且负面传闻与盈余价值相关性的负相关关系更明显。他们的研究结果指明,媒体不完全发挥正面治理作用,传闻很可能会扰乱资本市场的信息环境,不利于公司盈余质量的提升。

表 5-8 为上述媒体对公司盈余质量问题的治理效应研究的分类总结。

表 5-8 媒体对公司盈余质量问题的治理效应研究

外部治理机制	影响因素	主要观点	相关研究
媒体	传统媒体关注	传统媒体关注能提高企业的盈余质量	An et al.(2020);Dai et al.(2015);Dyck et al.(2002);Dyck et al.(2008);Miller(2006);于忠泊等(2012)
		传统媒体关注会降低企业的盈余质量	彭情等(2019);应千伟等(2017);于忠泊等(2011)
	网络媒体关注	网络媒体关注具有压力效应,反而会降低企业的盈余质量	王福胜等(2021)

5.3.2.4 机构投资者

Koh(2003)基于澳大利亚上市公司的研究样本对机构投资者持股与盈余管理之间的关系进行研究,他首先分析了学术界关于这一问题的两种相反的论述:一种是机构投资者持股增加了管理层面对的短期压力,因此促进了盈余管理行为;另一种是机构投资者有动机和能力发挥监督的作用,进而抑制管理者的盈余管理行为。在此基础上,Koh 提出了自己的理论观点,并利用澳大利亚上市公司的数据进行检验,结果发现当机构持股比例较低时,机构投资者的投资更看重短期收益,会正向影响管理层的盈余管理行为,而当机构持股比例较高时,机构投资者的投资更看重企业的长远发展,这时则会约束管理层的盈余操纵行为。Francis et al.(2005)进一步区分了机构投资者的类型,将机构投资者分为勤勉型、短暂型和准指数型三种,他们分别研究了不同类型机构投资者对盈余质量的影响,结果发现三种类型的机构投资者中,勤勉型的机构投资者最有动机去监督企业财务报告质量,当公司的机构持股股东中大部分为勤勉型时,管理层实施盈余管理行为的可能性会显著降低。Velury et al.(2006)的研究也发现机构投资者对公司管理层的机会主义行为发挥了有效的监督作用,能够帮助提高企业会计信息的预测价值和反馈价值,还能够提高企业会计信息的可验证性和及时性等。Ramalingegowda et al.(2012)的研究结论还指出,相较于个人投资者,机构投资者更有能力去监督上市公司的信息披露行为,提高企业的会计稳健性水平。聚焦机构投资者的海外背景,Lel(2019)调查了不同的投资者保护水平下,外国机构投资者(Foreign Institutional Investors,FIIs)在约束企业的盈余管理活动方面的作用。调查结果表明,企业的盈余管理行为随着独立外国机构投资者的增加而减少,特别是那些位于对投资者保护薄弱国家的企业和拥有更大增长机会的企业。Park et al.(2019)研究了共同所有权即投资者同时拥有竞争公司的大量股权的情况是否会影响自愿披露,他们发现共同所有权与企业的信息披露水平之间呈现出显著的正相关关系。Garel et al.(2021)考察了机构投资者注意力分散对企业盈余管理的影响,结果发现注意力分散的机构股东所持股的公司的应计盈余管理活动和真实盈余管理活动都处于较高水平,表明机构投资者需要集中注意力才能更好地发挥外部监督作用。

国内也有较多文献对机构投资者与盈余质量之间的关系进行了检验。程书强(2006)较为系统地探索了我国市场中机构投资者对会计信息可靠性的影响,他的研究结果表明,机构投资者对于提升盈余信息及时性以及抑制应计盈余管理行为的重要意义,机构投资者能够增强企业盈余信息的真实性和可靠性,改善公司治理结构和盈余质量。孙刚(2012)聚焦真实盈余管理行为,进一步研究了机构投资者持股对公司盈余管理程度的影响,他们的结论指出,机构持股对盈余管理的影响取决于机构持股的动机,当机构投资者的交易动机更强时,机构持股与盈余管理之间存在较强的正相关关系,而当机构投资者的监督动机更强时,机构持股与盈余管理之间呈现出显著的负相关关系。孙光国等(2015)对机构投资者持股与两类盈余管理之间的相关关系进行检验,结果发现机构投资者持股能够显著降低两类盈余管理的程度。梅洁等(2016)的研究得出了同样的结论。基于投资组合的视角,汪玉兰等(2017)考察了机构投资者持股对于其投资组合中的不同企业的盈余信息质量的治理作用,他们发现机构投资者的投资组合中权重较高的企业盈余管理程度更低,即机构投资者对其组合中高权重的企业发挥了积极监督效应。宋云玲等(2020)研究发现,机构投资者持股显著降低了公司报告利润的审计调整幅度,提高了注册会计师视角下的会计信息质量,并且主要是压力抵制型和其他机构投资者持股这两种倾向于长期投资的机构持股会影响公司的会计信息质量。杜勇等(2021)考察了共同机构所有权对企业盈余管理的影响,发现共同机构所有权发挥了协同治理效应,改善了上市公司的盈余信息质量。

进一步的,考虑到机构投资者的异质性,杨海燕等(2012)分别研究了一般法人、信托、证券投资基金、保险公司、社保基金和 QFII(Qualified Foreign Institutional Investors,合格境外机构投资者)等不同类型的机构投资者持股对会计信息质量产生的影响,结果发现机构投资者持股总体上降低了财务报告的可靠性,但能提高信息披露透明度。研究结果还表明,不同类型的机构持股对信息质量的影响有所不同,一般法人持股与企业财务报告可靠性负相关,而其他类型的机构持股与财务报告的可靠性没有明显相关关系。李争光等(2015)也进一步考察了机构投资者异质性与企业的会计稳健性之间的相关关系,他们的研究结果表明,注重长期投资的稳定型机构投资者更加能够促进企业的会计稳健性。李春涛等(2018a)研究了社保基金持股对企业盈余质量的影响,结果发现社保基金持股与企业发布财务重述的可能性显著负相关,这表明社保基金持股有助于提高上市公司的盈余质量。李春涛等(2018b)的结论表明,QFII 持股能够显著提高企业的信息披露质量,验证了 QFII 是一股重要的外部监督力量,可以发挥治理效应。李万福等(2020)实证检验了内部控制水平与异质性机构持股在抑制管理层操纵盈余信息方面的交互效应。首先,他们的研究结论指出,相较于外地或短期的机构持股股东,本地或长期的机构持股股东更加能帮助企业提高盈余信息质量;其次,他们还发现公司的实质性内部控制缺陷会显著降低本地或长期机构持股对于盈余管理的抑制作用。类似的,李青原等(2018)检验了监督型基金对企业盈余信息质量的影响,结果发现监督型基金能够显著提高企业的盈余质量。

表 5-9 为上述机构投资者对公司盈余质量问题的治理效应研究的分类总结。

表 5-9 机构投资者对公司盈余质量问题的治理效应研究

外部治理机制	影响因素	主要观点	相关研究
机构投资者	机构持股比例	机构投资者持股能提高企业盈余质量,机构投资者持股比例越高,盈余质量越高	Koh(2003);Ramalingegowda et al. (2012);Velury et al. (2006);程书强(2006);梅洁等(2016);宋云玲等(2020);孙光国等(2015);汪玉兰等(2017);杨海燕等(2012)
	机构投资者的勤勉程度	机构投资者越勤勉,对企业盈余质量的提升作用越明显	Francis(2005);Garel et al.(2021);李青原等(2018)
	外国机构投资者	外国机构投资者能提升企业的盈余质量	Lel(2019);李春涛等(2018);杨海燕等(2012)
	机构投资者持股时间	机构投资者持股时间越长,越能提升企业的盈余质量	李万福等(2020);李争光等(2015);孙刚(2012)

续表

外部治理机制	影响因素	主要观点	相关研究
机构投资者	机构投资者持有竞争公司股权情况	共同持股能发挥协同治理效应,提升企业的盈余质量	Park et al.(2019);杜勇等(2021)
	机构投资者的异质性	不同类型的机构持股对企业会计信息质量的影响不同	杨海燕等(2012);李争光等(2015);李春涛等(2018);李青原等(2018);李万福等(2020)

5.3.2.5 债权人

债权人治理方面,Plummer et al.(1999)比较了债券投资者与股权投资者的会计信息相关性偏好,他们认为在企业破产风险较高时,债券投资者对会计信息相关性的需求大幅上升。基于债券市场中上市公司盈余公告的市场反应,Easton et al.(2009)进一步验证了 Plummer et al.(1999)的研究结论,他们发现在公司盈余公告日的短期窗口期内,债券的交易量大幅上升,且债券价格根据公司盈余水平的不同做出不同反应,而且上述作用在债券风险较高或公司公布不利消息时更为明显。DeFond et al.(2014)发现相较于好消息,债券投资者对坏消息的敏感程度更高,反应也更为及时。Nikolaev(2010)认为债务契约的存在能够显著提升企业的会计稳健性水平,也能够约束管理层的机会主义自利行为。刘运国等(2010)的研究结论表明银行对短期借款比例较高的公司会要求更加稳健的会计信息,尤其是非国企。基于银行起诉企业的法律诉讼数据,祝继高(2011)发现被银行起诉的企业的会计稳健性水平更高,在被起诉前的企业贷款利率也更高。

表 5-10 为上述债权人和客户对公司盈余质量问题的治理效应研究的分类总结。

5.3.2.6 客户

为了维持供应链体系的运行效率,保障生产经营活动的安全性,客户具有强烈的会计信息需求,并可能会对企业会计信息质量产生影响。Raman et al.(2008)认为企业会为了维持与大客户间的合作关系以及吸引大客户投入更多的专有资产而进行盈余管理,粉饰自身业绩。方红星等(2016)基于中国市场的研究也得到类似结论。更为具体的,张勇(2017)还发现客户集中度的增加会引发企业更多地实施分类转移盈余管理行为,降低了企业的会计信息可靠性。Hui et al.(2012)研究发现,较为集中的客户与供应商会利用自身谈判优势,要求企业提供更为稳健的会计信息。周冬华等(2018)的研究则发现客户集中将提高企业的业绩压力,促使企业更有动机操纵信息披露,进而降低了企业的会计信息可比性。

表 5-10 债权人和客户对公司盈余质量问题的治理效应研究

外部治理机制	影响因素	主要观点	相关研究
债权人	债权人的信息需求	债权人的信息需求能提升企业的盈余质量	DeFond et al.(2014);Easton et al.(2009);Nikolaev(2010);Plummer et al.(1999);刘运国等(2010);祝继高(2011)
客户	客户强势性	维持与大客户关系的压力会降低企业的盈余质量	Raman et al.(2008);方红星等(2016);张勇(2017);周冬华等(2018)
		强势的客户会利用自身优势要求提高企业盈余质量	Hui et al.(2011)

5.3.2.7 制度环境

制度环境包括与国家政治、经济以及文化相关的一系列法律、法规和习俗。研究表明,制度环境会对公司盈余质量产生重要影响。

在财报准则方面,王跃堂等(2001)围绕我国20世纪90年代末一系列会计改革措施进行研究,他们发现会计改革措施的制定与强效的执行机制是提升会计信息质量的关键要素。罗婷等(2008)研究发现2007年我国颁布的新会计准则能够有效提升企业会计信息的相关性。崔学刚等(2010)则利用我国A、H股交叉上市企业率先使用国际财务报告准则(IFRS)这一事件构建DID模型,研究结果表明,采取国际财务报告准则(IFRS)能够大幅提升会计信息的稳健性。类似的,Zeghal et al.(2012)以欧盟15国上市公司为样本对比了2005年强制使用国际财务报告准则(IFRS)前后会计信息质量的变化,发现实施IFRS有助于会计信息稳健性的提升,但不利于价值相关性的提升。林永坚等(2013)探索了新会计准则的实施对中国上市公司盈余管理行为的影响,他们发现微有盈利的公司在新准则的实施之后运用应计项目进行正向盈余管理的活动显著减少,但这类公司运用真实业务活动进行正向盈余管理的行为显著增加,这表明新准则的实施促使了微利公司采取更为隐蔽、更难以被发现的方式进行利润操纵。陈宋生等(2017)的研究聚焦于2008年应证监会(交易所)要求采用可扩展商业报告语言(XBRL)同步披露财务报告这一事件,也发现公司从应计盈余管理活动转向真实盈余管理活动,表明公司会根据成本收益进行权衡来选择盈余管理方式。Kim et al. (2019)基于使用XBRL进行财务报告(即交互式数据提交)的事件研究也得出类似的结论,采用 XBRL 之后绝对可操控性应计利润显著下降,表明 XBRL 的采用能够约束盈余管理行为。基于有限注意力以及凸显效应的视角,陈宁等(2021)首次检验了财务报表披露格式调整对会计信息质量的影响,他们的研究发现,上市公司计提的资产减值损失数据对公司未来现金流量的预测能力在财务报表格式做出调整后显著上升。Li et al. (2021)发现,采用国际财务报告准则的公司提供了更多的分类信息,例如在资产负债表上更细粒度地披露无形资产和长期投资,在损益表上更大程度地分解折旧、摊销和非营业收入项目。他们还发现,由于采用国际财务报告准则而产生的更多的分类信息提高了市场流动性,减少了信息不对称。

在改革政策方面,Cohen D A et al. (2008)以 2002 年萨班斯法案(Sarbanes-Oxley Act,SOX)出台为时间点,比较了该法案出台前后美国上市公司的盈余管理活动,他们发现萨班斯法案(SOX)颁布后,公司管理层实施了更少的应计盈余管理活动,转而实施更多的真实盈余管理活动。Lobo et al. (2006)发现在萨班斯法案(SOX)以及美国证监会(Securities and Exchange Commission,SEC)核心高管财报署名的要求下,上市公司确认损失的速度明显加快,企业会计稳健性水平得到提升。Armstrong et al. (2012)发现反收购法的通过减少了信息不对称和私人信息收集,增加了财务报表的信息量。Reid et al. (2019)基于英国的审计师报告改革,研究发现英国的新报告制度与财务报告质量的改善显著相关,表现在绝对异常应计项目和刚刚达到或超过分析师预测的倾向的显著减少,以及盈利反应系数的显著提高。Callen et al. (2020)利用美国各州法院交错采用"不可避免披露原则"(Inevitable Disclosure Doctrine,IDD)作为对披露的专有成本的外生冲击,研究 IDD 对公司财务报告政策的影响,他们发现相对于总部位于未采用 IDD 的州的公司,总部位于采用 IDD 的州的公司在财务报告的不透明性方面有明显的增加。Ahmed et al. (2020)利用一个自然实验(美国证券交易委员会 2016 年的"票面大小试点计划")研究了增加票面大小对财务报告质量的影响,发现在试点计划中的公司的随意性应计项目的规模显著下降,仅仅达到或超过分析师预测的可能性显著减少,重述的情况也略有显著减少。Ge et al. (2022)研究了中国证券监督管理委员会推动的新的小股东保护机制——中证中小投资者服务中心（China Securities Investor Services Center，CSISC）在制约收益管理方面的有效性，发现CSISC持股减少了收益管理。

在资本市场制度层面，陈胜蓝等（2012）发现股权分置改革后非国有控股公司盈余管理对高管薪酬的影响大幅提高，并显著高于国有控股公司。许文静等（2018）基于2012年我国退市制度变革检验了其对公司应计和真实盈余管理行为的影响，发现尽管退市制度变革与公司应计盈余管理行为之间无显著关联，但与企业真实盈余管理行为之间显著负相关，主要是减少了公司生产操控和费用操控行为。阮睿等（2021）发现"沪港通"机制实施以后，标的公司（纳入"沪港通"的A股上市公司）的信息披露质量显著提高。时昊天等（2021）发现壳公司在注册制积极推行时期会进行更多的应计盈余管理。

在税收征管层面，以2007年所得税改革为背景，李增福等（2011b）研究了我国上市公司如何选择盈余管理活动的方式，他们的研究结果显示盈余管理行为与预期税率显著相关，预期税率的上升会使公司更加偏好于实施真实活动操控的盈余管理，反之，预期税率的下降会使公司更加偏好于实施应计项目操控的盈余管理。基于"金税三期"工程这一自然实验，李增福等（2021）考察了大数据税收征管对企业盈余信息质量的影响，他们的结论表明"金税三期"工程的实施能够显著降低企业的盈余管理程度，无论是向上还是向下的盈余管理，作用机制主要是提高企业信息透明度。而朱凯等（2021）发现"金税三期"强化了对纳税不遵从企业的监管，增加了企业实施真实盈余管理的税收成本，使得纳税不遵从的企业倾向于增加应计盈余管理，且应计盈余管理和真实盈余管理的替代关系随着税率的上升不断增强。孙雪娇等（2021）也发现大数据税收征管能够降低企业的盈余管理程度。

在卖空机制层面，陈晖丽等（2014）的研究指出，融资融券公司在成为标的后，盈余管理水平显著降低。Massa et al. (2015)发现卖空威胁和收益管理之间存在显著负相关关系，并基于工具变量和外生监管实验的测试提供了卖空威胁和收益管理之间因果关系的证据。张璇等（2016）的研究进一步指出，融券标的公司发生财务重述的可能性也会大大降低，这种治理效应主要体现在所处地区金融市场欠发达和治理水平较差的公司中。

在政府会计监督方面，Gipper et al. (2020)研究了公共审计监督对财务报告可信度的影响,发现在公共审计监督之后,投资者对收益新闻的反应更加强烈,表明公共审计监督可以提高报告的可信度,这种可信度在资本市场上得到了体现。柳光强等(2021)基于财政部会计信息质量随机检查制度"双随机、一公开"的准自然试验,实证检验了政府会计监督与盈余管理之间的相关关系,发现财政部会计信息质量随机检查能够显著减少上市公司的两类盈余管理行为。同样基于该制度,刘金洋等(2021)发现上市公司被随机检查抽中后,其收到问询函的频率和审计费用会显著提高,进一步分析表明,这一监管制度有助于提高公司的会计信息质量。

在反腐层面,王茂斌等(2016)以中共十八大为节点,考察上市公司的公司治理情况、高管激励以及股东价值在这一时间节点的前后是否发生显著的变化,他们的研究结果显示,在十八大之后位于高腐败地区的上市公司的财务报表质量有显著提升,实施盈余管理的现象显著减少。基于十八大开启的反腐治理这一外生事件,雷新途等(2019)考察了企业盈余管理方式选择的变化,结果发现反腐冲击之下企业在降低应计盈余管理行为的同时转而采用更难被发现的真实盈余管理和分类转移盈余管理行为。Hope et al.(2020)也研究了中国的反腐运动对公司层面的财务报告质量(Financial Reporting Quality,FRQ)的影响,结果表明在第18条规则颁布后,官方董事辞职的公司显著提高了财务报告质量。基于"八项规定"的实施,叶康涛等(2016)的研究发现国有企业的消费性现金支出由计入当期管理和销售费用转向计入本期存货科目,这表明"八项规定"的实施引发了国有企业的监管规避行为。

此外,李广众等(2019)以财政"省直管县"改革为自然实验,考察了企业的盈余管理行为,发现财政"省直管县"改革能够显著抑制县辖区内企业的盈余管理行为,但是仅对具有征管权限的企业发挥作用。李建强等(2020)考察了2008年《劳动合同法》的实施对企业的利润冲击如何影响企业的盈余管理行为,他们发现《劳动合同法》的实施使得劳动密集型企业在短期内使用盈余管理的方式来应对利润冲击。在法律制度方面,Habib(2007)认为法律体制差异是造成全球范围内不同国家之间会计信息质量差异的重要原因,以德法日等为代表的法典法制度国家注重使用规范条文进行判断,致使其会计实务更加注重形式程序与事实基础,而以英美等为代表的普通法制度国家注重过往判例和法官的职业判断,其会计实务更加强调价值的客观公允。Han et al.(2011)结合企业微观环境要素验证了Habib的判断,指出相较于普通法制度,法典法制度似乎更加难以遏制企业的盈余管理倾向,投资者更加依赖于各类社会监督力量帮助约束企业的信息披露行为。高利芳等(2012)考察了证监会处罚对企业盈余管理行为的影响,他们的研究结果表明,企业在因为财务舞弊行为受到证监会处罚以后并没有约束自己的盈余管理行为,而是从应计盈余管理活动转变为更难被监管的真实盈余管理活动。李延喜等(2012)研究不同地区的不同外部监督环境对当地企业盈余管理行为的影响,他们发现外部监督环境因素能够显著影响企业盈余管理活动,在市场化进程发展较快、政府干预程度较低以及法制水平较高的地区,企业的盈余管理活动能被更好地抑制。李延喜等(2014)进一步检验了外部监督环境(政府干预指数以及法治水平指数)对企业盈余管理行为的影响,并且考虑终极控股股东在其中发挥的作用。他们发现严格的外部监督环境能够约束企业的盈余管理行为。崔艳娟等(2018)分别从金融、法治和政府干预三个方面实证考察了外部监督环境对盈余质量的作用,并进一步分析了自然资源禀赋差异对这一作用的影响,研究结果表明,金融和法治环境的健康发展和政府干预的减少,有助于企业提高会计盈余质量,并且治理环境越好,自然资源越能够帮助改善企业的盈余质量。杜勇等(2018)的研究表明,相较于CEO的大陆法系国家海外经历,CEO的英美法系国家海外经历更加能够降低盈余管理水平,改善盈余质量。肖作平等(2020)基于财务重述的视角进行研究,他们发现位于法律制度环境好的地区的上市公司发生财务重述的概率更低,即良好的外部法律和制度环境能够抑制大股东攫取利益的可能性。古朴等(2020)的研究表明,监管不确定性较高时,企业的应计盈余管理和真实盈余管理都显著增加,盈余质量随之下降。

在投资者保护方面,Leuz et al.(2003)基于全球范围内的资本市场进行研究,发现强有力的投资者保护制度能够有效抑制企业内部人员获取私人收益的能力,降低其通过盈余管理掩盖公司真实业绩的动机。Francis et al.(2008)则考察了投资者保护与审计师水平的联合效应,发现投资保护对于盈余质量的改善效应仅出现在由四大会计师事务所进行审计的公司。梁利辉等(2014)以中国市场为背景的研究则表明投资者保护通过严厉的惩戒机制增加管理层的诉讼压力,进而促使其提升会计信息的稳健性。

在市场化方面,Kang et al.(2005)对发达国家和发展中国家资本市场进行比较后发现,发达国家上市公司的会计信息质量更高,其利润与净资产指标都显示出更高的价值相关性。Li et al.(2012)考察了我国上市公司自愿性信息披露的内外部影响因素,指出外部环境有效性的提高有助于增加企业自愿披露行为。朱松等(2009)指出市场化发展程度较高的地区,地方政府对企业经营活动的干涉较少,企业的会计稳健性水平较高。欧阳爱平等(2013)认为位于市场化程度较低地区的企业更倾向于通过寻租谋取政府保护,进而缺乏动力提升会计信息的价值相关性。刘永泽等(2013)认为较高的市场化程度能够抑制企业的盈余管理行为,促进会计信息质量的提高。王克敏等(2012)研究了首发上市盈利预测制度变迁如何影响公司的盈余管理行为,他们的发现表明,市场化信息披露相关制度的不断完善能够抑制公司的盈余管理行为,具体来说,在自愿性盈利预测制度实施以后,首发上市公司更少地进行盈利预测,预测高估的情况显著减少,更少地选择激进会计政策。

在文化方面,Zhang et al.(2013)发现集体主义文化国家的企业内部人员更容易依据人情网络结成利益联盟,造成代理冲突加剧,盈余管理水平上升;而在个人主义文化的国家,盈余管理的水平则相对较低。Mohammad et al.(2016)比较了马来西亚上市公司中董事会不同族裔董事的构成后指出,华裔主导的公司引入马来裔背景董事的目的通常是其合乎本地制度的影响力而非技能专业性,因此具有马来裔背景的董事比例的提升并不能抑制华裔主导企业的盈余管理倾向。赵龙凯等(2016)以我国的中外合资企业为研究对象,考察了文化差异对会计信息的影响,发现崇尚集体主义和高不确定性规避的出资国企业更倾向于盈余管理,而在对比时间上的变化趋势之后,他们进一步指出随着合资企业持续经营年份的增长,不同文化的融合效应日益明显,文化差异对盈余管理的影响也逐渐减弱。Berglund et al.(2014)基于区域内社会组织数目以及公民活动参与程度构建社会信任指数,发现公司所在区域社会信任程度越高,信息共享越充分,内控制度建设就越完善,因此审计师感知到的风险也较低,企业的会计信息质量也较高。Du et al.(2015)使用公司与宗教场所之间的地理距离衡量宗教文化的影响,发现宗教作为一套社会规范可以缓解企业的败德行为,抑制企业的盈余管理,此外他们还发现宗教与制度性监管在缓解盈余管理方面存在替代效应。Chen et al.(2021)指出社会信任水平能够强化管理者的道德倾向,大大降低其从事盈余管理活动的可能性。陈冬华等(2013)探讨了宗教传统对公司不当行为的影响,研究结果发现上市公司所在地的宗教传统能够显著抑制公司的违规行为和盈余管理行为。

在政治关联方面,Chaney et al.(2011)基于20个国家6 794个公司的研究样本,考察了企业政治关联对会计信息质量的影响,他们的研究结果表明,相较于非政治关联的公司而言,政治关联的公司具有更低的会计信息质量,尤其体现在那些通过控股股东关联以及与政府的高层官员相关联的公司。Wang et al.(2020)通过研究政府所有权和政治关联如何影响中国上市公司的收益管理策略选择,来考察政治嵌入是否以及如何影响中国企业的财务报告质量,结果显示,与非国有企业相比,国有企业,特别是中央国有企业,更有可能用成本较高但不易被察觉的真实盈余管理策略来替代应计盈余管理策略。

表5-11为上述制度环境对公司盈余质量问题的治理效应研究的分类总结。

表5-11 制度环境对公司盈余质量问题的治理效应研究

外部治理机制	影响因素	主要观点	相关研究
制度环境	财报准则	财报准则的严格制定与强效的执行机制是提升会计信息质量的关键要素	Ahmed et al.(2020);Armstrong et al.(2012);Ge et al.(2022);Kim et al.(2019);Li et al.(2021);Lobo et al.(2006);Reid et al.(2019);Zeghal et al.(2012);陈宁等(2021);崔学刚等(2010);罗婷等(2008);王跃堂等(2001)
		财报准则的严格性对提升企业盈余质量的效果不明,甚至可能出现负作用	Callen et al.(2020);Cohen D A et al.(2008);陈宋生等(2017);林永坚等(2013)
	资本市场的有效性	资本市场越强势有效,企业盈余质量越高	Kang et al.(2005);Li et al.(2011);Massa et al.(2015);陈晖丽等(2014);陈胜蓝等(2012);刘永泽等(2013);欧阳爱平等(2013);阮睿等(2021);王克敏等(2012);许文静等(2018);张璇等(2016);朱松等(2009)
	税收征管	预期税率的上升会导致企业更倾向于实施隐蔽的真实盈余管理行为	李增福等(2011)
		大数据税收征管能显著提升企业盈余质量	李增福等(2021);孙雪娇等(2021);朱凯等(2021)
	政府监管	有效的政府监管制度能提升企业盈余质量	Chaney et al.(2008);Chaney et al.(2011);Gipper et al.(2020);Wang et al.(2020);李延喜等(2014);柳光强等(2021);刘金洋等(2021)

续表

外部治理机制	影响因素	主要观点	相关研究
制度环境	法律法规	严格的法制环境能提升企业的盈余质量	Habib(2007);Han et al.(2011);崔艳娟等(2018);杜勇等(2018);古朴等(2020);李建强等(2020);李延喜等(2012);肖作平等(2020)
	投资者保护制度	强有力的投资者保护制度能提升企业的盈余质量	Francis J R(2008);Leuz et al.(2003);梁利辉等(2014)
	文化	文化差异、宗教文化、社会信任程度等都会对企业的盈余质量产生影响	Berglund et al.(2013);Chen et al.(2021);Du et al.(2015);Mohammad et al.(2016);Zhang et al.(2013);陈冬华等(2013);赵龙凯等(2016)

5.3.3 财务舞弊视角下媒体关注的公司治理角色研究

5.3.3.1 理论分析

(1) 媒体关注与财务舞弊

信息网络技术的发展带来了一个信息碎片化时代,人们每时每刻都被包围在纷繁杂乱的信息里,而大多数独立的个体很难从海量信息中迅速准确地筛选出自己最需要的部分。在这种情况下,人们自然会去寻找能够直接提供有价值的信息的渠道,而媒体正是大多数人的首选渠道。媒体配备有专业团队,能够对搜集到的海量信息进行及时高效的筛选和整合,极大地降低了人们独立搜索信息的成本。因此,媒体对某个事件的报道能够很快得到社会的关注。

在信息被公开传播之前,获取信息的难度和成本使信息不对称的现象普遍存在,媒体报道打破了这个现象,媒体关注度越高,信息传播的范围越广,信息不对称性就越低,信息不对称性的降低提高了财务舞弊行为被发现的可能性。财务舞弊当事人之所以会冒险从事财务舞弊活动,很大程度上是因为其相信自己的舞弊行为不会被公之于众。凭借专业的信息挖掘能力与及时高效的信息传播优势,媒体报道大幅度提高了财务舞弊行为被暴露的可能性。GONE舞弊风险因子理论(Bologna,1993)提出了"暴露"这一影响舞弊者做出是否实施会计舞弊行为判断的外部环境因素,也即意味着意图舞弊者进行舞弊之前,如果已经知道该行为很有可能暴露,那么冒险进行舞弊的概率将大大降低。

管理者的舞弊行为如果暴露,可能会给管理者带来各种舞弊成本,其中之一便是声誉成本。管理者个人为了巩固自己在公司中的地位、抓住更好的工作机会或者提高自己的薪酬,会巩固并不断提高自己的声誉;企业为了在市场上站稳脚跟、实现长远的发展,也会特别重视自己的声誉。媒体报道能够将财务舞弊的问题暴露在投资者、股东、董事会成员、监管当局和普通民众的视线内,于是从事舞弊的公司或者管理者就成了社会关注的焦点,这会对公司和管理者的声誉产生极其不利的影响。对于管理者而言,他很有可能因此被公司辞退,甚至无法在同行业中继续谋职;从公司层面来看,消费者会丧失对公司的信心,公司的生产经营将受到重创。处在媒体关注下的企业,为了维护自己的良好声誉,做出财务舞弊行为的可能性会大大降低。根据李焰等(2013)提出的"声誉共同体"的概念,媒体对企业舞弊行为的揭露不仅会影响企业及其管理层的声誉,还会对包括相关的政府主管部门、审计单位以及母公司在内的其他成员的声誉产生不同程度的影响,那么,为了保护自己的声誉不受影响,其他成员也会发挥一定的监督作用,从而进一步降低公司做出财务舞弊行为的可能性。

处在媒体聚光灯下的企业一旦被曝出有财务舞弊行为,除了付出声誉成本外,企业和管理者还将承受来自法律和行政机关的处罚成本。一方面,相比于媒体关注度较低的企业,具有较高媒体关注度的企业的舞弊行为更容易引起司法机关和行政机关的关注和后续的监管检查;另一方面,媒体关注度较高的公司也是社会大众关注的焦点,他们对财务舞弊这种恶劣的欺骗行为极其不满,希望政府部门能够严惩这些不法分子,净化市场环境。因此,被媒体关注多的公司在其财务舞弊行为被曝光后更容易遭到政府部门的严肃处罚。结合企业舞弊风险因子理论,当舞弊行为更可能被暴露时,企业进行财务舞弊的可能性将显著降低。

(2) 媒体报道基调与财务舞弊

媒体发展到今天,既不是简单的娱乐工具,更不是中立的传声筒。Gentzkow et al. (2005)、Mullainathan et al. (2005)指出媒体报道几乎不可能将真实的信息原原本本地呈现给受众,媒体报道一定是带有偏见的,它们会有目的性地修饰、删减原始信息,按照自己的利益需求展示新闻。因此,不少研究者关注到了媒体报道的不同情绪色彩,在研究中按基调对媒体报道进行了分类(Kothari et al., 2009;戴亦一等,2011;于忠泊等,2011;游家兴等,

2012)。总体而言,根据媒体报道的基调,可以将媒体报道分为正面报道、负面报道、中立报道。其中,负面报道是指通过新闻报道的标题或内容能判断出其具有负面语气或负面评价预测的报道,正面报道则与之相反,而中立报道则无法从报道语气中判断其情绪色彩。

负面报道一般是对公司存在的某些问题的谴责,因此,媒体的负面报道最能反映媒体的主观态度,也最能引起社会的反响,也即相比于正面报道,负面报道的负面属性更容易引起公众的关注(戴亦一等,2011)。此外,媒体通常不会错报负面新闻,也即负面报道可信度高。因为负面报道对公司经营存在显著的不利影响,事后一旦查明此类报道的真相与报道内容不符,新闻媒体将承担诉讼风险。总之,相比非负面报道,负面报道凭借较高的可信度和所报道事件本身的负面属性,能够吸引社会各界的广泛关注,包括普通社会民众、中小股东以及监管部门。"备受关注"的企业但凡有一点异常举动,都很容易被曝光。舞弊形成所需的不被暴露的因素缺失,企业进行财务舞弊的可能性将显著降低。同时,被负面报道的企业,声誉已经受损,在这种情况下,企业通常会选择努力改善自己在外界的形象,而不是顶风作案,冒着"身败名裂"的风险做出财务舞弊行为。另外,监管部门对那些已经有"污点"的企业的财务舞弊行为的容忍度会更低,一旦发现有此类行为,监管部门很有可能会加大处罚力度。

与负面报道不同,正面报道是对公司经营管理等方面的肯定与赞扬。一方面,媒体的赞扬容易导致管理者盲目自信,满足于已有的成就,安于现状,放松对企业的严格管理。管理上的疏忽很容易为意图进行财务舞弊的人提供舞弊的机会,从而提高财务舞弊发生的可能性。另一方面,得到媒体赞扬的企业为了继续享受这种赞誉的光环,将有更大的动力去进行财务舞弊,以维持自己的良好形象,满足市场的预期。此外,正面报道下的企业不会像被负面报道的企业那样受到广泛的社会关注,因此,它们的举动具有更强的隐蔽性,即便冒险进行了财务舞弊,被发现的可能性也较小。

总结而言,负面报道能够有效地遏制上市公司的财务舞弊行为,负面报道数量越多,公司未来进行财务舞弊的可能性越小。正面报道会加剧上市公司的财务舞弊行为,正面报道数量越多,公司未来进行财务舞弊的可能性越大。

(3)不同控制权属性下媒体关注度对财务舞弊的影响

中国正处于经济转型时期,与市场经济发达国家中以私有产权为主导的股权结构相比,中国大多数上市公司目前仍然直接或间接地被政府最终控制着。不少研究发现,国有企业金字塔形的组织控制系统导致非常复杂的代理问题,从而使管理层进行舞弊的动机、机会和舞弊行为曝光可能带来的成本和非国有企业相比都有较大的差异。在上述背景下,媒体关注对财务舞弊产生的治理作用可能会由于企业所有权性质的不同而产生较大差异。因此,我们有必要研究不同控制权属性下媒体关注所能发挥的治理效应是否有所不同。

根据控制权属性的不同,我国的上市公司可以划分为国有控股企业和非国有控股企业,其中,国有控股企业实行干部等级体系,用人机制采用内部提拔和外部调入的方式。国有控股企业的经理人拥有双重身份,他们既是企业的经营者,又是具有行政级别的政府官员,他们所受到的压力主要来自于政府主管部门对其职位的调动,因此国有控股企业的经理人更加重视与行政组织的关系,即重视政治声誉(宋德舜,2004;孔峰等,2011;孔峰等,2014)。对政治声誉的重视使得国企经理人在受到媒体关注的时候,能够更加自觉地规范自己的行为。

但是,从国有企业自身的组织结构来看,它对舞弊行为的制约能力较弱。一方面,由于国有企业的经理人是由政府任命的,国有企业不具有更换经理人的权利,这无疑削弱了其对经理人的制约能力。另一方面,在政府任命制条件下,员工一旦被提拔为经理人,就有了一定的行政级别,可以获得相应的工资和福利待遇,不论其在国有企业内部如何调动,待遇保持不变,这意味着经理人退出现有企业的成本较低,弱化了企业的激励性和约束性。国有企业与经理人之间的契约缺乏约束力,对国有企业经理人而言,在本单位能够停留多长时间,什么时候被调离是不确定的,因此难以对企业发展制定一个长远的规划(孙世敏等,2006)。从这个层面来说,国有企业起到了保护伞的作用,媒体报道使公司高管声誉的治理作用被大大削弱。

(4)网络媒体与传统媒体公司治理效应的差异

网络新媒体的出现为资本市场的信息提供与传播带来了巨大的影响和变革,改变了大众的信息环境。已有一些研究表明,公司知名度决定了传统媒体对其关注和报道的程度,知名度越低的公司越不受传统媒体重视。因为大公司往往会有广泛的新闻报道,投资者通常可以以低成本通过传统媒体获得这些大公司的信息,因此社交媒体作为一种新的传播渠道价值有限。但小公司获得传统媒体的关注较少,投资者很难以低成本在传统媒体上获得这些小公司的信息,因此社交媒体作为一种新的重要的传播渠道对于小公司而言价值更大(Miller,2006)。Blankespoor et al.(2014)发现公司使用推特传播消息可以减少信息不对称,而且这种关系在传统媒体关注较少的小公司更加明显。与此同时,相比于传统媒体,网络媒体的新闻来源更具有开放性,任何人包括企业自身都可以成为新闻的制造者,通过网络媒体来产生社会影响力(Miranda et al.,2016),小企业也可以通过微博等社交媒体自主地发布新闻,原先不受传统媒体重视的小公司的相关新闻,更有可能通过网络媒体进行发布。与国企相比,非国企普遍规模小、知名度低,往往不受传统媒体重视,而非国企相关的新闻可能更多地被网络媒体报道,从而传统媒体对其发挥的作用反而不如网络媒体。相比于规模较大、知名度较高的国企,这些知名度较低、规模较小的非国企往往更重视网络媒体的作用,更多地使用网络媒体发布消息,网络媒体的出现更多地降低了这类企业的信息不对称性,这也就意味着网络媒体能够在非国企中发挥更好的公司治理作用。

5.3.3.2 实证研究

1) 样本选取

本节所选取的财务舞弊样本为来自CSMAR中国上市公司违规处理研究数据库中的所有A股上市公司,时间跨度为2005年到2015年。公司的财务数据、治理信息等来自CSMAR数据库和同花顺数据库。本节得到财务舞弊原始数据共计4 742个,图5-2给出了各年份的财务舞弊情况,从图中可以看出,我国上市公司的舞弊数量从2005年开始不断攀升,至2012年开始有小幅度下降,但仍然比较严重。

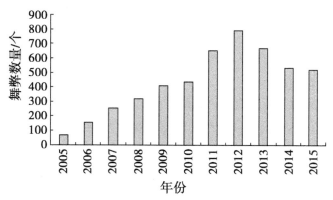

图5-2 中国上市公司舞弊情况统计[1]

---

[1] 数据来源:作者整理。

对上述原始数据，本节按照如下顺序进行筛选：① 剔除重复公告。手动删除对同一违规事件由不同机构同时发布公告的样本。② 剔除金融保险业的上市公司。③ 参照洪荭等(2012)的方法，对于连续多年发生舞弊行为的公司，选择第一次发生舞弊的年份样本作为一个舞弊样本，以避免高估舞弊发生的可能性。④ 剔除数据缺失的样本。最终获得602家财务舞弊样本公司。

在研究概率问题时，为样本寻找对照样本的方法比较常见(Gales et al.，1994)，在财务舞弊领域的研究文献中，匹配对照样本更是一种常用的研究方法(刘明辉等，2011；杨清香等，2009；陈国欣等，2007)。本节也通过为每一家舞弊样本寻找非舞弊样本作为对照样本的方法展开研究，具体方法如下：① 首先要求非舞弊公司与舞弊公司在同一家交易所上市；② 在满足第①条的前提下，非舞弊样本企业与舞弊样本企业归属于同一个行业，行业的规定标准参照证监会2012修订的《上市公司行业分类指引》；③ 在满足前两条的前提下，选择与样本在舞弊年度前一年的资产总额最接近的样本，差异控制在[−30%，30%]的范围内；④ 在满足前三条的前提下，选择与样本的上市时间最接近的样本，差异控制在[−5,5]的范围内；⑤ 在满足前四条的前提下，不存在数据缺失的情况；⑥ 在满足前五条的前提下，未因财务舞弊受到证监会、上交所和深交所谴责。在满足以上标准的条件下，最终为249个舞弊样本确定了249个非舞弊样本作为配对样本，研究样本总量共计为498个。

2) 媒体报道数据

媒体报道数据的选取参照于忠泊等(2011)、向静婷(2014)的做法，在中国知网"中国重要报纸全文数据库"手工检索并搜集以下知名度较高、具有较强权威性的18家报纸的相关信息：《中国证券报》《经济日报》《证券时报》《上海证券报》《中国经营报》《21世纪经济报道》《经济观察报》《第一财经日报》《中国经济时报》《中国企业报》《中国贸易报》《中华工商时报》《财经时报》《经济参考报》《金融时报》《人民日报》《广州日报》《光明日报》。

本节参照戴亦一等(2011)、于忠泊等(2011)的研究，将舞弊年前一年作为媒体报道数据的搜集期间，配对公司的媒体报道期间参照舞弊公司确定。本节对报道期间样本公司的全称、简称进行主题检索和标题检索，同时，考虑到舞弊期间前后公司名称可能会发生更改，本节手工整理了舞弊公司及其配对公司在舞弊当年及前两年的名称以确保数据的可靠性和完整性。为了获得更准确、更有价值的媒体报道数据,本节过滤了搜集到的同一则报道中涉及多家公司信息的报道。

在媒体报道数据收集完备之后,本节按照媒体报道情绪对这些报道数据进行划分,分别为负面报道、中性报道和正面报道,旨在探明不同媒体报道基调可能发挥的不同的公司治理作用。本节通过人工阅读的方法来判断媒体报道的基调,具体过程如下:一方面直接通过阅读报道标题和内容,根据是否含有明确的质疑、批评、负面评价的词语和语气来判断媒体报道是否属于负面报道(根据明确的赞扬、支持、正面评价的词语和语气来判断媒体报道是否属于正面报道);另一方面,通过间接地分析报道的具体内容解读出是否传达了负面信息(正面信息)来判断媒体报道的类别。直接和间接分析均无法判断的报道归为中性报道。在判断的过程中,本节以向静婷(2014)、于忠泊等(2011)对媒体报道中涉及的正面词汇[1]、负面词汇[2]的分类为辅助,对公司媒体报道的情感极性进行综合判断,最终确定媒体的报道基调。

前面18家报纸是选取传统报刊媒体报道的数据来源。但是随着信息技术的发展,网络媒体的影响力不容小觑,而网络媒体在传播方式、影响范围等方面和传统媒体都有较大的区别,因此,我们通过中文搜索引擎百度中得到的报道数量作为媒体关注度的另一个代理变量,来研究网络媒体关注度对财务舞弊的公司治理效应是否和传统媒体有所不同。

3) 变量定义

具体变量定义如表 5-12 所示。

表 5-12 变量解释表

变量类型	变量名称	变量符号	变量描述
被解释变量	财务舞弊	Fraud	虚拟变量。本年度上市公司有财务舞弊行为时取值为1,否则取值为0

---

[1] 正面词汇列举如下:进步、优点、造诣、吸引力、有利、得意、获益、提振、信心、鼓舞、辉煌、胜诉、获得赔偿、澄清、利好、中标、收入增长、资金充裕、开拓者等。

[2] 负面词汇列举如下:违规、操纵、违法、业绩变脸、召回、败诉、风险警示、抛售、跌停、股权争夺、利益输送、合谋、洗牌、丑闻等。

续表

变量类型	变量名称	变量符号	变量描述
解释变量	媒体关注度	Cov	ln(1+媒体报道数量)
	媒体报道基调1	Media1	ln(1+媒体负面报道数量)
	媒体报道基调2	Media2	ln(1+媒体正面报道数量)
	媒体报道综合倾向	J-F	JANIS-FADNER 系数,取值从"-1"到"+1",越接近1,表明负面报道倾向越强,越接近-1,表明正面报道倾向越强
控制变量	网络媒体关注度	Internet	in(1+百度引擎搜索报道数量)
	资产负债率	Lev	总负债/总资产
	总资产回报率	Roa	净利润/总资产
	公司规模	Size	年末总资产取自然对数
	事务所规模	As	当审计单位为前十大会计师事务所时,取值为1,否则取值为0
	事务所变更	Ac	事务所变更取值为1,否则取值为0
	Z指数	Z	第一大股东持股比例与第二大股东持股比例的比值
	股权集中度	H3	前三大股东持股比例的平方和
	年份	Year	年度虚拟变量

4) 模型构建

为了验证本节的理论假设,我们构建了以下五个模型:

$$Prob(Fraud = 1) = \alpha_0 + \alpha_1 Cov_{i,t-1} + \alpha_2 Lev_{i,t-1} + \alpha_3 Roa_{i,t-1} + \alpha_4 Size_{i,t-1} + \alpha_5 As_{i,t-1} + \alpha_6 Ac_{i,t-1} + \alpha_7 Z_{i,t-1} + \alpha_8 H3_{i,t-1} + Year + \varepsilon$$

公式(5-1)

$$Prob(Fraud = 1) = \alpha_0 + \alpha_1 Media1_{i,t-1} + \alpha_2 Lev_{i,t-1} + \alpha_3 Roa_{i,t-1} + \alpha_4 Size_{i,t-1} + \alpha_5 As_{i,t-1} + \alpha_6 Ac_{i,t-1} + \alpha_7 Z_{i,t-1} + \alpha_8 H3_{i,t-1} + Year + \varepsilon$$

公式(5-2)

$$Prob(Fraud = 1) = \alpha_0 + \alpha_1 Media2_{i,t-1} + \alpha_2 Lev_{i,t-1} + \alpha_3 Roa_{i,t-1} + \alpha_4 Size_{i,t-1} + \alpha_5 As_{i,t-1} + \alpha_6 Ac_{i,t-1} + \alpha_7 Z_{i,t-1} + \alpha_8 H3_{i,t-1} + Year + \varepsilon$$

公式(5-3)

$$Prob(Fraud = 1) = \alpha_0 + \alpha_1 J\text{-}F_{i,t-1} + \alpha_2 Lev_{i,t-1} + \alpha_3 Roa_{i,t-1} + \alpha_4 Size_{i,t-1} + \alpha_5 As_{i,t-1} + \alpha_6 Ac_{i,t-1} + \alpha_7 Z_{i,t-1} + \alpha_8 H3_{i,t-1} + Year + \varepsilon$$

公式(5-4)

$$Prob(Fraud = 1) = \alpha_0 + \alpha_1 Internet_{i,t-1} + \alpha_2 Lev_{i,t-1} + \alpha_3 Roa_{i,t-1} + \alpha_4 Size_{i,t-1} + \alpha_5 As_{i,t-1} + \alpha_6 Ac_{i,t-1} + \alpha_7 Z_{i,t-1} + \alpha_8 H3_{i,t-1} + Year + \varepsilon$$

公式(5-5)

在上述各模型中，i 表示第 i 家公司，t 表示发生舞弊当年。由于这些模型研究的是上一年度的媒体报道基调对本年度财务舞弊行为的影响，因此包括媒体关注度(Cov)和媒体报道基调变量在内的自变量均选择舞弊前一年的数据。公式(5-1)用于检验媒体关注度对财务舞弊的影响，公式(5-5)用于检验网络媒体关注度对财务舞弊的影响，公式(5-2)、公式(5-3)、公式(5-4)分别用于验证负面报道(Media1)、正面报道(Media2)和媒体报道综合倾向(J-F)三种不同媒体报道基调对财务舞弊的影响。

5) 实证结果

(1) 描述性统计分析

表5-13是对舞弊公司和非舞弊公司变量均值的比较分析。从表中可以看出，在媒体关注度和负面媒体报道方面，两类公司的差异显著，但是在正面媒体报道方面，两类公司的差异并不显著。因此，有必要就媒体报道的情绪做分类研究。具体来说，舞弊组的媒体关注度显著低于非舞弊组的媒体关注度(均值差为-0.166 2，显著性水平为0.01)；网络媒体关注度情况相似，初步印证了假设，即媒体关注度越高的上市公司，未来进行财务舞弊的可能性越小。将媒体报道按照报道基调进行分类后，可以看到，舞弊组的负面报道显著少于非舞弊组的负面报道(均值差为-0.229 6，显著性水平为0.01)，初步印证了假设，说明负面报道能够遏制财务舞弊现象的发生。两组公司的正面报道均值差异较小且不显著，说明正面报道对公司是否进行

舞弊的影响不大。舞弊组和非舞弊组的媒体报道综合倾向 J-F 均值均为负,说明整体而言,媒体报道以正面居多,而两组公司的该指标的均值差异显著(均值差为－0.130 6,显著性水平为 0.05),表明舞弊组的媒体报道的正面倾向更加显著。

表 5-13　舞弊样本与非舞弊样本变量均值的比较分析

变量	舞弊组	非舞弊组	均值差	t 检验	
				t	sig
Cov	0.765 4	0.931 6	－0.166 2	－2.752 6	0.008 6***
Media1	0.123 9	0.353 5	－0.229 6	－6.322 3	0.000 0***
Media2	0.651 8	0.686 5	－0.034 7	－0.603 1	0.546 7
J-F	－0.417 2	－0.286 6	－0.130 6	－2.493 1	0.013 0**
Internet	4.518 0	4.969 8	－0.451 8	－3.823 5	0.000 1***
Roa	－0.005 1	0.038 6	－0.043 7	－2.707 9	0.007 0***
Lev	0.531 8	0.441 9	0.089 8	3.723 7	0.000 2***
Size	21.575 7	21.573 2	0.002 5	0.026 2	0.979 1
As	0.413 7	0.449 8	－0.036 1	－0.813 1	0.416 5
Ac	0.128 5	0.080 3	0.048 2	1.760 4	0.079 0*
Z	14.086 1	24.042 8	－9.956 8	－2.327 0	0.020 4**
H3	0.156 7	0.185 4	－0.028 7	－2.675 0	0.007 7***

注:***,**,* 分别表示在 1%,5%,10%的水平上显著。

表 5-14 是对非国企和国企变量均值的比较分析,从中可以看出,非国企组的舞弊变量均值显著高于国企组,说明媒体关注在国企中发挥的治理效果更显著,初步印证了假设,即媒体关注在国企中的治理效果要更好。而非国企组网络媒体关注度均值高于国企组,传统媒体关注度则相反,说明网络媒体比传统媒体更关注非国企。此外,除了事务所规模(As)和事务所变更(Ac),本节所设计的控制变量在两类公司间的差异大多显著,证明本节的控制变量的选择是有效的。

表 5-14　国企样本与非国企样本变量均值的比较分析

变量	非国企组	国企组	均值差	t 检验	
				t	sig
Cov	0.7325	0.9426	-0.2101	-3.3295	0.0009***
Media1	0.1673	0.2966	-0.1293	-3.458	0.0006***
Media2	0.5900	0.7332	-0.1432	-2.4884	0.0132**
J-F	-0.3490	-0.3542	-0.0052	-0.0987	0.9214
Internet	4.9101	4.6091	0.3011	2.5189	0.0121**
Roa	0.0101	0.0220	-0.0120	0.7322	0.4644
Lev	0.4375	0.5269	-0.0893	-3.6798	0.0003***
Size	21.4123	21.7059	-0.2936	-3.0775	0.0022***
As	0.4090	0.4000	0.0709	1.5882	0.1129
Ac	0.1121	0.0982	0.0139	0.5045	0.6142
Z	10.1945	26.2571	-16.0645	-3.7659	0.0002***
H3	0.1565	0.1829	-0.0264	-2.4423	0.0149**
Fraud	0.6905	0.3455	0.3451	8.1388	0.0000***

注：***，**，* 分别表示在 1%，5%，10%的水平上显著。

(2) 传统媒体关注对财务舞弊的影响

按照公式(5-1)~公式(5-4)，本节对媒体关注与财务舞弊之间的关系进行了回归，相关结果列示在表 5-15 中。从公式(5-1)的回归结果[列(1)]可以看出，在控制了其他变量之后，媒体关注度(Cov)对报道后一年的财务舞弊行为的参数估计值为-0.2423，并达到了 0.01 的显著性水平，表明媒体关注度与财务舞弊行为之间存在显著的负相关关系。这说明媒体关注高的公司，未来做出财务舞弊行为的可能性较小。该回归结果证实了媒体报道对于上市公司具有监督治理的作用。控制变量中，资产负债率(Lev)与财务舞弊呈显著正相关关系，表明公司的资产负债率越高，越有可能进行财务舞弊。总资产回报率(Roa)与财务舞弊的回归系数显著为负，也即总资产回报率越高的企业，进行财务舞弊的可能性越小。事务所规模(As)的回归系数为负，但是显著性不强，事务所变更(Ac)则在 0.1 的水平上显著，说明会计师事务所的变更会在一定程度上提高财务舞弊的风险。

表 5-15 的列(2)~列(4)分别列示了媒体负面报道、正面报道以及媒体报道综合倾向对财务舞弊行为的影响。其中，媒体负面报道与财务舞弊之间

的回归系数为-1.084 8,且在0.01的水平上显著;而正面媒体报道虽然也与财务舞弊负相关,但是这种相关性并不显著;媒体报道综合倾向与财务舞弊之间的回归系数为-0.345 5,在0.01的水平上显著。此结果说明,负面报道对上市公司的行为具有更强的威慑和制约作用,进而降低了上市公司的财务舞弊风险。但是正面报道与财务舞弊之间的关系不显著,说明媒体的正面报道不太可能是上市公司做出财务舞弊决定前的重要考虑因素,正面报道既不会成为促进上市公司从事财务舞弊的推手,也不是上市公司放弃财务舞弊行为的重要遏制力量。而媒体报道综合倾向与财务舞弊之间的显著负相关关系,以及媒体报道的负面倾向对上市公司来说可以发挥"警钟"的作用,表明上市公司获得的媒体报道越趋于负面,上市公司未来越不可能从事财务舞弊。

控制变量中,资产负债率(Lev)、总资产回报率(Roa)、Z指数(第一大股东持股比例与第二大股东持股比例的比值)的系数具有不同程度的显著性,方向、符号与模型(5-2)[公式(5-2)]一致。

表5-15 媒体关注对财务舞弊的影响的回归结果

被解释变量:Fraud				
解释变量	(1)	(2)	(3)	(4)
Cov	-0.242 3*** (0.008)			
Media1		-1.084 8*** (0.000)		
Media2			-0.012 6 (0.901)	
J-F				-0.345 5*** (0.001)
Lev	0.931 9** (0.012)	1.237 8*** (0.001)	0.963 5** (0.009)	1.181 1*** (0.002)
Roa	-3.662 0** (0.004)	-4.032 3*** (0.002)	-3.834 2** (0.002)	-3.902 2** (0.002)
Size	-0.049 5 (0.536)	-0.094 9 (0.241)	-0.084 5 (0.292)	-0.126 3 (0.115)

续表

被解释变量：Fraud				
解释变量	(1)	(2)	(3)	(4)
Z	−0.003 4*	−0.004 2**	−0.003 1*	−0.002 9
	(0.060)	(0.028)	(0.090)	(0.116)
H3	−0.943 1	−0.840 0	−0.878 5	−0.854 8
	(0.104)	(0.160)	(0.129)	(0.144)
As	−0.137 7	−0.141 2	−0.151 7	−0.138 1
	(0.296)	(0.294)	(0.247)	(0.295)
Ac	0.335 2*	0.309	0.337 0*	0.339 4*
	(0.089)	(0.123)	(0.085)	(0.084)
Year	Control	Control	Control	Control
常数项	0.948 7	1.723 3	1.466 1	2.067 2
	(0.539)	(0.273)	(0.343)	(0.181)
LR chi2	51.200 0	93.440 0	44.210 0	55.450 0
Prob>chi2	0.000 0	0.000 0	0.000 0	0.000 0
Pseudo R^2	0.074 2	0.135 4	0.064 0	0.080 3
N	498	498	498	498

注：***,**,*分别表示在1%,5%,10%的水平上显著；括号内为P值。

(3) 不同控制权属性下媒体关注度对财务舞弊的影响

表5-16列示了按控制权属性进行分组后，媒体关注度、媒体负面报道、媒体正面报道以及媒体报道综合倾向对财务舞弊行为影响的回归结果，表格最下方的z值是用来衡量上述解释变量的系数在国企和非国企之间差异的显著程度，旨在比较不同控制权属性带来的影响。

列(1)、列(2)是对媒体关注度进行分组回归的结果，由此可以看出，媒体关注度的回归系数在国有控股组为−0.348 8，且在0.01的水平上显著；在非国有控股组，回归系数为−0.197 1，但是该系数并不显著。这说明媒体关注度在国有控股企业中发挥的治理效果更加显著。

列(3)、列(4)是对负面报道进行分组回归的结果，不难发现，负面报道在不同控制权属性下的系数均显著为负。这说明负面报道有较强的约束作用，对国企和非国企的财务舞弊行为都能够起到很好的抑制作用。从系数来看，在国企组，系数为−1.414 4，而非国企组的系数为−0.595 6，z值为−29.080 1，达到了 0.01 的显著性水平。这说明相比于非国企,负面报道对国企的舞弊行为抑制效果更好。

列(5)、列(6)是对正面报道进行分组回归的结果,从中可以看出,正面报道在国企组的系数为负,在非国企组的系数为正,但均不显著。这说明无论是国企还是非国企,正面报道并不能对企业的舞弊行为产生较好的抑制作用。

列(7)、列(8)是对媒体报道综合倾向进行分组回归的结果,可以看到,J-F 的回归系数在国企组为 -0.4844,在 0.01 的水平上显著,在非国企组为 -0.0202,且不显著。比较两者的系数大小可以发现,相比于非国企,负面的媒体报道综合倾向对国企的财务舞弊具有更好的抑制效果。

(4) 网络媒体报道对财务舞弊的影响

表 5-17 是使用网络报道作为媒体关注度的代理变量所进行的回归分析结果。其中,在全样本的回归中,Internet 和财务舞弊的回归系数为 -0.5384,在 0.01 的水平上显著,这意味着网络媒体报道具有显著的公司治理效果,网络媒体报道数量越多,上市公司未来进行财务舞弊的可能性越小。其他控制变量回归系数的符号和显著性均未发生实质性变化。当我们按照控制权属性进行分组回归后,可以看到,网络媒体报道的回归系数在国企组为 -0.4860,该系数的显著性水平为 0.01,也即网络媒体报道还是能抑制财务舞弊的发生的,而在非国企组为 -0.5410,在 0.01 的水平上显著。同时,国企和非国企两组网络媒体报道变量的回归系数比较检验的 z 值为 3.4770,达到了 0.01 的显著性水平,两者的回归系数有显著的差异。此结果说明,相比于国企,网络媒体关注度的提高更有可能减少非国企的财务舞弊行为。该结果与上文采用传统媒体报刊作为媒体数据来源时的结果相反。

表 5-18 是网络媒体报道的样本分布情况,可以看到,非国企组的网络媒体报道数显著多于国企的媒体报道数(t 值为 4.0516),传统媒体报道数总量显著少于国企组(t 值为 -3.6761),而与此同时非国企组的企业规模 Size 显著小于国企组(t 值为 -3.1397),这说明了网络媒体的确更关注于规模小、知名度低的非国企。

表 5-16 财务舞弊按控制权属性分组的回归结果

被解释变量：Fraud

解释变量	(1) 国企组	(2) 非国企组	(3) 国企组	(4) 非国企组	(5) 国企组	(6) 非国企组	(7) 国企组	(8) 非国企组
Cov	−0.3488*** (0.008)	−0.1971 (0.244)						
Media1			−1.4144*** (0.000)	−0.5956** (0.048)				
Media2					−0.0355 (0.803)	−0.1380 (0.459)		
J-F							−0.4844*** (0.002)	0.0202 (0.911)
LEV	1.7900*** (0.001)	0.6214 (0.401)	2.2829*** (0.000)	0.7868 (0.296)	1.8626*** (0.001)	0.5036 (0.466)	2.2378*** (0.000)	0.5239 (0.476)
Roa	−3.8188** (0.021)	−4.5890 (0.109)	−4.1174** (0.018)	−4.8412* (0.091)	−4.0541** (0.013)	−4.6485 (0.106)	−3.8810** (0.02)	−4.8665* (0.090)
Size	0.0469 (0.678)	0.0554 (0.703)	−0.0428 (0.713)	0.0403 (0.782)	−0.0061 (0.957)	0.0574 (0.693)	−0.0801 (0.479)	0.0518 (0.722)
Z	−0.0033 (0.141)	−0.0026 (0.542)	−0.0044* (0.067)	0.0027 (0.517)	−0.0027 (0.215)	−0.0026 (0.541)	−0.0024 (0.286)	0.0022 (0.599)

续表

被解释变量：Fraud

解释变量	(1) 国企组	(2) 非国企组	(3) 国企组	(4) 非国企组	(5) 国企组	(6) 非国企组	(7) 国企组	(8) 非国企组
H3	−0.1770 (0.833)	−1.6858 (−0.103)	−0.1414 (0.874)	−1.4364 (0.167)	−0.1000 (0.904)	−1.6888 (0.104)	−0.1819 (0.830)	−1.6084 (0.123)
As	−0.0560 (0.780)	−0.3337 (0.129)	0.0432 (0.835)	−0.3383 (0.127)	−0.1085 (0.582)	−0.3272 (0.137)	−0.0798 (0.688)	−0.3165 (0.154)
Ac	0.2517 (0.367)	0.5401 (0.101)	0.2817 (0.329)	0.5124 (0.122)	0.2779 (0.311)	0.5257 (0.108)	0.3175 (0.249)	0.5080 (0.120)
Year	Control	Control	Control	Control	Control	Control	Control	Control
常数项	−1.8291 (−0.406)	0.5201 (0.850)	−0.2434 (−0.915)	−0.4009 (0.884)	−1.0616 (−0.628)	−0.5550 (0.840)	0.0579 (0.979)	0.5081 (0.854)
LR chi2	51.6300	22.1200	81.4000	24.7900	44.5600	21.3100	54.5800	20.7700
Prob>chi2	0.0000	0.0362	0.0000	0.0158	0.0005	0.0461	0.0000	0.0538
Pseudo R^2	0.1456	0.0963	0.2296	0.1080	0.1257	0.0928	0.1540	0.0905
N	275	170	275	170	275	170	275	170
z 值	−9.9619		−29.0801		6.1462		−29.9845	
$P>\|z\|$	0.0000		0.0000		0.0000		0.0000	

注：***，**，*分别表示在1%，5%，10%水平上显著；括号内为 P 值。

表 5-17 网络媒体关注度、控制权属性与财务舞弊

被解释变量：Fraud			
解释变量	全样本	国企组	非国企组
Internet	−0.5384***	−0.4860***	−0.5410***
	(0.000)	(0.000)	(0.003)
Lev	0.5547	1.4842***	0.4974
	(0.149)	(0.007)	(0.508)
Roa	−3.4095***	−4.1342**	−4.1867
	(0.008)	(0.014)	(0.145)
Size	−0.0102	0.0671	0.0535
	(0.899)	(0.553)	(0.716)
Z	−0.0035*	−0.0032	−0.0005
	(0.070)	(0.156)	(0.906)
H3	−1.0595*	−0.2823	−1.7889*
	(0.078)	(0.741)	(0.094)
As	−0.1313	−0.0976	−0.3039
	(0.327)	(0.627)	(0.173)
Ac	0.2965	0.1950	0.5681*
	(0.136)	(0.485)	(0.087)
Year	Control	Control	Control
常数项	1.2775	−1.2970	0.4186
	(0.409)	(0.553)	(0.881)
LR chi2	81.3700	59.7300	30.4500
Prob>chi2	0.0000	0.0000	0.0024
Pseudo R^2	0.1179	0.1685	0.1326
N	498	275	170
z 值		3.4770	
$P>|z|$		0.0006	

注：***，**，* 分别表示在 1%，5%，10% 的水平上显著；括号内为 P 值。

表 5-18　网络媒体报道分布情况：国企 vs. 非国企

SOE	样本量	网络媒体报道数	网络媒体报道均值	媒体报道总数	媒体报道均值	Size 均值	舞弊总数
非国企组	223	52 756	236.574 0	359	1.609 9	21.412 3	154
国企组	275	48 257	175.48	628	2.283 6	21.705 9	95
差值	−52	4 499	61.094 0	−269	−0.673 8	−0.293 6	59
t 值			4.051 6***		−3.676 1***	−3.139 7***	

注：***，**，* 分别表示在1%，5%，10%的水平上显著。

（5）PSM 配对检验

本节主测试中我们配对样本的选择是基于同行业、同交易所、近似资产规模和近似上市年限且未被处罚的公司，在此基础上我们进一步使用了倾向得分匹配（Propensity Score Matching，PSM）的方法选择配对样本，来进一步补充验证不同媒体报道类别对财务舞弊所产生影响的不同。回归结果如表 5-19 所示，除媒体关注度变量 Cov 外，其他媒体变量 Media1、Media2、J-F、Internet 的回归结果和显著性均和主结果保持一致。Cov 的不显著可能是因为 PSM 匹配之后的样本量不够大所导致。

表 5-19　媒体关注对财务舞弊影响的 PSM 配对检验结果

被解释变量：Fraud					
解释变量	(1)	(2)	(3)	(4)	(5)
Cov	−0.084 9 (0.545)				
Media1		−0.528 1** (0.027)			
Media2			0.193 8 (0.199)		
J-F				−0.458 3*** (0.001)	
Internet					−0.957 5*** (0.000)
Lev	0.146 7 (0.805)	0.123 1 (0.837)	0.187 1 (0.754)	0.234 4 (0.699)	0.701 6 (0.275)
Roa	−4.405 9* (0.078)	−4.482 8* (0.069)	−4.711 5* (0.061)	4.482 3* (0.073)	−3.019 5 (0.264)

续表

被解释变量：Fraud					
解释变量	(1)	(2)	(3)	(4)	(5)
Size	−0.104 1 (0.405)	−0.051 3 (0.677)	−0.120 0 (0.336)	−0.114 4 (0.355)	0.058 2 (0.655)
Z	−0.001 5 (0.628)	−0.001 1 (0.737)	−0.001 4 (0.667)	−0.001 2 (0.708)	−0.003 4 (0.337)
H3	−1.105 5 (0.224)	−1.294 8 (0.153)	−1.075 1 (0.238)	−1.117 2 (0.225)	−1.579 9 (0.108)
As	−0.163 4 (0.422)	−0.160 7 (0.433)	−0.156 1 (0.445)	−0.090 4 (0.663)	−0.191 8 (0.367)
Ac	0.285 8 (0.387)	0.251 3 (0.454)	0.286 5 (0.388)	0.189 4 (0.572)	0.352 0 (0.305)
Year	Control	Control	Control	Control	Control
常数项	2.415 0 (0.321)	1.409 1 (0.559)	2.653 2 (0.274)	2.388 6 (0.323)	1.541 1 (0.536)
LR chi2	9.97	14.680 0	11.260 0	17.490 0	39.120 0
Prob>chi2	0.905 1	0.613 8	0.842 9	0.421 5	0.001 7
Pseudo R^2	0.035 6	0.052 4	0.040 2	0.062 5	0.139 7
N	202	202	202	202	202

注：***，**，* 分别表示在 1%，5%，10% 的水平上显著；括号内为 P 值。

5.3.3.3 研究结论

本节以 2005 年至 2015 年我国 A 股主板上市公司为样本，研究了媒体报道对财务舞弊行为的影响，从媒体关注度与财务舞弊之间的关系、不同基调下的媒体报道与财务舞弊之间的关系、控制权属性对媒体报道与财务舞弊之间关系的影响等三个方面展开了研究。本节研究的结论有：(1) 媒体关注度与财务舞弊之间有显著负相关关系，即媒体关注度越高，公司未来进行财务舞弊的可能性越小。(2) 公司被负面报道的数量越多，其发生财务舞弊风险的可能性越小；而正面报道则没有对公司治理产生作用，也即相比于正面报道，负面报道的公司治理效应更明显。(3) 公司获得的媒体报道越趋于负面，其未来越不可能从事财务舞弊。(4) 相较于非国有控股企业，媒体关注度在国有控股企业中的治理效果更加显著。(5) 网络媒体报道也同样能发挥公司治理效应，抑制公司的财务舞弊行为，但是这种治理效应对于非国有控股企业更加显著。

5.3.4 媒体报道声誉机制与盈余管理

5.3.4.1 理论分析

现有研究发现,财务业绩不佳的报告往往会导致上市公司的重大资本损失。媒体对上市公司的关注,给经理人带来了满足市场预期的额外压力。为了满足这样的期望,管理者会采取一系列的行动来改善公司的财务业绩,从而使他们的私人利益最大化。然而,财务状况的真正改善需要很长时间和巨大的努力才能实现。作为一种捷径,管理者可能会冒险使用盈余管理来实现盈余目标。相对于发达经济体,中国的媒体机构环境的声誉机制较弱,盈余管理的好处可能明显大于盈余管理的成本,媒体可能会加剧这种情况。

(1) 声誉机制的影响

本节将从三个方面分析声誉机制的影响:第一,管理者对潜在雇主的声誉,它决定了管理者在管理人才市场的竞争力;第二,经理人在金融市场上的声誉,它将影响未来融资成本;第三,管理者对社会的声誉,这可能与管理者的声誉和自尊有关。

一方面,声誉收益随着媒体报道的增加而增加。在中国,大多数上市公司都是由政府控制的。国有企业的首席执行官们不仅非常重视金钱报酬,还非常重视政治晋升的机会。政府作为国有企业的最大所有者,在任命和提拔管理者时,一直注重使用财务绩效指标来评价管理者的绩效(Cao et al.,2019;Kato et al.,2006)。与此同时,国有企业的管理者必须密切关注他们的公众形象和声誉,这往往受到媒体报道基调的影响。一旦国有企业的管理者帮助他们的公司实现盈利目标,他们将受益于提高绩效的声誉,并有可能获得更多的政治晋升机会。媒体报道通过传播公司成功的"好消息",进一步增加了管理人员的福利。

另一方面,声誉成本也随着媒体报道的增加而增加。从事盈余管理冒着被审计师和监管者等外部治理机制发现的风险,然后被媒体披露。一旦盈余管理行为被发现,管理者不仅会在有形资本和个人声誉方面遭受重大损失,同时也可能失去晋升机会(廖冠民等,2012),并面临严厉的处罚。

面对盈余管理的成本和收益,管理者如何决定并采取行动? Francis et al. (2008)考察了CEO的声誉与盈余管理之间的关系后发现,CEO的声誉越高,其盈余管理程度也越高。他们认为,CEO的声誉越高,他们就越有可能管理利润,以满足市场对利润增长的高预期,这样他们就能从保持高声誉中获得额外的好处。我们认为,在中国,媒体对经理人声誉利益的影响大于声誉成本,我们将在下文对此进行解释。

对于国有企业的管理者来说,盈余管理的声誉成本可能很小。第一,因为有政府的支持,国有企业比非国有企业更容易获得银行贷款(Liu et al.,2007)。因此,即使企业声誉受到媒体的损害,国有企业通常也不关心融资资源和成本。第二,良好的业绩和盈余管理带来的后续声誉收益会使管理者获得更多的政治晋升机会,这将对其未来作为管理者的职业生涯产生巨大的影响。相比之下,新闻媒体曝光盈余管理所带来的声誉损失成本,似乎要比政治晋升所带来的潜在利益小得多。现有文献发现,盈余管理行为被曝光的国有企业管理者并没有遭受重大财务损失,被降职的情况也较少,因为他们中的大多数只是被转移到其他公司的类似职位(王珺,2001)。

对于民营企业的管理者来说,由于管理人才市场的不成熟,从创业型管理者到职业型管理者的转换成本较低(李培功等,2013)。因此,即使盈余管理行为被媒体曝光,管理者仍然可以找到工作或自主创业。相反,如果通过收益管理达到市场对收益的预期,就会得到奖金和晋升机会。此外,民营企业为了获得银行贷款,管理收益的压力更大。

基于以上分析,我们认为盈余管理给中国上市公司管理者带来的声誉收益远大于声誉成本,而媒体对公司新闻的快速传播和对公司业绩的解读会加剧这种情况。

(2)市场机制的影响

在发达经济体中,高管从事盈余管理的一个主要动机是通过薪酬和公司股票在资本市场上的增值获得有形资本利得。由于目前中国管理人才市场的不完善,中国上市公司经理的薪酬激励相对较小,而满足首次公开发行(IPO)监管要求和保持上市公司资格的激励非常强。在中国,上市公司是一种重要的壳资源。一家公司一旦上市,其价值将显著增加,并将从公开发行中筹集大量资金。其结果是,控股股东和经理层可能会利用各种手段从上市公司挖掘、挪用资产,以获取巨大的私人利益。要获得监管机构的批准,上市公司必须达到监管机构设定的特定盈利门槛。即使在上市后,公司也必须避免连续数年的净亏损,以防止退市。由于这些原因,许多中国公司倾向于使用盈余管理来达到他们的盈余阈值或避免损失(Wang X et al.,2011)。

在中国股市,投资者以个人投资者为主,与机构等其他类型的投资者相比,个人投资者的专业知识较少,目光短浅。个人往往更容易受到从众效应的影响,因此很容易受到媒体报道和媒体语气的影响,使得自己对股票价格的预期高度依赖于媒体报道。如果一个经理满足了投资者对公司财务业绩的预期,他将在资本收益方面获得巨大的利益。媒体对盈利消息的快速传播以及对结果的解读和猜测加剧了这种情况。

(3) 惩罚机制的影响

如前所述,盈余管理是在承担惩罚成本的风险下进行的,包括法律成本和行政成本,而媒体报道会增加惩罚成本的规模。下面将分析这两种成本的影响:在中国这样的新兴市场,法律对投资者利益的保护仍然有限,不太可能使得所有从事盈余管理的管理者都受到法律的惩罚。虽然随着时间的推移,由于持续的市场化改革和法律环境的改善,这种情况会有所改善,但是诉讼带来的惩罚成本仍然不能反映中国股市发生的所有违规行为。这使得法律成本不像其他关键类别的惩罚成本——行政成本那样重要。Li et al. (2010)认为媒体报道可以引起政府对管理者违法行为的关注和干预,从而增加政府对管理者惩罚的可能性,行政成本相应增加。

从惩罚机制的角度来看,尽管媒体报道增加了管理层盈余管理行为被惩罚的可能性和规模,但是中国法律体系的薄弱和执法不力,让管理人员有机会逃避惩罚,或者只遭受很小的经济损失,即使媒体报道了违法行为。虽然媒体的报道已经将消息传达给了监管机构,但被政府处罚的公司数量仍然很少,许多违法行为被忽视或没有被监管机构注意(于忠泊等,2011)。

总体而言,媒体报道对盈余管理的影响是双重的。一方面会增加盈余管理的成本,另一方面也会增加收益。鉴于中国目前的法律环境,我们认为:

第一,虽然披露盈余管理可能会带来声誉成本和随后的惩罚成本,但与盈余管理的巨大收益相比,盈余管理的成本远远小于收益。

第二,媒体报道加剧了盈余管理的利益大于成本的局面,这可以从声誉机制、市场机制和惩罚机制三个方面来分析。首先,媒体报道增加的声誉收益超过了声誉损失的成本。其次,由于中国资本市场的不成熟,小股东更容易受到媒体报道的影响,导致股票市场波动性较大,而媒体在发布收益消息时的关注和语气往往会加剧这种情况。一旦公司的收益达到了投资者的预期,其管理者就可以获得巨大的资本收益。

第三,在媒体公开向监管机构传达公司进行盈余管理的消息的情况下,被政府惩罚的公司数量仍然很少,这使得经理认为即使他们的盈余管理行为被发现或暴露,也不会面临罚款或只会遭受小损失。因此,在盈余达标的压力下,管理者更有可能进行盈余管理。

除了媒体的报道水平,媒体的语气也会对公众对管理者诚信和能力的感知产生重大影响,从而影响管理者的决策。当媒体对上市公司进行负面报道时,上市公司的管理者可能会通过进一步的盈利管理来表现出良好的业绩,以弥补之前的声誉损失。于忠泊等(2011)发现媒体关注越多,管理层越有可能隐藏坏消息,因为他们没有隐藏好消息的动机。

因此,我们认为:第一,媒体报道增加了盈余管理的可能性;第二,与非负面报道相比,负面媒体报道更容易导致盈余管理。

(4) 媒体报道、CEO声誉与盈余管理

Dai et al. (2015)认为,在内部人员的个人财富与公司价值紧密相关的公司中,媒体的监督力量更强。在发达国家,媒体有助于遏制非法行为,但在中国,正如之前所分析的那样,我们认为盈余管理的声誉收益远远大于盈余管理的声誉成本,而媒体的报道放大了这种差异。Francis et al. (2008)也认为,CEO的声誉越高,他们越有可能管理收益以满足市场的高预期。此外,当面对媒体,特别是媒体的负面报道时,更有声望的CEO会面临更大的压力,他们会采取行动来重建自己的公众形象和声誉,这可以通过达成盈利目标来实现。因此我们认为,在中国,知名度高的CEO比知名度低的CEO更有可能参与盈余管理。媒体对更知名的CEO有更大的影响,从而增加了与他们相关的公司进行盈余管理的可能性。与非负面报道相比,负面媒体报道更有可能导致知名CEO所在公司进行盈余管理。

(5) 媒体报道、控制权属性与盈余管理

中国大部分A股上市公司都是国有企业。国企的规模通常更大,管理体系也更复杂,因此作为最终股东的政府很难监督国企的管理层,也很难监督国企的日常运营。在中国政府的管理体制中,各级政府负责不同行业、不同领域的监管。级别较高的行政机构不监督级别较低的企业,而是由下级政府机构监督。当地方官员与企业的管理者相互勾结时,治理机制的链条就会断裂。

此外,国有企业的CEO往往拥有政治地位,因此他不仅是一名高管,也是一名政治家,他们往往更关注政治晋升机会。媒体绩效声誉的快速改善为CEO提供了更多的政治晋升机会。因此,CEO们可能会更加短视,做出短视的决定来从事盈余管理。相比之下,非国有企业的CEO更注重自己的社会声誉,对盈余管理活动更为谨慎。

以往的研究表明,在市场欠发达、资本更集中的环境中,管理层更有可能获得更大的私人利益(Dyck et al.,2004b)。中国国有企业的所有权高度集中,管理者可以从盈余管理中获得比非国有企业管理者更多的私人利益。

此外,Wang X et al.(2011)发现,盈余质量较差的公司更有可能与较低的盈利水平和国有控股相关。国有企业的经理是由政府任命的,而不是由市场选择的。这些管理人员通常是从拥有政治职位的官员中挑选出来的。官僚有权力任命管理者,但通常不需要为任命不当的后果承担任何责任,他们缺乏激励或监督管理者的压力或动机。因此,国有企业的管理者会操纵利润以满足自身利益。如果媒体对企业进行负面报道,这种情况将进一步恶化。对于国有企业的管理者来说,为了减少对他们声誉的损害,避免失去晋升机会的风险,展示良好的财务业绩,重建政府对他们的信心是很重要的。

因此,我们认为:第一,媒体报道对国有企业盈余管理的影响大于非国有企业。第二,与非负面报道相比,负面媒体报道对国有企业盈余管理的影响更为显著。

5.3.4.2 实证研究

1) 样本选取

本节的实证研究以 2008 年至 2012 年在上海证券交易所上市的 A 股公司为样本。样本的选择排除了以下公司:第一,金融和保险行业的公司,因为该行业在经营和会计政策方面具有独特性;第二,所属行业上市公司少于 15 家的公司;第三,数据缺失的公司。本节所有财务数据均来自中国股票市场和 CSMAR 数据库。媒体报道数据是通过阅读中国知网(CNKI)的报纸专栏来手工收集的。本节收集到了 2 256 个符合要求的样本,包含了 11 个行业的公司。

2) 媒体报道数据

本节使用三个变量来代理媒体报道:新闻发布总数(Media 1),负面新闻发布数量(Media 2)和非负面新闻发布数量(Media 3)。然后我们将新闻发布次数加 1 的总和取自然对数来衡量媒体报道变量的值,分别用 Media 1、Media 2 和 Media 3 来表示。

Media 1 是指发行量大、被认为是中国主要财经媒体的 14 家报纸的新闻报道数量,这些报纸包括《中国证券报》《上海证券报》《证券日报》《证券时报》《二十一世纪经济报道》《第一财经日报》《经济观察报》《第一财经报》《中国时报》《金融时报》《经济日报》《中国经济时报》《金融时报》《经济参考报》。其中,《证券日报》《证券时报》和《中国证券报》是证监会指定披露上市公司信息的报纸。本节没有考虑来自财经网站和基于网络的财经期刊新闻,因为网络新闻大部分来自报纸,通常滞后于报纸的报道。本节从中国知网的报纸专栏中获取这14家报纸的媒体报道数据。

本节根据14家报纸上的公司名称进行主题检索和标题检索。当一家公司的名字在一篇新闻文章中出现的频率高于其他公司时,则认为这是一篇与该公司有关的新闻报道。

Media 2 表示负面媒体报道的数量。如何区分负面报道和其他报道是我们收集数据的关键问题。游家兴等(2012)提出,识别负面新闻的方法中最被认可的是文本分析法。该方法又分为计算机识别法和人工识别法。计算机识别方法是通过计算机来统计否定词的频率。尽管该方法的效率较高,但在识别媒体报道负面语气方面的有效性较低,仅仅依靠电脑程序来辨别负面新闻是很困难的。因此,本节采用了人工方法,通过阅读新闻来判断其是否为负面报道(游家兴等,2012;醋卫华等,2012)。我们阅读了所有相关文章,在标题和文本中搜索负面关键词,以确定新闻的基调。本节用来区分负面报道的最优负面关键词参考了于忠泊等(2011)和郑志刚等(2011)的研究。

3) 媒体声誉数据

本节用14家主要报纸中包含CEO姓名的新闻报道数量来代表CEO的声誉。实证分析的变量为与CEO相关的新闻报道次数加1的自然对数,用REP表示,REP越高,CEO的声誉越高。之前的研究也使用了不同的CEO声誉衡量标准,包括社会声望(Blau et al.,1967)、教育背景(Warren et al.,1997)、企业社会责任报告(Dai et al.,2015)和薪酬(Rajgopal et al.,2006)。Francis et al.(2008)研究了CEO声誉与盈余质量之间的关系。他们利用与CEO相关的新闻报道数量来代表CEO的声誉。Milbourn(2003)在其关于CEO声誉与CEO薪酬关系的研究中也使用了同样的测量指标来代理CEO声誉。

参考他们的研究,本节使用包含CEO姓名的新闻报道数量来衡量CEO的声誉。本节通过搜索关键词"CEO"或"董事长"来获取包含CEO姓名的新闻报道的数量,然后直接阅读文章并做出最终判断。为了避免多重共线性,本节在实证分析中使用了虚拟变量HREP,当CEO声誉值大于所有CEO声誉值的均值时,HREP等于1,否则为0。

4) 变量定义

具体的变量定义见表 5-20 所示。

表 5-20 变量定义表

变量类别	变量	变量符号	变量定义
被解释变量	盈余管理	|DA|	使用修正的 Jones 模型计算可操控性应计利润的绝对值
解释变量	媒体报道	Media1	log[1+(t-1)年全年新闻报道总数]
	负面媒体报道	Media2	log[1+(t-1)年全年负面新闻报道总数]
	非负面媒体报道	Media3	log[1+(t-1)年全年非负面新闻报道总数]
调节变量	CEO 声誉	REP	t-1 年全年包含 CEO 姓名的新闻报道总数
	高声誉 CEO	HREP	虚拟变量,CEO 声誉大于均值时为 1,小于均值时为 0
控制变量	国有企业	SOE	虚拟变量,如果是国有企业,则为 1,否则为 0
	资产报酬率	ROA	净利润除以年末总资产
	资产负债率	LEV	期末总负债除以期末总资产
	销售收入增长率	Growth	[t 年总销售额除以(t-1)年总销售额]-1
	公司规模	Size	期末总资产的自然对数
	市账比	MB	公司市值除以账面价值
	两权合一	Duality	虚拟变量,如果公司董事长和 CEO 是同一个人,则为 1,否则为 0
	独董比例	Indep	独立董事在董事会中的比例
	CEO 年龄	Age	CEO 年龄
	会计师事务所	Big10	虚拟变量,如果公司由中国市场十大会计师事务所之一审计,则为 1,否则为 0
	年份	Year	虚拟变量
	行业	IND	虚拟变量

5) 模型构建

为了研究媒体报道的声誉机制是否影响盈余管理,我们构建了以下模型:

$$|DA|_{i,t} = \beta_0 + \beta_1 Media1_{i,t-1} + \beta_2 HREP_{i,t-1} + \beta_3 SOE_{i,t-1} + \beta_4 Media1_{i,t-1} \times$$
$$HREP_{i,t-1} + \beta_5 Media1_{i,t-1} \times SOE_{i,t-1} + \beta_6 HREP_{i,t-1} \times SOE_{i,t-1} +$$
$$\beta_7 ROA_{i,t} + \beta_8 LEV_{i,t} + \beta_9 Growth_{i,t} + \beta_{10} Size_{i,t} + \beta_{11} MB_{i,t} +$$
$$\beta_{12} Duality_{i,t} + \beta_{13} Indep_{i,t} + \beta_{14} Age_{i,t} + \beta_{15} Big10_{i,t} +$$
$$\sum \delta_i Year_i + \sum \theta_j IND_j + \varepsilon_{i,t}$$

公式(5-6)

$$|DA|_{i,t} = \beta_0 + \beta_1 Media2_{i,t-1} + \beta_2 HREP_{i,t-1} + \beta_3 SOE_{i,t-1} + \beta_4 Media2_{i,t-1} \times$$
$$HREP_{i,t-1} + \beta_5 Media2_{i,t-1} \times SOE_{i,t-1} + \beta_6 HREP_{i,t-1} \times SOE_{i,t-1} +$$
$$\beta_7 ROA_{i,t} + \beta_8 LEV_{i,t} + \beta_9 Growth_{i,t} + \beta_{10} Size_{i,t} + \beta_{11} MB_{i,t} +$$
$$\beta_{12} Duality_{i,t} + \beta_{13} Indep_{i,t} + \beta_{14} Age_{i,t} + \beta_{15} Big10_{i,t} +$$
$$\sum \delta_i Year_i + \sum \theta_j IND_j + \varepsilon_{i,t}$$

公式(5-7)

$$|DA|_{i,t} = \beta_0 + \beta_1 Media2_{i,t-1} + \beta_2 Media3_{i,t-1} + \beta_3 HREP_{i,t-1} + \beta_4 SOE_{i,t-1} +$$
$$\beta_5 Media2_{i,t-1} \times HREP_{i,t-1} + \beta_6 Media2_{i,t-1} \times SOE_{i,t-1} +$$
$$\beta_7 Media3_{i,t-1} \times HREP_{i,t-1} + \beta_8 Media3_{i,t-1} \times SOE_{i,t-1} +$$
$$\beta_9 HREP_{i,t-1} \times SOE_{i,t-1} + \beta_{10} ROA_{i,t} + \beta_{11} LEV_{i,t} + \beta_{12} Growth_{i,t} +$$
$$\beta_{13} Size_{i,t} + \beta_{14} MB_{i,t} + \beta_{15} Duality_{i,t} + \beta_{16} Indep_{i,t} + \beta_{17} Age_{i,t} +$$
$$\beta_{18} Big10_{i,t} + \sum \delta_i Year_i + \sum \theta_j IND_j + \varepsilon_{i,t}$$

公式(5-8)

6) 实证结果

(1) 描述性统计分析

表5-21的Panel A显示了不同CEO声誉样本之间检验变量均值差异的单变量分析结果。从表5-21可以看出,高声誉CEO组的|DA|均值显著高于低声誉CEO组,表明拥有高声誉CEO的公司倾向于进行盈余管理的可能性更高。高声誉CEO组的Media1、Media2和Media3的均值也显著高于低声誉CEO组,说明拥有高声誉CEO的公司更容易受到媒体的关注。此外,高声誉CEO组的Age、ROA、Size、Indep和Big10也显著高于低声誉CEO组。

表 5-21 分组描述性统计

Panel A：按 CEO 声誉划分的变量汇总统计

变量	高声誉 CEO 组 均值	高声誉 CEO 组 标准差	低声誉 CEO 组 均值	低声誉 CEO 组 标准差	均值差异	t 值
|DA|	0.096	0.581	0.069	0.159	0.028*	−1.884
Media1	1.098	0.289	0.549	0.343	0.548***	−35.909
Media2	0.046	0.146	0.016	0.083	0.030***	−6.294
Media3	2.501	0.691	1.250	0.787	1.252***	−35.384
SOE	0.721	0.449	0.703	0.457	0.018	−0.845
Age	53.151	6.277	51.863	6.633	1.287***	−4.253
LEV	0.452	0.203	0.449	0.210	0.003***	−0.322
ROA	0.049	0.063	0.034	0.055	0.015***	−5.901
Growth	0.680	3.652	0.962	4.741	−0.282	1.353
Size	22.691	1.343	21.931	1.139	0.760***	−13.796
MB	1.909	1.093	1.900	1.131	0.009	−0.178
Duality	0.010	0.098	0.013	0.113	−0.003	0.626
Indep	0.370	0.057	0.362	0.047	0.008***	−3.463
Big10	0.459	0.499	0.364	0.481	0.095***	−4.214

Panel B：按所有权类型划分的变量汇总统计

变量	国企组 均值	国企组 标准差	非国企组 均值	非国企组 标准差	均值差异	t 值
|DA|	0.076	0.364	0.074	0.151	0.002	−0.113
Media1	0.691	0.410	0.659	0.394	0.032*	−1.794
Media2	0.019	0.094	0.033	0.121	−0.013***	3.023
Media3	1.576	0.944	1.493	0.907	0.083**	−2.035
HREP	0.246	0.431	0.230	0.421	0.016	−0.845
Age	52.202	5.830	52.106	8.093	0.097	−0.338
LEV	0.457	0.211	0.432	0.202	0.025	−2.731
ROA	0.035	0.055	0.043	0.063	−0.008***	3.285
Growth	0.938	4.627	0.785	4.191	0.153	−0.782
Size	22.278	1.257	21.720	1.082	0.558***	−10.609
MB	1.793	1.002	2.167	1.333	−0.374***	7.764
Duality	0.011	0.102	0.016	0.126	−0.006	1.168
Indep	0.364	0.050	0.364	0.049	0.000	0.100
Big10	0.423	0.494	0.300	0.459	0.123***	−5.844

注：***，**，* 分别表示在 1%，5%，10% 的水平上显著。

表5-21的Panel B将样本分为国企组和非国企组。由表5-21可以看出,国企组|DA|的均值高于非国企组,但差异不显著。国企组的Media1、Media3的均值显著高于非国企组,反映了媒体对国有企业的关注度高于非国有企业。从表中我们还可以看出,国企组的ROA和MB的均值显著低于非国企组,而国企组的Size和Big10的均值显著高于非国企组。

(2) 媒体报道、CEO声誉和盈余管理

表5-22的Panel A展示了媒体报道、CEO声誉和所有权类型对盈余管理影响的分析结果。列(1)代表了媒体报道(Media1)对盈余管理(|DA|)的主要影响。列(2)考察了CEO声誉(HREP)对盈余管理(|DA|)的单独影响。列(3)和列(4)分别包含了CEO声誉(HREP)和所有权性质(SOE),而列(5)包含了所有三个变量。回归结果表明:首先,Media1始终与盈余管理显著正相关(|DA|)。这一结果表明,媒体关注度越高,盈余管理程度越高。其次,HREP在5%的水平上与盈余管理呈显著正相关,表明拥有更知名首席执行官的公司往往更注重盈余管理。

表5-22的Panel B展示了媒体报道、CEO声誉和所有权类型三者交互作用对盈余管理影响的检验结果。本节引入了媒体报道(Media1)、CEO声誉(HREP)和国有企业(SOE)三者之间的交互变量。上文预测,媒体报道会增加CEO声誉高的企业进行盈余管理的可能性,同时媒体报道会加强国有企业的盈余管理。为了避免交互项与其他变量之间可能存在的多重共线性问题,我们对交互项进行了中心化处理(Miao et al.,2014)。未列示于表中的方差膨胀因子(VIF)值表明,本节的样本中不存在多重共线性问题。

表5-22的Panel B中列(1)~(4)的结果表明,在所有四个模型中,Media1仍与盈余管理显著正相关,在本节的结果中显示了很强的稳健性,得到媒体报道越多的公司盈余管理程度越高。列(2)中,Media1和SOE三者的交互作用在10%的水平上显著,尽管这种交互作用在列(3)和列(4)中不显著。在列(1)中,Media1与HREP的交互作用不显著,这表明对声誉较高的CEO的整体媒体关注似乎并未增加企业进行盈余管理的可能性,然而,媒体的语气是否会产生影响还有待检验。

表 5-22 媒体对盈余管理的影响

Panel A：媒体报道、CEO 声誉和所有权类型对盈余管理的影响

被解释变量：|DA|

	(1)	(2)	(3)	(4)	(5)
Media1	0.0556***		0.044**	0.057***	0.045**
	(0.004)		(0.046)	(0.003)	(0.041)
HREP		0.037**	0.019		0.019
		(0.018)	(0.288)		(0.294)
SOE				0.014	0.014
				(0.321)	(0.328)
Age	−0.003**	−0.003**	−0.003**	−0.002**	−0.003**
	(0.013)	(0.011)	(0.012)	(0.014)	(0.012)
LEV	−0.022	−0.019	−0.021	−0.022	−0.021
	(0.520)	(0.580)	(0.539)	(0.534)	(0.552)
ROA	0.015	0.018	0.011	0.023	0.019
	(0.911)	(0.890)	(0.936)	(0.860)	(0.886)
Growth	−0.000	−0.000	−0.000	−0.000	−0.000
	(0.928)	(0.972)	(0.950)	(0.899)	(0.921)
Size	−0.009	−0.004	−0.010	−0.010	−0.011
	(0.215)	(0.578)	(0.200)	(0.175)	(0.164)
MB	−0.011	−0.008	−0.011	−0.010	−0.011
	(0.156)	(0.258)	(0.149)	(0.169)	(0.161)
Duality	−0.010	−0.006	−0.009	−0.009	−0.009
	(0.866)	(0.914)	(0.871)	(0.873)	(0.877)
Indep	−0.116	−0.127	−0.124	−0.116	−0.124
	(0.366)	(0.322)	(0.334)	(0.367)	(0.335)
Big10	−0.0212	−0.021	−0.022	−0.023*	−0.023*
	(0.105)	(0.123)	(0.102)	(0.088)	(0.086)
Year dummies	Yes	Yes	Yes	Yes	Yes
Industry dummies	Yes	Yes	Yes	Yes	Yes
N	2 556	2 556	2 556	2 556	2 556
Adjusted R^2	0.91%	0.80%	0.91%	0.91%	0.91%

续表

PanelB：媒体报道与 CEO 声誉、所有权类型的交互作用对盈余管理的影响

被解释变量：|DA|

	(1)	(2)	(3)	(4)
Media1	0.049** (0.03)	0.057*** (0.003)	0.050** (0.026)	0.050** (0.026)
HREP	0.003 (0.893)		0.005 (0.840)	0.005 (0.844)
SOE		0.016 1 (0.267)	0.016 (0.279)	0.016 (0.278)
Media1×HREP	0.052 (0.302)		0.044 (0.380)	0.045 (0.378)
Media1×SOE		0.062* (0.083)	0.058 (0.102)	0.063 (0.143)
HREP×SOE				−0.007 (0.860)
Age	−0.003** (0.010)	−0.002** (0.014)	−0.003** (0.011)	−0.003** (0.011)
LEV	−0.022 (0.524)	−0.020 (0.568)	−0.020 (0.572)	−0.020 (0.569)
ROA	0.010 (0.941)	0.349 (0.789)	0.029 (0.822)	0.028 (0.829)
Growth	−0.000 (0.948)	−0.000 (0.908)	−0.000 (0.928)	−0.000 (0.928)
Size	−0.011 (0.151)	−0.012 (0.130)	−0.013* (0.096)	−0.013* (0.097)
MB	−0.011 (0.129)	−0.011 (0.140)	−0.012 (0.119)	−0.012 (0.119)
Duality	−0.010 (0.869)	−0.009 (0.870)	−0.009 (0.119)	−0.008 (0.872)
Indep	−0.131 (0.307)	−0.127 (0.323)	−0.140 (0.276)	−0.141 (0.275)
Big10	−0.022* (0.097)	−0.024* (0.081)	−0.024* (0.076)	−0.024* (0.076)
Yeardummies	Yes	Yes	Yes	Yes
Industrydummies	Yes	Yes	Yes	Yes
N	2 556	2 556	2 556	2 556
AdjustedR^2	0.92%	0.99%	0.98%	0.94%

注：***，**，* 分别表示在 1%，5%，10% 的水平上显著；括号内为 P 值。

(3) 负面媒体报道、CEO 声誉和盈余管理

表 5-23 的 Panel A 展示了负面媒体报道对盈余管理影响的研究结果。列(1)显示了负面媒体报道(Media2)对盈余管理(|DA|)的主效应。列(2)和列(3)分别将 CEO 声誉(HREP)和所有权性质(SOE)整合到模型中,列(4)包含了所有三个变量。回归结果表明,负面媒体报道的度量 Media2 在 1% 的水平下与盈余管理(|DA|)显著相关,这表明当公司受到更多的负面媒体报道时,盈余管理程度更高。

表 5-23 的 Panel B 展示了负面媒体报道对盈余管理的影响是否会受到 CEO 声誉和所有权类型的影响的检验结果。在 Panel B 中,我们逐步添加了负面媒体报道(Media2)与另外两个因素 CEO 声誉(HREP)和所有权类型(SOE)之间的交互项。列(1)~列(4)的结果表明,在所有四个模型中,Media2 在 1% 的水平上与盈余管理显著正相关。Media2 与 HREP 之间的交互项与盈余管理显著正相关,表明负面媒体报道会提高高声誉 CEO 的盈余管理水平。Media2 与 SOE 的交互项在 1% 的水平下与盈余管理显著正相关,这告诉我们,负面的媒体报道会增加国企进行盈余管理的可能性。

表 5-23 负面媒体报道的影响

Panel A:负面媒体报道、CEO 声誉对盈余管理的影响

被解释变量:|DA|

	(1)	(2)	(3)	(4)
Media2	0.273***	0.258***	0.278***	0.262***
	(0.000)	(0.000)	(0.000)	(0.000)
HREP		0.028*		0.028*
		(0.078)		(0.076)
SOE			0.016	0.016
			(0.269)	(0.261)
Age	−0.002**	−0.002**	−0.002**	−0.002**
	(0.024)	(0.019)	(0.026)	(0.021)
LEV	−0.032	−0.030	−0.031	−0.030
	(0.361)	(0.384)	(0.371)	(0.394)
ROA	0.045	0.033	0.055	0.043
	(0.726)	(0.799)	(0.670)	(0.740)
Growth	−0.000	−0.000	−0.000	−0.000
	(0.913)	(0.946)	(0.881)	(0.913)

续表

Panel A：负面媒体报道、CEO声誉对盈余管理的影响

被解释变量：|DA|

	(1)	(2)	(3)	(4)
Size	0.001 (0.865)	−0.003 (0.725)	0.000 (0.960)	−0.003 (0.639)
MB	−0.007 (0.350)	−0.008 (0.252)	−0.006 (0.383)	−0.008 (0.279)
Duality	−0.011 (0.853)	−0.011 (0.845)	−0.010 (0.861)	−0.011 (0.853)
Indep	−0.122 (0.340)	−0.135 (0.291)	−0.122 (0.341)	−0.135 (0.291)
Big10	−0.019 (0.156)	−0.020 (0.136)	−0.020 (0.131)	−0.021 (0.113)
Year dummies	Yes	Yes	Yes	Yes
Industry dummies	Yes	Yes	Yes	Yes
N	2 556	2 556	2 556	2 556
Adjusted R^2	1.35%	1.43%	1.35%	1.44%

Panel B：负面媒体报道、CEO声誉和所有权类型的交互作用对盈余管理的影响

被解释变量：|DA|

	(1)	(2)	(3)	(4)
Media2	0.120* (0.087)	0.325*** (0.000)	0.164** (0.020)	0.163** (0.021)
HREP	0.025 (0.117)		0.028* (0.080)	0.028* (0.083)
SOE		0.017 (0.242)	0.019 (0.177)	0.020 (0.167)
Media2×HREP	0.532*** (0.000)		0.587*** (0.000)	0.597*** (0.000)
Media2×SOE		0.491*** (0.000)	0.569*** (0.000)	0.550*** (0.000)
HREP×SOE				0.031 (0.345)

续表

Panel B：负面媒体报道、CEO 声誉和所有权类型的交互作用对盈余管理的影响

被解释变量：|DA|

	(1)	(2)	(3)	(4)
Age	−0.002**	−0.002**	−0.002**	−0.002**
	(0.020)	(0.028)	(0.023)	(0.022)
LEV	−0.029	−0.028	−0.024	−0.023
	(0.406)	(0.422)	(0.488)	(0.507)
ROA	0.042	0.062	0.060	0.069
	(0.748)	(0.633)	(0.642)	(0.593)
Growth	0.000	−0.000	0.000	0.000
	(0.973)	(0.895)	(0.981)	(0.980)
Size	−0.002	−0.000	−0.004	−0.005
	(0.761)	(0.962)	(0.552)	(0.510)
MB	−0.007	−0.006	−0.006	−0.007
	(0.333)	(0.400)	(0.386)	(0.370)
Duality	−0.011	−0.003	−0.001	−0.001
	(0.853)	(0.965)	(0.982)	(0.984)
Indep	−0.118	−0.113	−0.106	−0.108
	(0.358)	(0.377)	(0.405)	(0.396)
Big10	−0.019	−0.022	−0.022	−0.022
	(0.164)	(0.109)	(0.110)	(0.105)
Year dummies	Yes	Yes	Yes	Yes
Industry dummies	Yes	Yes	Yes	Yes
N	2 556	2 556	2 556	2 556
Adjusted R^2	2.09%	1.79%	2.70%	2.70%

注：***，**，* 分别表示在 1%，5%，10% 的水平上显著；括号内为 P 值。

(4) 负面媒体报道 vs. 非负面媒体报道

比较表 5-22 和表 5-23 的回归结果，我们发现表 5-23 中 Media2 与 HREP 交互项的系数非常显著，而表 5-22 中 Media1 与 HREP 交互项的系数不显著。这表明，媒体报道的类型会影响媒体报道的声誉机制对盈余管理的影响。同时，Media2 与 SOE 交互项的系数显著性高于 Media1 与 SOE 的交互项，这也间接表明负面媒体报道对国有企业的影响更大。为了进一步比较负面媒体报道和非负面媒体报道的效果，本节将非负面媒体报道（Media3）和负面媒

体报道(Media2)纳入一个模型中,研究两种媒体报道对盈余管理的不同影响。

表 5-24 总结了不同类型媒体报道对盈余管理影响的检验结果。列(1)~列(4)是不添加交互项的模型的检验结果。列(1)验证了负面媒体报道(Media2)和非负面媒体报道(Media3)对盈余管理的不同影响。列(2)和列(3)中分别在列(1)的基础上加入了 CEO 声誉(HREP)和所有权性质(SOE)的代理变量,而列(4)包含了这四个变量。回归结果显示,四种模型中 Media2 和 Media3 的系数均显著为正,表明负面媒体报道和非负面媒体报道均会增加上市公司盈余管理的可能性。对 Media2 和 Media3 系数差异的未表 t 检验结果显示,在所有模型中,Media2 的系数均显著大于 Media3 的系数,表明负面媒体报道比非负面媒体报道对盈余管理的影响更大。表 5-24 中的列(5)~列(8)列示了加入交互项后的回归结果。回归结果表明,在所有相关模型中,Media2 和 HREP 的交互作用在 1% 的水平上与盈余管理显著正相关,而 Media3 和 HREP 的交互作用的所有系数都不显著。这一结果表明,只有负面媒体报道对 CEO 声誉较高的公司的盈余管理水平有影响,而非负面媒体报道对 CEO 声誉较高的公司的盈余管理水平没有影响。在列(6)~列(8)中 Media2 和国企的交互项与盈余管理都在 1% 的水平上显著正相关,而 Media3 和国企的交互项的系数并不显著,这告诉我们,只有负面媒体报道会影响国有企业的盈余管理,而非负面媒体报道则没有影响。

5.3.4.3 研究结论

本节以 2008—2012 年沪市 A 股上市公司为研究对象,从媒体声誉机制的角度考察了媒体报道对盈余管理的影响。同时,我们还研究了国有企业如何与媒体报道相互作用,进而影响盈余管理。本节的研究结果表明:第一,媒体对上市公司的报道可以激励或迫使管理者使用盈余管理来实现盈余目标,以满足投资者的期望。满足市场预期反过来也会增加管理层的私人利益,包括声誉利益、薪酬福利和股市资本收益。第二,由于惩罚成本较低,经理人似乎愿意承担与盈余管理相关的风险,以从盈余管理活动中获得巨大的收益,媒体似乎对盈余管理没有任何抑制作用。第三,媒体的声誉机制在中国是有效的,但与发达国家相比效果有所不同。具体来说,拥有更多知名 CEO 的公司往往会做出短视性的决定,并且比那些拥有较少知名 CEO 的公司更有可能使用盈余管理来实现盈余目标。第四,媒体报道,尤其是负面的媒体报道,加剧了国有企业的盈余管理程度,这表明媒体报道给国有企业管理者带来的收益大于成本,为他们提供了实施盈余管理的动机。第五,媒

表 5-24 不同类型媒体报道对盈余管理的影响

被解释变量：|DA|

	(1)	(2)	(3)	(4)	(5)	(6)	(7)	(8)
Media2	0.258*** (0.000)	0.253*** (0.000)	0.263*** (0.000)	0.258*** (0.000)	0.112 (0.109)	0.311*** (0.000)	0.155** (0.028)	0.155** (0.028)
Media3	0.019** (0.022)	0.016* (0.099)	0.020** (0.019)	0.016* (0.087)	0.020** (0.040)	0.021** (0.014)	0.021** (0.029)	0.021** (0.027)
HREP		0.014 (0.452)		0.013 (0.464)	−0.006 (0.810)		−0.003 (0.910)	−0.003 (0.911)
SOE			0.018 (0.219)	0.018 (0.224)		0.020 (0.160)	0.023 (0.116)	0.023 (0.117)
Media2×HREP					0.550*** (0.000)		0.614*** (0.000)	0.614*** (0.000)
Media2×SOE						0.483*** (0.001)	0.554*** (0.000)	0.554*** (0.000)
Media3×HREP					0.020 (0.354)		0.017 (0.431)	0.017 (0.433)
Media3×SOE						0.023 (0.130)	0.025 (0.110)	0.024 (0.183)
HREP×SOE								0.002 (0.967)
Age	−0.002** (0.022)	−0.002** (0.020)	−0.002** (0.023)	−0.0023** (0.022)	−0.002** (0.018)	−0.002** (0.025)	−0.002** (0.022)	−0.002** (0.022)

续表

被解释变量：|DA|	(1)	(2)	(3)	(4)	(5)	(6)	(7)	(8)
LEV	−0.032 (0.359)	−0.031 (0.371)	−0.031 (0.370)	−0.030 (0.381)	−0.030 (0.380)	−0.027 (0.444)	−0.024 (0.485)	−0.024 (0.486)
ROA	0.028 (0.827)	0.026 (0.845)	0.039 (0.764)	0.036 (0.782)	0.032 (0.805)	0.056 (0.669)	0.063 (0.629)	0.063 (0.628)
Growth	−0.000 (0.913)	−0.000 (0.929)	−0.000 (0.877)	−0.000 (0.892)	0.000 (0.993)	−0.000 (0.899)	0.000 (0.997)	0.000 (0.997)
Size	−0.007 (0.344)	−0.007 (0.328)	−0.008 (0.277)	−0.009 (0.264)	−0.009 (0.240)	−0.010 (0.178)	−0.012 (0.108)	−0.012 (0.108)
MB	−0.010 (0.168)	−0.010 (0.161)	−0.010 (0.185)	−0.010 (0.179)	−0.010 (0.183)	−0.010 (0.160)	−0.010 (0.184)	−0.010 (0.184)
Duality	−0.014 (0.80)	−0.014 (0.812)	−0.013 (0.815)	−0.013 (0.819)	−0.014 (0.814)	−0.007 (0.908)	−0.005 (0.931)	−0.005 (0.931)
Indep	−0.126 (0.323)	−0.132 (0.303)	−0.126 (0.324)	−0.132 (0.304)	−0.119 (0.351)	−0.128 (0.318)	−0.117 (0.358)	−0.117 (0.358)
Big10	−0.021 (0.119)	−0.021 (0.116)	−0.023* (0.096)	−0.023* (0.094)	−0.020 (0.132)	−0.024* (0.074)	−0.024* (0.080)	−0.024* (0.080)
Year dummies	Yes	Yes	Yes	Yes	Yes	Yes	Yes	Yes
Industry dummies	Yes	Yes	Yes	Yes	Yes	Yes	Yes	Yes
N	2 556	2 556	2 556	2 556	2 556	2 556	2 556	2 556
Adjusted R^2	1.51%	1.49%	1.53%	1.51%	2.19%	2.03%	2.88%	2.84%

注：***、**、* 分别表示在1%、5%、10%的水平上显著；括号内为 P 值。

报道基调与CEO的声誉和所有权性质相互作用,因而对盈余管理有重大影响。具体来说,那些拥有更多知名CEO的公司,当他们受到更多负面媒体报道时,往往会更多地使用盈余管理。同样,当国有企业受到更多负面的媒体报道时,它们更有可能使用盈余管理。这两个结果都表明,媒体报道的基调可能会对高管进行盈余管理施加额外的压力,尤其是当他们是知名CEO或是国有企业的CEO的时候。

5.4 研究小结

本章探讨了公司治理体系对于解决上市公司盈余质量问题的有效性的问题。在梳理以往文献,构建较为完整的理论框架的基础上,本章还搜集现实数据,对媒体、CEO声誉、控制权属性等对上市公司盈余操纵行为的影响进行了实证研究。

总体而言,本章研究发现,媒体对中国上市公司的报道并没有对高管的盈余管理起到监督作用。相反,它实际上激励了高管使用盈余管理。但这并不意味着媒体应该受到批评,而是表明中国资本市场需要更有效、更健康的执法体系,以增加从事盈余管理的惩罚成本。同时,可能需要吸引更多的机构投资者等专业投资者进入市场,以减少媒体对股价波动的影响,这反过来又会降低从盈余管理中剥离出来的声誉收益。此外,我们应该更多地关注那些拥有知名CEO的国有企业的盈余质量,因为他们更容易受到媒体的影响。这些公司的薪酬和晋升计划应该重新考虑。本章研究为新兴经济体中媒体对盈余管理的作用提供了一些证据,新兴经济体中媒体对盈余管理的作用往往不同于发达经济体。

媒体关注能够对财务舞弊发挥有效的监督作用,但是媒体关注的这种公司治理效应的发挥还受到公司控制权属性、媒体报道基调和媒体类别的影响。我们应尽快完善媒体行业的法律法规,为新闻媒体提供有保障的信息传播环境,让媒体敢于发出自己的声音。同时,政府应该出台相应的政策让国有企业更重视网络媒体的作用,而让传统媒体多关注知名度低的非国有控股公司。总体而言,应该给企业创造一个公平的媒体监督环境,让媒体报道更好地发挥公司治理作用,让资本市场能够更加有序健康地发展。

第 6 章 结论与建议

6.1 结　　论

本书在梳理上市公司盈余质量的衡量指标，上市公司盈余质量问题产生的动因、造成的经济后果及可行的治理手段，对上市公司盈余质量问题构建较为完整的理论框架的基础上，结合中国 A 股上市公司数据，从不同维度实证研究了中国上市公司盈余质量问题产生的动因、经济后果以及治理方式。

首先，本书研究了中国上市公司盈余质量问题产生的动因，分别从上市公司面对的外部因素和内部因素两方面展开深入研究，其中本书重点从上市公司的内部因素出发研究了中国上市公司盈余质量问题产生的动因。本书从公司战略的视角入手，以 2010 年至 2012 年中国制造业 A 股上市公司为样本，考察了公司战略对盈余管理的影响。研究发现，遵循成本领先战略的企业更有可能拥有更高水平的真实盈余管理，遵循差异化战略的企业不太可能使用真实盈余管理。对于成本领先者而言，市场竞争进一步提高了其真实盈余管理水平，而差异化者的盈余管理水平并未受到市场竞争的显著影响。

其次，本书研究了中国上市公司盈余质量问题的经济后果，重点从企业财务危机和企业声誉两方面进行了研究。本书从财务危机的视角入手，以 2007—2013 年沪深两市 A 股主板上市公司为研究样本，研究了盈余管理对企业不同阶段财务危机的影响。研究结果表明，应计盈余管理水平越高，企业财务危机的程度越严重；而真实盈余管理水平越高，企业存在财务危机的可能性越小；应计盈余管理和真实盈余管理同时存在于企业的经营活动中时，两者对财务危机发生概率的作用并不受对方的影响；制度环境的改善能在一定程度上抑制应计盈余管理和财务危机间的正向关系。进一步地，本书发现财务重述和财务困境之间存在显著相关性，这种相关性受到财务重述类型和财务重述程度的影响。更重要的是，本书发现财务重述和国家所有权对财务困境具有共同影响。

最后,本书研究了中国上市公司盈余质量问题的治理,重点从媒体的监督视角进行了研究。研究发现,媒体报道的声誉机制可以影响企业盈余管理水平。尽管与发达国家相比,中国股市仍不成熟,但媒体同样在高管进行盈余管理决策的过程中发挥了一定作用。具体而言,受到更多媒体关注的公司更有可能进行盈余管理。此外,负面媒体报道会导致企业更高水平的盈余管理活动,这表明管理者倾向于通过盈余管理来实现盈余目标,从而减轻负面报道带来的压力,并减少损失。本书还发现,拥有较高声誉的公司以及国有企业更容易进行盈余管理,并且更容易受到负面媒体报道的影响。

6.2 建 议

从本书的研究中可以发现,我国上市公司盈余质量仍然存在不少问题。这些盈余质量问题的存在往往会损害企业的价值,损害广大投资者的利益,不利于资本市场健康有效地发展,有碍于推动经济高质量发展的进程。而完善的内外部治理体系可以有效地遏制上市公司的盈余治理问题。因此,在中国特色社会主义经济建设新发展的阶段,我们需要加强制度环境建设,完善上市公司治理体系建设,并加强对上市公司盈余操纵行为的监管与处罚力度,以解决上市公司盈余质量问题,推动经济高质量发展,迈上更高质量、更有效率、更加公平、更可持续、更为安全的发展之路。我们的建议具体如下:

第一,规范媒体报道行为,保障媒体治理效应的有效性。有关部门需要尽快完善媒体行业的法律法规,为新闻媒体提供有保障的信息传播环境。同时,有关部门需要关注网络媒体作为新兴信息传播中介的重要作用。网络媒体的出现虽然在一定程度上解决了信息不对称问题,加速了信息的传播,但其传播的信息良莠不齐,增加了舆论生成的复杂性,加大了舆论治理的难度。目前,网络媒体存在一定的专业素养不足、把关机制缺失和伦理道德滑坡等问题。有关部门需要加强制度建设,探索建立网络媒体管理的长效机制,切实提升网络媒体从业者的专业素养和法律素养,使网络媒体成为我国舆论构建的积极力量。总体而言,有关部门应该给企业创造一个公平的媒体监督环境,让媒体报道更好地发挥公司治理作用,让资本市场能够更加有序健康地发展,以响应党的十九大报告中所提出的"坚持正确舆论导向,高度重视传播手段建设和创新,提高新闻舆论传播力、引导力、影响力、公信力"的号召。

第二，健全独立董事制度，督促上市公司独立董事尽责履职，解决上市公司独董的缺位问题，充分发挥独立董事在上市公司治理中的作用。一方面，需要细化并强化独董的权力与义务，加强事前审查和事中监督，避免独立董事在多家公司"走穴"式任职，保证独立董事的工作质量，明确独立董事渎职的惩戒措施，督促独立董事履职。另一方面，也需要完善与上市公司业绩脱钩的激励机制和独董保险制度，建立科学有效的独董考核激励机制，加强独董的履职动力。在完善独立董事制度的基础上，可考虑进一步提高上市公司独立董事比例，提高董事会的独立性，加强内部治理。

第三，完善专业且独立的监事会制度。具体包括合理引入外部监事、财务专家监事、业务专家监事，保障监事会成员的专业性与独立性，并加强监事岗前培训；建立健全监事资格认定制度，以立法的形式规定监事任职的权力与义务；选任监事前必须进行严格的资格审查，确保监事的独立性与专业性；完善监事沟通机制，通过监督检查项目的协调联动和监督检查结果的交流共享，增强监督合力，发挥董事会内部监督的核心和主体作用，以提高公司整体的监督效率和效果。

参 考 文 献

薄仙慧,吴联生,2009. 国有控股与机构投资者的治理效应:盈余管理视角. 经济研究,44(2):81-91,160.

薄仙慧,吴联生,2011. 盈余管理、信息风险与审计意见. 审计研究(1):90-97.

卜君,孙光国. 2018. 董事会秘书身份定位与职责履行:基于信息披露质量的经验证据. 会计研究(12):26-33.

蔡春,黄益建,赵莎,2005. 关于审计质量对盈余管理影响的实证研究:来自沪市制造业的经验证据. 审计研究(2):3-10.

蔡春,李明,和辉,2013. 约束条件、IPO盈余管理方式与公司业绩:基于应计盈余管理与真实盈余管理的研究. 会计研究(10):35-42,96.

蔡春,谢柳芳,马可哪呐,2015. 高管审计背景、盈余管理与异常审计收费. 会计研究(3):72-78,95.

蔡利,毕铭悦,蔡春,2015. 真实盈余管理与审计师认知. 会计研究(11):83-89,97.

蔡利,唐嘉尉,蔡春,2018. 公允价值计量、盈余管理与审计师应对策略. 会计研究(11):85-91.

仓勇涛,储一昀,戚真,2011. 外部约束机制监督与公司行为空间转换:由次贷危机引发的思考. 管理世界(6):91-104.

曹琼,卜华,杨玉凤,等,2013. 盈余管理、审计费用与审计意见. 审计研究(6):76-83.

岑维,童娜琼,2015. 高管任期、盈余质量与真实盈余管理. 现代财经(天津财经大学学报),35(6):55-69,113.

陈超,魏静宜,曹利,2015. 中国商业银行通过贷款损失准备计提进行盈余平滑吗? 金融研究(12):46-63.

陈德球,雷光勇,肖童姝,2011. CEO任期、终极产权与会计盈余质量. 经济科学(2):103-116.

陈冬,唐建新,2012. 高管薪酬、避税寻租与会计信息披露. 经济管理,34(5):114-122.

陈冬华,胡晓莉,梁上坤,等,2013. 宗教传统与公司治理. 经济研究,48(9):71-84.

陈冬华,祝娟,俞俊利,2017. 盈余管理行为中的经理人惯性:一种基于个人道德角度的解释与实证. 南开管理评论,20(3):144-158.

陈国欣,吕占甲,何峰,2007. 财务报告舞弊识别的实证研究:基于中国上市公司经验数据. 审计研究(3):88-93.

陈汉文,郑鑫成,2004. 可操纵应计的市场反应:来自中国证券市场的实证证据. 财会通讯(4):3-8.

陈怀涛,2022. 投资者视角下分类转移盈余管理识别与防范. 财会通讯(12):120-125.

陈晖丽,刘峰,2014. 融资融券的治理效应研究:基于公司盈余管理的视角. 会计研究(9):45-52,96.

陈金龙,戴五七,吴泽福,2011. 盈余持续性综合指标体系的测度研究:以A股制造业上市公司为例. 厦门理工学院学报,19(3):79-84.

陈骏,徐玉德,2011. 产品市场竞争、竞争态势与上市公司盈余管理. 财政研究(4):58-61.

陈宁,秦璇,方军雄,2021. 财务报表格式调整、凸显效应与会计信息质量改善:基于2007年资产减值会计准则变更的证据. 会计研究(2):16-29.

陈胜蓝,卢锐,2012. 股权分置改革、盈余管理与高管薪酬业绩敏感性. 金融研究(10):180-192.

陈宋生,赖娇,2013. ERP系统、股权结构与盈余质量关系. 会计研究(5):59-66,96.

陈宋生,童晓晓,2017. 双重监管、XBRL实施与公司治理效应. 南开管理评论,20(6):50-63.

陈武朝,张泓,2004. 盈余管理审计师变更与审计师独立性. 会计研究(8):81-86.

陈信元,夏立军,2006. 审计任期与审计质量:来自中国证券市场的经验证据. 会计研究(1):44-53,93-94.

程敏英,郑诗佳,刘骏,2019. 供应商/客户集中度与企业盈余持续性:保险抑或风险. 审计与经济研究,34(4):75-86.

程书强,2006. 机构投资者持股与上市公司会计盈余信息关系实证研究. 管理世界(9):129-136.

程小可,郑立东,姚立杰,2013. 内部控制能否抑制真实活动盈余管理?:兼与应计盈余管理之比较. 中国软科学(3):120-131.

程延拓,2009. 上市公司会计盈余持续性分析. 改革与开放(10):100-101.

醋卫华,李培功,2012. 媒体监督公司治理的实证研究. 南开管理评论,15(1):33-42.

崔学刚,张宏亮,2010. A股、H股报告盈余稳健性趋同研究:中国会计准则国际趋同效果的初步证据. 当代财经(9):106-114.

崔艳娟,李延喜,陈克兢,2018. 外部治理环境对盈余质量的影响:自然资源禀赋是"诅咒"吗. 南开管理评论,21(2):172-181,191.

戴亦一,潘越,刘思超,2011. 媒体监督、政府干预与公司治理:来自中国上市公司财务重述视角的证据. 世界经济,34(11):121-144.

戴云,刘益平,2010. 高管薪酬诱发盈余管理的实证研究. 工业技术经济,29(1):146-150.

窦欢,陆正飞,2017. 大股东代理问题与上市公司的盈余持续性. 会计研究(5):32-39,96.

杜兴强,王丽华,2007. 高层管理当局薪酬与上市公司业绩的相关性实证研究. 会计研究(1):58-65,93.

杜兴强,周泽将,2010. 高管变更、继任来源与盈余管理. 当代经济科学,32(1):23-33,125.

杜兴强,赖少娟,裴红梅,2017. 女性高管总能抑制盈余管理吗?:基于中国资本市场的经验证据. 会计研究(1):39-45,95.

杜勇,孙帆,邓旭,2021. 共同机构所有权与企业盈余管理. 中国工业经济(6):155-173.

杜勇,张欢,陈建英,2018. CEO海外经历与企业盈余管理. 会计研究(2):27-33.

樊纲,王小鲁,马光荣,2011. 中国市场化进程对经济增长的贡献. 经济研究,46(9):4-16.

樊进科,李建权,何云景,2002. 论会计信息质量保证系统的构成. 系统辩证学学报(2):61-64.

范经华,张雅曼,刘启亮,2013. 内部控制、审计师行业专长、应计与真实盈余管理. 会计研究(4):81-88,96.

方春生,王立彦,林小驰,等,2008. SOX法案、内控制度与财务信息可靠性:基于中国石化第一手数据的调查研究. 审计研究(1):45-52.

方红星,金玉娜,2011. 高质量内部控制能抑制盈余管理吗?:基于自愿性内部控制鉴证报告的经验研究. 会计研究(8):53-60,96.

方红星,张勇,2016. 供应商/客户关系型交易、盈余管理与审计师决策. 会计研究(1):79-86,96.

方正,杨洋,江明华,等,2011. 可辩解型产品伤害危机应对策略对品牌资产的影响研究:调节变量和中介变量的作用. 南开管理评论,14(4):69-79.

冯展斌,2017. 盈余质量、政治冲击与债务融资成本. 华东经济管理,31(9):45-52.

高凤莲,王志强,2015. "董秘"社会资本对信息披露质量的影响研究. 南开管理评论,18(4):60-71.

高雷,张杰,2008.公司治理、机构投资者与盈余管理.会计研究(9):64-72,96.

高利芳,盛明泉,2012.证监会处罚对公司盈余管理的影响后果及机制研究.财贸研究,23(1):134-141.

宫义飞,谢元芳,2018.内部控制缺陷及整改对盈余持续性的影响研究:来自A股上市公司的经验证据.会计研究(5):75-82.

古朴,翟士运,2020.监管不确定性与企业盈余质量:基于证监会换届的准自然实验.管理世界,36(12):186-202.

管考磊,张蕊,2019.企业声誉与盈余管理:有效契约观还是寻租观.会计研究(1):59-64.

郭娜,祁怀锦,2010.业绩预告披露与盈余管理关系的实证研究:基于中国上市公司的经验证据.经济与管理研究,31(2):81-88.

何威风,2015.高管团队垂直对特征与企业盈余管理行为研究.南开管理评论,18(1):141-151.

洪荭,胡华夏,郭春飞,2012.基于GONE理论的上市公司财务报告舞弊识别研究.会计研究(8):84-90,97.

胡南薇,曹强,2011.上市公司财务重述与审计服务定价:兼评新审计准则的颁布效果.经济经纬,28(1):74-78.

胡楠,邱芳娟,梁鹏.2020.竞争战略与盈余质量:基于文本分析的实证研究.当代财经(9):138-148.

胡奕明,唐松莲,2008.独立董事与上市公司盈余信息质量.管理世界(9):149-160.

胡元木,刘佩,纪端,2016.技术独立董事能有效抑制真实盈余管理吗?:基于可操控R&D费用视角.会计研究(3):29-35,95.

胡志颖,周璐,刘亚莉,2012.风险投资、联合差异和创业板IPO公司会计信息质量.会计研究(7):48-56,97.

黄芳,张莉芳,2020.管理层权力、审计委员会主任—高管私人关系与会计信息质量.南京审计大学学报,17(1):25-33.

黄海杰,吕长江,丁慧.2016.独立董事声誉与盈余质量:会计专业独董的视角.管理世界(3):128-143,188.

黄惠平,宋晓静,2012.内控报告与会计信息质量及企业价值:基于沪市A股的经验研究.经济管理,34(1):122-128.

黄雷,齐振威,叶勇,2012.上市公司股权结构与盈余管理研究.经济体制改革(5):143-146.

黄新建,段克润,2007.中国上市公司并购与盈余管理实证研究.软科学,21(6):66-69.

黄新建,张会,饶茜,2011.政治关联、审计需求与会计信息质量:基于我国上市公司的经验证据. 技术经济,30(4):118-121.

江轩宇,于上尧,2012. 分析师独立性与盈余管理. 山西财经大学学报,34(10):116-124.

姜国华,王汉生,2005. 上市公司连续两年亏损就应该被"ST"吗? 经济研究,40(3):100-107.

蒋大富,熊剑,2012. 非经常性损益、会计准则变更与ST公司盈余管理. 南开管理评论,15(4):151-160.

金智,2010. 新会计准则、会计信息质量与股价同步性. 会计研究(7):19-26,95.

孔峰,宋国平,2011. 股权激励下双重声誉的国企经营者博弈合同分析. 商业研究(8):112-117.

孔峰,张微,2014. 基于双重声誉的国企经理长期激励最优组合研究. 中国管理科学,22(9):133-140.

雷光勇,刘慧龙,2007. 控股股东性质、利益输送与盈余管理幅度:来自中国A股公司首次亏损年度的经验证据. 中国工业经济(8):90-97.

雷辉,王亚男,聂珊珊,等,2015. 基于财务绩效综合指数的竞争战略绩效时滞效应研究. 会计研究(5):64-71,95.

雷新途,汪宏华,2019. 政府反腐风暴提高企业盈余质量了吗:来自中国上市公司的证据. 会计研究(12):40-45.

李春涛,刘贝贝,周鹏,等,2018a. 它山之石:QFII与上市公司信息披露. 金融研究(12):138-156.

李春涛,宋敏,张璇,2014. 分析师跟踪与企业盈余管理:来自中国上市公司的证据. 金融研究(7):124-139.

李春涛,薛原,惠丽丽,2018b. 社保基金持股与企业盈余质量:A股上市公司的证据. 金融研究(7):124-142.

李春涛,赵一,徐欣,等,2016. 按下葫芦浮起瓢:分析师跟踪与盈余管理途径选择. 金融研究(4):144-157.

李丹蒙,叶建芳,叶敏慧,2015. 分析师跟进对上市公司盈余管理方式的影响研究. 外国经济与管理,37(1):11-20.

李东平,黄德华,王振林,2001. "不清洁"审计意见、盈余管理与会计师事务所变更. 会计研究(6):51-57.

李广众,贾凡胜,2019. 政府财政激励、税收征管动机与企业盈余管理:以财政"省直管县"改革为自然实验的研究. 金融研究(2):78-97.

李海凤,史燕平,2015. 信息披露质量影响资本配置效率实证检验. 重庆大学学报(社会科学版),21(2):42-47.

李建强,叶云龙,于雨潇,等,2020. 《劳动合同法》、利润冲击与企业短期应对:基于企业盈余管理的视角. 会计研究(9):59-70.

李江涛,何苦,2012. 上市公司以真实盈余管理逃避高质量审计监督的动机研究. 审计研究(5):58-67.

李留闯,李彬,2015. 真实活动盈余管理影响审计师的风险决策吗? 审计与经济研究,30(5):44-54.

李培功,沈艺峰,2010. 媒体的公司治理作用:中国的经验证据. 经济研究,45(4):14-27.

李培功,沈艺峰,2013a. 经理薪酬、轰动报道与媒体的公司治理作用. 管理科学学报,16(10):63-80.

李培功,徐淑美,2013b. 媒体的公司治理作用:共识与分歧. 金融研究(4):196-206.

李青原,时梦雪,2018. 监督型基金与盈余质量:来自我国A股上市公司的经验证据. 南开管理评论,21(1):172-181.

李诗瑶,李星汉,管超,2020. 债权人监督与上市公司盈余管理:基于债务违约风险视角. 当代财经(2):138-148.

李万福,赵青扬,张怀,等,2020. 内部控制与异质机构持股的治理效应. 金融研究(2):188-206.

李伟强,张守信,2022. 中国股票市场"下行Beta之谜":基于信息质量与投资者风险偏好的解释. 经济与管理,36(1):73-79.

李晓溪,刘静,王克敏,2015. 公开增发公司分类转移与核心盈余异象研究. 会计研究(7):26-33,96.

李亚静,朱宏泉,2010. 政府干预、股权性质和盈余操纵:基于首次发行股票的实证研究. 软科学,24(8):58-64,69.

李悦,熊德华,张峥等,2007. 公司财务理论与公司财务行为:来自167家中国上市公司的证据[J]. 管理世界,170(11):108-118,172.

李延喜,陈克兢,2014. 终极控制人、外部治理环境与盈余管理:基于系统广义矩估计的动态面板数据分析. 管理科学学报,17(9):56-71.

李延喜,陈克兢,姚宏,等,2012. 基于地区差异视角的外部治理环境与盈余管理关系研究:兼论公司治理的替代保护作用. 南开管理评论,15(4):89-100.

李焰,王琳,2013. 媒体监督、声誉共同体与投资者保护. 管理世界(11):130-143,188.

李增福,郑友环,2010. 避税动因的盈余管理方式比较:基于应计项目操控和真实活动操控的研究. 财经研究,36(6):80-89.

李增福,曾庆意,魏下海,2011a. 债务契约、控制人性质与盈余管理. 经济评论(6):88-96.

李增福,董志强,连玉君,2011b. 应计项目盈余管理还是真实活动盈余管理?:基于我国 2007 年所得税改革的研究. 管理世界(1):121-134.

李增福,骆展聪,杜玲,等,2021."信息机制"还是"成本机制"?:大数据税收征管何以提高了企业盈余质量. 会计研究(7):56-68.

李增福,郑友环,连玉君,2011c. 股权再融资、盈余管理与上市公司业绩滑坡:基于应计项目操控与真实活动操控方式下的研究. 中国管理科学,19(2):49-56.

李增泉,叶青,贺卉,2011. 企业关联、信息透明度与股价特征. 会计研究(1):44-51,95.

李争光,赵西卜,曹丰,2015. 机构投资者异质性与盈余管理. 软科学,29(7):69-72.

李志军,王善平,2011. 货币政策、信息披露质量与公司债务融资. 会计研究(10):56-62,97.

厉国威,廖义刚,韩洪灵,2010. 持续经营不确定性审计意见的增量决策有用性研究:来自财务困境公司的经验证据. 中国工业经济(2):150-160.

梁利辉,陈一君,2014. 投资者保护与会计稳健性:基于投资者保护时期与区域维度的研究. 中南财经政法大学学报(4):88-96.

梁英,李清,2014. 公司治理对上市公司信息披露及时性的影响研究. 当代经济研究(9):92-96.

廖冠民,张广婷,2012. 盈余管理与国有公司高管晋升效率. 中国工业经济(4):115-127.

林芳,冯丽丽,2012. 管理层权力视角下的盈余管理研究:基于应计及真实盈余管理的检验. 山西财经大学学报,34(7):96-104.

林永坚,王志强,李茂良,2013. 高管变更与盈余管理:基于应计项目操控与真实活动操控的实证研究. 南开管理评论,16(1):4-14,23.

林长泉,毛新述,刘凯璇,2016. 董秘性别与信息披露质量:来自沪深 A 股市场的经验证据. 金融研究(9):193-206.

刘宝华,罗宏,周微,2016. 股权激励行权限制与盈余管理优序选择. 管理世界(11):141-155.

刘金洋,沈彦杰,2021. 证监会随机抽查的监管效应:溢出还是替代?:基于交易所和审计师的视角. 审计研究(4):77-87.

刘立国,杜莹,2003. 公司治理与会计信息质量关系的实证研究. 会计研究(2):28-36,65.

刘明辉,韩小芳,2011. 财务舞弊公司董事会变更及其对审计师变更的影响:基于面板数据 Logit 模型的研究. 会计研究(3):81-88,95.

刘启亮,罗乐,张雅曼,等,2013. 高管集权、内部控制与会计信息质量. 南开管理评论,16(1):15-23.

刘淑君,2015. 会计信息质量、股价波动同步性与资源配置效率. 南昌:江西财经大学.

刘伟,刘星,2007. 审计师变更、盈余操纵与审计师独立性:来自中国 A 股上市公司的经验证据. 管理世界(9):129-135.

刘文军,曲晓辉,2014. 银行真的能识别盈余管理吗?:基于银行借款合约的研究. 会计与经济研究,28(4):33-45.

刘笑霞,李明辉,2018. 女性 CFO 真的更少进行盈余管理吗? 管理工程学报,32(4):219-231.

刘笑霞,李明辉,2022. 明察秋毫还是暗渡陈仓?:签字会计师个人经验对真实盈余管理的影响. 管理工程学报,36(2):123-137.

刘亚莉,杨兴全,2004. 财务报告内部控制:提高资本市场信息质量的新理念:兼析财务报告内部控制与内部会计控制的差异. 审计研究(2):75-77,70.

刘银国,孙慧倩,王烨,2018. 股票期权激励、行权业绩条件与真实盈余管理. 管理工程学报,32(2):128-136.

刘永泽,张多蕾,唐大鹏,2013. 市场化程度、政治关联与盈余管理:基于深圳中小板民营上市公司的实证研究. 审计与经济研究,28(2):49-58.

刘运国,吴小蒙,蒋涛,2010. 产权性质、债务融资与会计稳健性:来自中国上市公司的经验证据. 会计研究(1):43-50,95.

柳光强,王迪,2021. 政府会计监督如何影响盈余管理:基于财政部会计信息质量随机检查的准自然实验. 管理世界,37(5):157-169.

柳木华,雷霄,2020. 审计师利用专家工作抑制盈余管理了吗?:基于关键审计事项披露的经验证据. 审计研究(1):78-86.

陆建桥,1999. 中国亏损上市公司盈余管理实证研究. 会计研究(9):25-35.

路军伟,韩菲,石昕,2015. 高管薪酬激励、管理层持股与盈余管理偏好:基于对盈余管理方式的全景式考察. 山西财经大学学报,37(11):89-103.

陆瑶,沈小力,2011. 股票价格的信息含量与盈余管理:基于中国股市的实证分析. 金融研究(12):131-146.

陆正飞,祝继高,孙便霞,2008. 盈余管理、会计信息与银行债务契约. 管理世界(3):152-158.

罗宏,曾永良,宛玲羽,2016. 薪酬攀比、盈余管理与高管薪酬操纵. 南开管理评论,19(2):19-31,74.

罗婷,薛健,张海燕,2008. 解析新会计准则对会计信息价值相关性的影响. 中国会计评论(2):129-140.

罗勇根,饶品贵,岳衡,2018. "通货膨胀幻觉"的微观解释:盈余质量的视角. 世界经济,41(4):124-149.

吕春然,2010. 盈余质量与盈余持续性的基本分析. 会计师(8):55-56.

马晨,张俊瑞,杨蓓,2016. 财务重述对会计师事务所解聘的影响研究. 会计研究(5): 79-86,96.

马永强,赖黎,曾建光,2014. 盈余管理方式与信贷资源配置. 会计研究(12): 39-45,95.

梅洁,张明泽,2016. 基金主导了机构投资者对上市公司盈余管理的治理作用?:基于内生性视角的考察. 会计研究(4): 55-60,96.

孟宪萍,李炜,2012. 基于财务报表基本面的盈余持续性分析. 会计之友(28): 39-43.

宁美军,刘永祥,2021. CFO内部董事与财务报告质量. 会计研究(5): 3-14.

欧阳爱平,周宁,2013. 市场化程度对会计信息价值相关性的影响:基于中国A股的数据检验. 经济与管理研究,34(11): 123-128.

潘红波,韩芳芳,2016. 纵向兼任高管、产权性质与会计信息质量. 会计研究(7): 19-26,96.

潘红波,夏新平,余明桂,2008. 政府干预、政治关联与地方国有企业并购. 经济研究(4): 41-52.

潘珺,余玉苗,2017. 审计委员会履职能力、召集人影响力与公司财务报告质量. 南开管理评论,20(1): 108-118.

彭情,唐雪松,2019. 流言招来的"是非":股市传闻与盈余价值相关性. 管理世界,35(3): 186-204.

祁怀锦,黄有为,2016. IPO公司盈余管理行为选择及不同市场间的差异. 会计研究(8): 34-41,96.

钱爱民,周子元,2009. 经营性资产质量评价指标体系的构建与检验:来自我国化工行业A股上市公司的经验证据. 管理评论,21(10): 109-115.

秦璇,朱晓琦,方军雄,2020. CFO首次入职时经济状况的烙印效应与会计信息质量. 外国经济与管理,42(4): 94-106.

邱昱芳,贾宁,吴少凡,2011. 财务负责人的专业能力影响公司的会计信息质量吗?:基于中国上市公司财务负责人专项调查的实证研究. 会计研究(4): 61-67.

权小锋,吴世农,2012. 投资者注意力、应计误定价与盈余操纵. 会计研究(6): 46-53,93.

阮睿,孙宇辰,唐悦,等,2021. 资本市场开放能否提高企业信息披露质量?:基于"沪港通"和年报文本挖掘的分析. 金融研究(2): 188-206.

佘晓燕,2011. 财务报表重述公司审计质量研究. 财经理论与实践,32(5): 65-70.

沈艺峰,王夫乐,陈维,2016. "学院派"的力量:来自具有学术背景独立董事的经验证据. 经济管理,38(5): 176-186.

沈玉清,戚务君,曾勇,2009. 审计任期、公司治理与盈余质量. 审计研究(2): 50-56.

时昊天,石佳然,肖潇,2021. 注册制改革、壳公司估值与盈余管理. 会计研究(8):54-67.

宋德舜,2004. 国有控股、最高决策者激励与公司绩效. 中国工业经济(3):91-98.

宋建波,高升好,关馨姣,2012. 机构投资者持股能提高上市公司盈余持续性吗?:基于中国A股上市公司的经验证据. 中国软科学(2):128-138.

宋建波,田悦,2012. 管理层持股的利益趋同效应研究:基于中国A股上市公司盈余持续性的检验. 经济理论与经济管理(12):99-109.

宋璐,2022. 业绩期望落差与应计盈余管理:来自A股上市公司的经验证据. 经济问题(1):114-121.

宋云玲,宋衍蘅,2020. 机构投资者持股与注册会计师视角下的会计信息质量:来自审计调整的经验证据. 会计研究(11):136-151.

苏冬蔚,林大庞,2010. 股权激励、盈余管理与公司治理. 经济研究,45(11):88-100.

孙刚,2012. 机构投资者持股动机的双重性与企业真实盈余管理. 山西财经大学学报,34(6):114-124.

孙光国,刘爽,赵健宇,2015. 大股东控制、机构投资者持股与盈余管理. 南开管理评论,18(5):75-84.

孙世敏,赵希男,朱久霞,2006. 国有企业CEO声誉评价体系设计. 会计研究(3):75-79.

孙雪娇,翟淑萍,于苏,2021. 大数据税收征管如何影响企业盈余管理?:基于"金税三期"准自然实验的证据. 会计研究(1):67-81.

唐松莲,袁春生,2010. 监督或攫取:机构投资者治理角色的识别研究:来自中国资本市场的经验证据. 管理评论,22(8):19-29.

田高良,田皓文,吴思锐,等,2020. 控股股东股权质押与会计信息可比性:基于债权人风险防范的视角. 证券市场导报(10):35-46,58.

汪玉兰,易朝辉,2017. 投资组合的权重重要吗?:基于机构投资者对盈余管理治理效应的实证研究. 会计研究(5):53-59,97.

汪芸倩,王永海,2019. CFO兼任董秘可以提高会计信息质量吗? 会计研究(8):32-39.

王兵,2007. 独立董事监督了吗?:基于中国上市公司盈余质量的视角. 金融研究(1):109-121.

王兵,吕梦,苏文兵,2018. 监事会治理有效吗:基于内部审计师兼任监事会成员的视角. 南开管理评论,21(3):76-89.

王福胜,吉姗姗,程富,2014. 盈余管理对上市公司未来经营业绩的影响研究:基于应计盈余管理与真实盈余管理比较视角. 南开管理评论,17(2):95-106.

王福胜,王也,刘仕煜,2021. 网络媒体报道对盈余管理的影响研究:基于投资者异常关注视角的考察. 南开管理评论,24(5):116-129.

王华,余冬根,2017. 会计信息质量、审计师选择与债务融资成本:基于中国 A 股上市公司的经验证据. 会计之友(2):53-59.

王化成,佟岩,2006. 控股股东与盈余质量:基于盈余反应系数的考察. 会计研究(2):66-74,97.

王珺,2001. 双重博弈中的激励与行为:对转轨时期国有企业经理激励不足的一种新解释. 经济研究(8):71-78.

王克敏,廉鹏,2012. 首发上市盈利预测制度变迁与公司盈余管理研究. 会计研究(3):72-77.

王茂斌,孔东民,2016. 反腐败与中国公司治理优化:一个准自然实验. 金融研究(8):159-174.

王守海,李淑慧,徐晓彤,2020. 公允价值计量层次、审计师行业专长与盈余管理. 审计研究(5):86-95.

王守海,李云,2012. 管理层干预、审计委员会独立性与盈余管理. 审计研究(4):68-75.

王霞,薛跃,于学强,2011. CFO 的背景特征与会计信息质量:基于中国财务重述公司的经验证据. 财经研究,37(9):123-133,144.

王霞,张为国,2005. 财务重述与独立审计质量. 审计研究(3):56-61.

王晓珂,黄世忠,2017. 衍生工具、公司治理和盈余质量. 会计研究(3):16-21,94.

王晓亮,蒋勇,刘振杰,2019. 董事会断裂带、会计稳健性与真实盈余管理. 审计研究(5):120-128.

王烨,2010. 国有控股、股权控制链与盈余质量. 经济管理,32(2):104-111.

王颖,王平心,吴清华,2006. 审计委员会特征对上市公司盈余管理的影响研究. 当代经济管理,28(6):101-106.

王玉春,张玲玉,2016. 企业盈余管理行为对信贷融资的影响. 商业经济与管理(4):90-97.

王玉涛,陈晓,薛健,2013. 限售股减持:利润平滑还是投资收益最大? 金融研究(1):164-176.

王跃堂,孙铮,陈世敏,2001. 会计改革与会计信息质量:来自中国证券市场的经验证据. 会计研究(7):16-26,65.

王跃堂,王亮亮,贡彩萍,2009. 所得税改革、盈余管理及其经济后果. 经济研究,44(3):86-98.

王贞萍,2013. 产品市场竞争、竞争战略与成本粘性. 广州:暨南大学.

魏涛,陆正飞,单宏伟,2007. 非经常性损益盈余管理的动机、手段和作用研究:来自中国上市公司的经验证据. 管理世界(1):113-121,172.

卫真,2019. 高管薪酬、盈余管理与审计费用相关性研究. 经济问题(2):116-121,128.

温章林,2010. 管理层持股影响会计稳健性的实证研究:来自2005—2008年中国上市公司的经验证据. 经济论坛(2):163-166.

吴国萍,朱君,朱子男,2012. 上市公司审计委员会对会计信息质量的影响. 经济纵横(1):96-100.

吴芃,吴奕颉,陈天平,2017. 财务重述会导致企业选择更具有行业专长的审计师吗?:来自中国证券市场的证据. 审计与经济研究,32(5):30-41.

吴益兵,2012. 内部控制的盈余管理抑制效应研究. 厦门大学学报(哲学社会科学版)(2):79-86.

伍巧佳,2013. 网络时代国企危机公关的应对策略探究. 才智(15):266-267.

夏芳,2012. 盈余管理、投资者情绪与股价"同涨同跌". 证券市场导报(8):49-56.

夏立军,杨海斌,2002. 注册会计师对上市公司盈余管理的反应. 审计研究(4):28-34.

向静婷,2014. 媒体的宠儿:幸或不幸?. 厦门:厦门大学.

向锐,宋聪敏,2019. 学者型独董与公司盈余质量:基于中国上市公司的经验数据. 会计研究(7):27-34.

肖作平,金虹敏,苏忠秦,2020. 控股股东对财务重述的影响研究:基于法律制度的调节作用. 证券市场导报(10):12-22,32.

谢德仁,廖珂,2018. 控股股东股权质押与上市公司真实盈余管理. 会计研究(8):21-27.

谢纪刚,赵立彬,2014. 融资约束、现金持有量与并购支付方式:来自中国资本市场的经验证据. 北京交通大学学报(社会科学版),13(3):77-83.

谢盛纹,刘杨晖,2016. 审计师变更、前任审计师任期和会计信息可比性. 审计研究(2):82-89.

谢志明,易玄,唐剑丽,2012. 投资机会、审计师选择与盈余管理:来自中国上市公司的检验. 系统工程,30(4):100-105.

徐宁,张阳,徐向艺,2020. CEO声誉对真实盈余管理的"双刃"效应研究:"逐利争名"还是"取义舍利". 上海财经大学学报,22(4):107-122.

徐新华,黄小勇,王怡鸿,2014. 上市公司股权结构与真实盈余管理相关性研究. 财会通讯(27):47-50.

徐奕红,赵红岩,孙汉明,等,2020. 非创始人CEO对企业盈余信息质量的影响:基于创业板公司的实证研究. 重庆大学学报(社会科学版),26(4):112-126.

徐宗宇,邵清芳,陈维良,2012. 试析终极控制人两权分离度对盈余管理的影响:来自沪深股市的经验证据. 现代财经(天津财经大学学报),32(4):68-76.

许丹,2016. 高管薪酬激励是否发挥了既定效用:基于盈余管理权衡视角的经验证据. 现代财经(天津财经大学学报),36(3):73-89.

许楠,蔡竞,董艳,2019. 谁更遵守"游戏规则"?:基于高管部队经历的实证研究. 管理工程学报,33(2):72-83.

许楠,刘浩,王天雨,2016. 非创始人CEO与会计信息质量:基于A股创业板公司的经验研究. 会计研究(8):18-24.

许文静,苏立,吕鹏,等,2018. 退市制度变革对上市公司盈余管理行为影响. 会计研究(6):32-38.

许言,邓玉婷,陈钦源,等,2017. 高管任期与公司坏消息的隐藏. 金融研究(12):174-190.

闫焕民,王子佳,王浩宇,等,2020. 审计师工作量压力与盈余质量:基于门槛模型的研究. 南京审计大学学报,17(1):13-24.

闫婉姝,曾剑宇,何凡,2017. 企业税负、产权性质与盈余管理:来自中国上市公司的证据. 投资研究,36(8):100-116.

颜志元,2006. 会计估计变更的动因分析:来自中国A股上市公司的证据. 会计研究(5):36-41.

杨海燕,韦德洪,孙健,2012. 机构投资者持股能提高上市公司会计信息质量吗?:兼论不同类型机构投资者的差异. 会计研究(9):16-23.

杨明增,张继勋,2007. 审计判断中的锚定效应研究. 审计研究(4):43-47.

杨清香,俞麟,陈娜,2009. 董事会特征与财务舞弊:来自中国上市公司的经验证据. 会计研究(7):64-70,96.

杨蓉,2012. 垄断行业企业高管薪酬问题研究:基于盈余管理的视角. 华东师范大学学报(哲学社会科学版),44(3):53-61,153.

姚立杰,夏冬林,2009. 我国银行能识别借款企业的盈余质量吗? 审计研究(3):91-96.

叶建芳,李丹蒙,吴琳琳,2013. 非经常性损益的价值相关性研究. 中国会计评论,11(1):39-54.

叶建芳,李丹蒙,章斌颖,2012. 内部控制缺陷及其修正对盈余管理的影响. 审计研究(6):50-59,70.

叶康涛,刘行,2011. 税收征管、所得税成本与盈余管理. 管理世界(5):140-148.

叶康涛,臧文佼,2016. 外部监督与企业费用归类操纵. 管理世界(1):121-128,138.

叶志锋,胡玉明,纳超洪,2008. 基于银行借款融资动机的盈余管理研究:来自中国证券市场的经验证据. 山西财经大学学报,30(1):118-124.

应千伟,呙昊婧,邓可斌,2017. 媒体关注的市场压力效应及其传导机制. 管理科学学报,20(4):32-49.

游家兴,吴静,2012. 沉默的螺旋:媒体情绪与资产误定价. 经济研究,47(7):141-152.

游家兴,2017. R^2 的复活:股价同步性研究评述与展望. 管理科学学报,20(3):63-79.

于静霞. 2011. 盈余管理与银行债务融资成本的实证研究:来自A股市场的经验证据. 财政研究(11):68-72.

于鹏,2007. 股权结构与财务重述:来自上市公司的证据. 经济研究,42(9):134-144.

于忠泊,田高良,齐保垒,等,2011. 媒体关注的公司治理机制:基于盈余管理视角的考察. 管理世界(9):127-140.

于忠泊,田高良,张咏梅,2012. 媒体关注、制度环境与盈余信息市场反应:对市场压力假设的再检验. 会计研究(9):40-51,96-97.

俞静,徐霞,2016. 创新型企业股权结构与盈余操纵关系研究. 会计之友(19):71-76.

余怒涛,张华玉,朱宇翔,2021. 大股东异质性、退出威胁与财务报告质量:基于我国融资融券制度的自然实验. 会计研究(3):45-61.

袁克利. 2011. 盈余质量研究探讨:上:对Dechow-Ge-Schrand(2010)文献综述的评介. 金融经济(24):59-62.

袁蓉丽,李瑞敬,孙健,2021. 董事的信息技术背景能抑制盈余管理吗. 南开管理评论,24(3):139-151.

袁知柱,鞠晓峰,2008. 中国上市公司会计信息质量与股价信息含量关系实证检验. 中国管理科学,16(S1):231-234.

袁知柱,郝文瀚,王泽燊,2014. 管理层激励对企业应计与真实盈余管理行为影响的实证研究. 管理评论,26(10):181-196.

翟华云,2006. 审计委员会和盈余质量:来自中国证券市场的经验证据. 审计研究(6):50-57.

张本照,牛圣杰,王海涛,2016. 自愿性信息披露、会计准则变化与股价同步性. 财会通讯(3):3-7,129.

张川,罗文波,樊宏涛,2020. CFO背景特征对企业财务重述的影响:审计质量的调节效应. 南京审计大学学报,17(4):1-10.

张国清,2008. 内部控制与盈余质量:基于2007年A股公司的经验证据. 经济管理,30(23/24):112-119.

张建勇,2014. 审计师变更与会计稳健性关系的实证研究. 审计研究(5):94-100.

张娟,黄志忠,2014. 高管报酬、机会主义盈余管理和审计费用:基于盈余管理异质性的视角. 南开管理评论,17(3):74-83,93.

张俊瑞,马晨,2011. 股权结构与财务重述研究. 审计与经济研究,26(2):63-72.

张俊瑞,孟祥展,白雪莲,2016. 多元化经营与盈余持续性的关系研究. 西安交通大学学报(社会科学版),36(6):25-33.

张娆. 2014. 企业间高管联结与会计信息质量:基于企业间网络关系的研究视角. 会计研究(4):27-33,95.

张天舒,陈信元,黄俊,2018. 独立董事薪酬与公司治理效率. 金融研究(6):155-170.

张习鹏,2007. 我国上市公司审计委员会制度有效性研究. 长沙:湖南大学.

张璇,周鹏,李春涛,2016. 卖空与盈余质量:来自财务重述的证据. 金融研究(8):175-190.

张学谦,周雪,2007. 审计意见、盈余管理与审计师变更:来自中国证券市场的经验数据分析. 统计与决策(22):116-119.

张雁翎,彭浩然,2004. 盈利预测误差的契约性与上市公司盈余管理研究. 财经研究,30(11):136-144.

张勇,2017. 供应链关系型交易会诱发企业分类转移盈余管理行为吗?证券市场导报(7):43-51.

章永奎,刘峰,2002. 盈余管理与审计意见相关性实证研究. 中国会计与财务研究(4):1-29.

张宗益,黄新建,2003. 我国上市公司首次公开发行股票中的盈余管理实证研究. 中国软科学(10):37-39.

赵德武,曾力,谭莉川,2008. 独立董事监督力与盈余稳健性:基于中国上市公司的实证研究. 会计研究(9):55-63,96.

赵立彬,张秋生,2012. 股份支付、盈余管理与并购绩效. 南方经济(11):80-88.

赵龙凯,江嘉骏,余音,2016. 文化、制度与合资企业盈余管理. 金融研究(5):138-155.

赵玉洁,2013. 法律环境、分析师跟进与盈余管理. 山西财经大学学报,35(1):73-83.

郑梅莲,程丹,2012. 独立董事团队异质性对会计信息质量的影响研究. 浙江工业大学学报(社会科学版),11(3):320-325.

郑志刚,丁冬,汪昌云,2011. 媒体的负面报道、经理人声誉与企业业绩改善:来自我国上市公司的证据. 金融研究(12):163-176.

周兵,黄芳,任政亮,2018. 企业竞争战略与盈余持续性. 中国软科学(3):141-152.

周冬华,梁晓琴,2018. 客户集中度、分析师跟进与会计信息可比性. 山西财经大学学报,40(7):112-124.

周军,郝玲玲,杨茗,2019. 独立董事交通便利性与盈余质量:异地会计专业独董的视角. 会计研究(6):65-71.

周开国,李涛,张燕,2011. 董事会秘书与信息披露质量. 金融研究(7):167-181.

周晓苏,王磊,陈沉,2017. 企业间高管联结与会计信息可比性:基于组织间模仿行为的实证研究. 南开管理评论,20(3):100-112.

朱茶芬,李志文,2008. 国家控股对会计稳健性的影响研究. 会计研究(5):38-45,95.

朱朝晖,李敏鑫,2020. CEO与审计委员会中独立董事的社会关系对财务信息质量的影响. 现代财经(天津财经大学学报),40(2):33-51.

朱凯,潘舒芯,胡梦梦,2021. 智能化监管与企业盈余管理选择:基于金税三期的自然实验. 财经研究,47(10):140-155.

朱松,夏冬林,2009. 制度环境、经济发展水平与会计稳健性. 审计与经济研究,24(6):57-63.

朱松,夏冬林,陈长春,2010. 审计任期与会计稳健性. 审计研究(3):89-95.

朱星文,廖义刚,谢盛纹,2010. 高级管理人员变更、股权特征与盈余管理:来自中国上市公司的经验证据. 南开管理评论,13(2):23-29.

祝继高,2011. 会计稳健性与债权人利益保护:基于银行与上市公司关于贷款的法律诉讼的研究. 会计研究(5):50-57,96.

宗文龙,王玉涛,魏紫,2013. 股权激励能留住高管吗?:基于中国证券市场的经验证据. 会计研究(9):58-63,97.

Abarbanell J S, Bushee B J, 1997. Abnormal returns to a fundamental analysis strategy. The Accounting Review,73(1):19-45.

Abbott L J, Park Y, Parker S, 2000. The effects of audit committee activity and independence on corporate fraud. Managerial Finance,26(11):55-68.

Abbott L J, Parker S, Peters G F, 2004. Audit committee characteristics and restatements. Auditing:A Journal of Practice & Theory(23):69-87.

Abbott L J,Parker S,Peters G F,2002. Audit committee characteristics and financial misstatement:A study of the efficacy of certain blue ribbon committee recommendations. SSRN Scholarly Paper. Rochester,NY.

Abernethy M A, Bouwens J, Kroos P, 2017. Organization identity and earnings manipulation. Accounting,Organizations and Society(58):1-14.

Acharya V V,Myers S C,Rajan R G,2011. The internal governance of firms. The Journal of Finance,66(3):689-720.

Adams R B, Ferreira D, 2009. Women in the boardroom and their impact on governance and performance. Journal of Financial Economics,94(2):291-309.

Admati A R, Pfleiderer P, 2009. The "wall street walk" and shareholder activism: Exit as a form of voice. The Review of Financial Studies, 22(7):2645-2685.

Aghazadeh S, Hoang K, 2020. How does audit firm emphasis on client relationship quality influence auditors' inferences about and responses to potential persuasion in client communications? Accounting, Organizations and Society(87):101-175.

Aghion P, Tirole J, 1997. Formal and real authority in organizations. Journal of Political Economy, 105(1):1-29.

Agrawal A, Chadha S, 2005. Corporate governance and accounting scandals. The Journal of Law and Economics, 48(2):371-406.

Agrawal A K, Matsa D A, 2013. Labor unemployment risk and corporate financing decisions. Journal of Financial Economics, 108(2):449-470.

Aharony J C, Lee W J, Wong T J, 2000. Financial packaging of IPO firms in China. Journal of Accounting Research, 38(1):103-126.

Ahmed A, Billings B, Morton R, et al., 2002. The role of accounting conservatism in mitigating bondholder shareholder conflicts over dividend policy and in reducing debt costs. The Accounting Review, 77(4):867-890.

Ahmed A S, Duellman S, 2007. Accounting conservatism and board of director characteristics: An empirical analysis. Journal of Accounting and Economics, 43(2/3): 411-437.

Ahmed A S, Li Y, Xu N, 2020. Tick size and financial reporting quality in small cap firms: Evidence from a natural experiment. Journal of Accounting Research, 58(4): 869-914.

Ahmed K, Goodwin J, 2007. An empirical investigation of earnings restatements by Australian firms. Accounting & Finance, 47(1):1-22.

Aktas N, de Bodt E, Bollaert H, et al., 2016. CEO narcissism and the takeover process: From private initiation to deal completion. Journal of Financial and Quantitative Analysis, 51(1):113-137.

Albrecht W D, Richardson F M, 1990. Income smoothing by economy sector. Journal of Business Finance & Accounting, 17(5):713-730.

Alfonso E, Cheng C S A, Pan S S, 2015. Income classification shifting and mispricing of core earnings. Journal of Accounting, Auditing & Finance:1-32.

Ali A, Zhang W, 2015. CEO tenure and earnings management. Journal of Accounting and Economics, 59(1):60-79.

Allen F, Gale D, 2000. Financial contagion. Journal of Political Economy, 108(1):1-33.

Amel-Zadeh A, Zhang Y, 2015. The economic consequences of financial restatements: Evidence from the market for corporate control. The Accounting Review, 90(1): 1-29.

Anctil R M, Chamberlain S, 2005. Determinants of the time series of earnings and implications for earnings quality. Contemporary Accounting Research, 22(3): 483-517.

An Z, Chen C, Naiker V, et al., 2020. Does media coverage deter firms from withholding bad news? Evidence from stock price crash risk. Journal of Corporate Finance 64: 101-664.

Anthony J H, Ramesh K, 1992. Association between accounting performance measures and stock prices: A test of the life cycle hypothesis. Journal of Accounting and Economics, 15(2/3): 203-227.

Archambeault D, DeZoort F T, 2001. Auditor opinion shopping and the audit committee: An analysis of suspicious auditor switches. International Journal of Auditing, 5(1): 33-52.

Armstrong C S, Balakrishnan K, Cohen D, 2012. Corporate governance and the information environment: Evidence from state antitakeover laws. Journal of Accounting and Economics, 53(1): 185-204.

Arun T G, Almahrog Y E, Ali Aribi Z, 2015. Female directors and earnings management: Evidence from UK companies. International Review of Financial Analysis (39): 137-146.

Ashbaugh-Skaife H, Collins D W, Kinney W R Jr, 2007. The discovery and reporting of internal control deficiencies prior to SOX-mandated audits. Journal of Accounting and Economics, 44(1/2): 166-192.

Ashbaugh-Skaife H, Collins D W, Kinney W R Jr, et al., 2008. The effect of SOX internal control deficiencies and their remediation on accrual quality. The Accounting Review, 83(1): 217-250.

Ashraf M, Michas P N, Russomanno D, 2020. The impact of audit committee information technology expertise on the reliability and timeliness of financial reporting. Accounting Review, 95(5): 23-56.

Bagnoli M, Watts S G, 2000. The effect of relative performance evaluation on earnings management: A game-theoretic approach. Journal of Accounting and Public Policy, 19(45): 377-397.

Bai C E, Lu J Y, Tao Z G, 2006. The multitask theory of state enterprise reform: Empirical evidence from China. The American Economic Review, 96(2): 353-357.

Baik B, Choi S, Farber D B, 2020. Managerial ability and income smoothing. The Accounting Review, 95(4): 1-22.

Ballinger G A, Marcel J J, 2010. The use of an interim CEO during succession episodes and firm performance. Strategic Management Journal,31(3):262-283.

Banker R, Cao Z W, Menon N M, et al. , 2013. The Red Queen in action: The longitudinal effects of capital investments in the mobile telecommunications sector. Industrial and Corporate Change,22(5):1195-1228.

Banker R D, Hu N, Pavlou P A, et al. , 2011. CIO reporting structure, strategic positioning, and firm performance. MIS Quarterly,35(2):487-504.

Barnea A, Ronen J, Sadan S, 1976. Classificatory smoothing of income with extraordinary items. The Accounting Review,51(1):110-122.

Barton J,Simko P J,2002. The balance sheet as an earnings management constraint. The Accounting Review(77):1-27.

Bartov E,1993. The timing of asset sales and earnings manipulation. The Accounting Review,68(4):840-855.

Bartov E, Givoly D, Hayn C, 2002. The rewards to meeting or beating earnings expectations. Journal of Accounting and Economics,33(2):173-204.

Bartov E, Gul F A, Tsui S L, 2000a. Discretionary-accruals models and audit qualifications. Journal of Accounting and Economics,30(3):421-452.

Bartov E,Radhakrishnan S,Krinsky I,2000b. Investor sophistication and patterns in stock returns after earnings announcements. The Accounting Review,75(1):43-63.

Beasley M S,1996. An empirical analysis of the relation between the board of director composition and financial statement fraud. The Accounting Review,71(4):443-465.

Beatty R P,Zajac E J,1987. CEO change and firm performance in large corporations: Succession effects and manager effects. Strategic Management Journal,8(4):305-317.

Beaver W H, Clarke R, Wright W F, 1979. The association between unsystematic security returns and the magnitude of earnings forecast errors. Journal of Accounting Research,17(2):316-340.

Becker C L, DeFond M L, Jiambalvo J, et al. , 1998. The effect of audit quality on earnings management. Contemporary Accounting Research,15(1):1-24.

Bedard J C, Hoitash R, Hoitash U, et al. ,2012. Material weakness remediation and earnings quality: A detailed examination by type of control deficiency. Auditing: A Journal of Practice & Theory,31(1):57-78.

Bedard J C,Johnstone K M,2004. Earnings manipulation risk, corporate governance risk, and auditors' planning and pricing decisions. The Accounting Review, 79 (2):277-304.

Beidleman C R,1973. Income smoothing:The role of management. The Accounting

Review,48(4):653-667.

Beneish M D,1997. Detecting GAAP violation: Implications for assessing earnings management among firms with extreme financial performance. Journal of Accounting and Public Policy,16(3):271-309.

Ben-Nasr H, Boubaker S, Rouatbi S, 2015. Ownership structure, control contestability,and corporate debt maturity. Journal of Corporate Finance(35):265-285.

Bentley K A, Omer T C, Sharp N Y, 2013. Business strategy, financial reporting irregularities,and audit effort. Contemporary Accounting Research,30(2):780-817.

Berger A N, Udell G F, 2006. A more complete conceptual framework for SME finance. Journal of Banking & Finance,30(11):2945-2966.

Berglund N R, Kang T, 2014. Does social trust matter in financial reporting?: Evidence from audit pricing. Stillwater:Oklahoma State University.

Bergstresser D,Philippon T,2006. CEO incentives and earnings management. Journal of Financial Economics,80(3):511-529.

Bernard V L,Thomas J K,1990. Evidence that stock prices do not fully reflect the implications of current earnings for future earnings. Journal of Accounting and Economics, 13(4):305-340.

Besley T, Prat A, 2006. Handcuffs for the grabbing hand? Media capture and government accountability. The American Economic Review,96(3):720-736.

Betz M,O'Connell L,Shepard J M,1989. Gender differences in proclivity for unethical behavior. Journal of Business Ethics,8(5):321-324.

Bharath S T,Sunder J,Sunder S V,2008. Accounting quality and debt contracting. The Accounting Review,83(1):1-28.

Bilal S C,Komal B,2018. Audit committee financial expertise and earnings quality: A meta-analysis. Journal of Business Research(84):253-270.

Blankespoor E, Miller G S, White H D, 2014. The role of dissemination in market liquidity:Evidence from firms' use of twitter. The Accounting Review,89(1):79-112.

Blau P M, Duncan O D. 1967. The American occupational structure. 1st edition. New York:John Wiley & Sons.

Bologna G J,Lindquist R J,Wells J T,1992. The accountant's handbook of fraud and commercial crime. 1st edition. New York:Wiley.

Boynton C E,Dobbins P S,Plesko G A,1992. Earnings management and the corporate alternative minimum tax. Journal of Accounting Research(30):131-153.

Brav A,Graham J R, Harvey C R, et al. ,2005. Payout policy in the 21st century. Journal of Financial Economics,77(3):483-527.

Brown K E, Lim J H, 2012. The effect of internal control deficiencies on the usefulness of earnings in executive compensation. Advances in Accounting,28(1):75-87.

Brown L D, 2001. A temporal analysis of earnings surprises: profits versus losses. Journal of Accounting Research ,39(2):221-241.

Brown L D, Caylor M L, 2006. Corporate governance and firm valuation. Journal of Accounting and Public Policy,25(4):409-434.

Bryan D, Tiras S L, Wheatley C M, 2010. Are going concern opinions associated with the reversal of financial distress for bankrupt firms? SSRN Scholarly Paper. Rochester, NY.

Burgstahler D C, Eames M J, 2003. Earnings management to avoid losses and earnings decreases: Are analysts fooled? Contemporary Accounting Research,20(2):253-294.

Burns N, Kedia S, 2006. The impact of performance-based compensation on misreporting. Journal of Financial Economics,79(1):35-67.

Butler M, Leone A J, Willenborg M, 2004. An empirical analysis of auditor reporting and its association with abnormal accruals. Journal of Accounting and Economics,37(2): 139-165.

Buyl T, Boone C, Wade J B, 2019. CEO narcissism, risk taking, and resilience: An empirical analysis in U. S. commercial banks. Journal of Management, 45 (4):1372-1400.

Cahan S F, 1992. The effect of antitrust investigations on discretionary accruals: A refined test of the political-cost hypothesis. The Accounting Review,67(1):77-95.

Callen J L, Fang X, Zhang W, 2020. Protection of proprietary information and financial reporting opacity: Evidence from a natural experiment. Journal of Corporate Finance(64):101-641.

Callen J L, Robb S W G, Segal D, 2008. Revenue manipulation and restatements by loss firms. Auditing: A Journal of Practice & Theory,27(2):1-29.

Cao X, Lemmon M, Pan X, et al. , 2019. Political promotion, CEO incentives, and the relationship between pay and performance. Management Science 65(7):2947-2965.

Caramanis C, Lennox C, 2008. Audit effort and earnings management. Journal of Accounting and Economics,45(1):116-138.

Carter D A, Simkins B J, Simpson W G, 2003. Corporate governance, board diversity, and firm value. The Financial Review,38(1):33-53.

Chakravarthy J, de Haan E, Rajgopal S, 2014. Reputation repair after a serious restatement. The Accounting Review 89(4):1329-1363.

Chan K C, Farrell B, Lee P, 2008. Earnings management of firms reporting material internal control weaknesses under section 404 of the Sarbane-Oxley Act. Auditing: A Journal of Practice & Theory,27(2):161-179.

Chan L H, Chen K C W, Chen T Y, et al., 2015. Substitution between real and accruals-based earnings management after voluntary adoption of compensation clawback provisions. The Accounting Review,90(1):147-174.

Chaney P K, Faccio M, Parsley D, 2011. The quality of accounting information in politically connected firms. Journal of Accounting and Economics,51(1/2):58-76.

Chaney P K, Lewis C M, 1995. Earnings management and firm valuation under asymmetric information. Journal of Corporate Finance ,1(3/4):319-345.

Chatterjee A, Hambrick D C, 2011. Executive personality, capability cues, and risk taking: How narcissistic CEO's react to their successes and stumbles. Administrative Science Quarterly,56(2):202-237.

Chay J B, Suh J, 2009. Payout policy and cash flow uncertainty. Journal of Financial Economics,93(1):88-107.

Chen G, Firth M, Gao D N, et al., 2006. Ownership structure, corporate governance, and fraud: Evidence from China. Journal of Corporate Finance ,12(3):424-448.

Chen G C, Luo S Q, Tang Y, et al., 2015. Passing probation: Earnings management by interim CEOs and its effect on their promotion prospects. Academy of Management Journal,58(5):1389-1418.

Chen K C W, Church B K, 1996. Going concern opinions and the market's reaction to bankruptcy filings. The Accounting Review ,71(1):117-128.

Chen K C W, Yuan H Q., 2004. Earnings management and capital resource allocation: Evidence from China's accounting-based regulation of rights issues. The Accounting Review,79(3):645-665.

Chen S H, Cai W Y, Jebran K., 2021. Does social trust mitigate earnings management? Evidence from China. Emerging Markets Finance and Trade,57(10):2995-3016.

Chen X, Cheng Q, Lo A K., 2013. Accounting restatements and external financing choices. Contemporary Accounting Research,30(2):750-779.

Chen X, Cheng Q, Lo A K.,2014. Is the decline in the information content of earnings following restatements short lived? The Accounting Review,89(1):177-207.

Cheng Q, Warfield T D, 2005. Equity incentives and earnings management. The Accounting Review,80(2):441-476.

Chih H L, Shen C H, Kang F C, 2008. Corporate social responsibility, investor protection, and earnings management: Some international evidence. Journal of Business

Ethics,79(12):179-198.

Chin C L,Lin T T,Lee C C ,2005. Convertible bonds issuance terms,management forecasts,and earnings management:Evidence from Taiwan market. Review of Pacific Basin Financial Markets & Policies,8(3):543-571.

Cho C H,Jung J H,Kwak B,et al. ,2017. Professors on the board:Do they contribute to society outside the classroom? Journal of Business Ethics,141(2):393-409.

Choi T H,Pae J H. ,2011. Business ethics and financial reporting quality:Evidence from Korea. Journal of Business Ethics,103(3):403-427.

Christensen T E,Gomez E,Ma M,et al. ,2021. Analysts' role in shaping non GAAP reporting:Evidence from a natural experiment. Review of Accounting Studies,26(1):172-217.

Cohen D A,Dey A,Lys T Z,2008. Real and accrual-based earnings management in the pre-and post-Sarbanes Oxley periods. The Accounting Review,83(3):757-787.

Cohen D A,Zarowin P,2010. Accrual-based and real earnings management activities around seasoned equity offerings. Journal of Accounting and Economics,50(1):2-19.

Cohen L,Frazzini A ,2008. Economic links and predictable returns. The Journal of Finance,63(4):1977-2011.

Cook J,Kowaleski Z T,Minnis M,et al. ,2020. Auditors are known by the companies they keep. Journal of Accounting and Economics ,70(1):101-314.

Cormier D, Martinez I, 2006. The association between management earnings forecasts,earnings management,and stock market valuation:Evidence from French IPOs. The International Journal of Accounting ,41(3):209-236.

Craswell A,Stokes D J,Laughton J,2002. Auditor independence and fee dependence. Journal of Accounting and Economics,33(2):253-275.

CremersM,Grinstein Y,2014. Does the market for CEO talent explain controversial CEO pay practices? Review of Finance,18(3):921-960.

Dai L L,Parwada J T,Zhang B ,2015. The governance effect of the media's news dissemination role:Evidence from insider trading. Journal of Accounting Research,53(2):331-366.

Davidson III W N,Jiraporn P,DaDalt P,2006. Causes and consequences of audit shopping:An analysis of auditor opinions,earnings management,and auditor changes. Quarterly Journal of Business & Economics,45(1/2):69-87.

Dawar N,Pillutla M M,2000. Impact of product harm crises on brand equity:The moderating role of consumer expectations. Journal of Marketing Research, 37 (2):215-226.

DeAngelo L E,1986. Accounting numbers as market valuation substitutes:A study of management buyouts of public stockholders. The Accounting Review,61(3):400-420.

DeAngelo L E, 1988. Managerial competition, information costs, and corporate governance:The use of accounting performance measures in proxy contests. Journal of Accounting and Economics,10(1):3-36.

Dechow P,Ge W,Schrand C,2010. Understanding earnings quality:A review of the proxies,their determinants and their consequences. Journal of Accounting and Economics,50(23):344-401.

Dechow P M,Dichev I D,2002. The quality of accruals and earnings:The role of accrual estimation errors. The Accounting Review ,77(s-1):35-59.

Dechow P M, Schrand C, 2004. Earnings quality. Charlottesville, Va:Research Foundation of CFA Institute.

Dechow P M, Skinner D, 2000. Earnings management:Reconciling the views of accounting academics, practitioners, and regulators. Accounting Horizons, 14 (2):235-250.

Dechow P M,Sloan R G,1991. Executive incentives and the horizon problem. Journal of Accounting and Economics,14(1):51-89.

Dechow P M,Sloan R G,Sweeney A P,1995. Detecting earnings management. The Accounting Review,70(2):193-225.

Dechow P M,Sloan R G,Sweeney A P,1996. Causes and consequences of earnings manipulation:An analysis of firms subject to enforcement actions by the SEC. Contemporary Accounting Research,13(1):1-36.

DeFond M L,Hann R N,Hu X S,2005. Does the market value financial expertise on audit committees of boards of directors? Journal of Accounting Research, 43 (2):153-193.

DeFond M L, Jiambalvo J,1991. Incidence and circumstances of accounting errors. The Accounting Review,66(3):643-655.

DeFond M L, Jiambalvo J, 1994. Debt covenant violation and manipulation of accruals. Journal of Accounting and Economics,17(1):145-176.

DeFond M L,Subramanyam K R,1998. Auditor changes and discretionary accruals. Journal of Accounting and Economics ,25(1):35-67.

DeFond M L, Zhang J, 2014. A review of archival auditing research. Journal of Accounting and Economics,58(2-3):275-326.

Degeorge F,Patel J,Zeckhauser R,1999. Earnings management to exceed thresholds. The Journal of Business,72(1):1-33.

Demerjian P, Lev B, McVay S, 2012. Quantifying managerial ability: A new measure and validity tests. Management Science, 58(7): 1229–1248.

Denis D K, McConnell J J, 2003. International corporate governance. The Journal of Financial and Quantitative Analysis, 38(1): 136.

Desai H, Hogan C E, Wilkins M S, 2006. The reputational penalty for aggressive accounting: Earnings restatements and management turnover. The Accounting Review, 81(1): 83–112.

de Sousa E F, Galdi F C, 2016. The relationship between equity ownership concentration and earnings quality: Evidence from Brazil. Revista de Administração, 51(4): 331–343.

Dimitropoulos P E, Asteriou D, 2010. The effect of board composition on the informativeness and quality of annual earnings: Empirical evidence from Greece. Research in International Business and Finance, 24(2): 190–205.

Dimitropoulos P, Leventis S, Dedoulis E, 2016. Managing the European football industry: UEFA's regulatory intervention and the impact on accounting quality. European Sport Management Quarterly, 16(4): 459–486.

Donaldson W H, 2005. SEC testimony: Impact of the Sarbanes-Oxley Act.

Donelson D C, McInnis J M, Mergenthaler R D, 2013. Discontinuities and earnings management: Evidence from restatements related to securities litigation. Contemporary Accounting Research, 30(1): 242–268.

Dou Y, Hope O K, Thomas W B, et al., 2018. Blockholder exit threats and financial reporting quality. Contemporary Accounting Research, 35(2): 1004–1028.

Doyle J T, Ge W L, McVay S, 2007. Accruals quality and internal control over financial reporting. The Accounting Review, 82(5): 1141–1170.

Du X, Jian W, Lai S, 2017a. Do foreign directors mitigate earnings management? Evidence from China. The International Journal of Accounting, 52(2): 142–177.

Du X, Weng J, Zeng Q, et al., 2017b. Culture, marketization, and owner manager agency costs: A case of merchant guild culture in China. Journal of Business Ethics, 143(2): 353–386.

Du X Q, Jian W, Lai S J, et al., 2015 Does religion mitigate earnings management?: Evidence from China. Journal of Business Ethics, 131(3): 699–749.

Duan T H, Hou W X, 2018. Returnee CEOs under weak institutions: Blessing or curse? SSRN Scholarly Paper. Rochester, NY.

DuCharme L L, Malatesta P H, Sefcik S E. 2004. Earnings management, stock issues, and shareholder lawsuits. Journal of Financial Economics, 71(1): 27–49.

Dyck A, Morse A, Zingales L, 2010. Who blows the whistle on corporate fraud? The Journal of Finance, 65(6): 2213 - 2253.

Dyck A, Volchkova N, Zingales L, 2008. The corporate governance role of the media: Evidence from Russia. Journal of Finance, 63(3): 1093 - 1135.

Dyck A, Zingales L, 2002. The corporate governance role of the media. Working Paper. Working Paper Series. National Bureau of Economic Research.

Dyck A, Zingales L, 2004a. Control premiums and the effectiveness of corporate governance systems. Journal of Applied Corporate Finance, 16(23): 51 - 72.

Dyck A, Zingales L, 2004b. Private benefits of control: An international comparison. The Journal of Finance, 59(2): 537 - 600.

Easton P D, Monahan S J, Vasvari F P, 2009. Initial evidence on the role of accounting earnings in the bond market. Journal of Accounting Research, 47(3): 721 - 766.

Eckel C C, Grossman P J, 2008. Chapter 113 men, women and risk aversion: Experimental evidence. In Handbook of Experimental Economics Results(1): 1061 - 1073.

Edmans A, 2009. Blockholder trading, market efficiency, and managerial myopia. The Journal of Finance, 64(6): 2481 - 2513.

Edmans A, Manso G, 2011. Governance through trading and intervention: A theory of multiple blockholders. Review of Financial Studies, 24(7): 2395 - 2428.

Erickson M, Hanlon M, Maydew E L, 2006. Is there a link between executive equity incentives and accounting fraud? Journal of Accounting Research, 44(1): 113 - 143.

Erickson M, Wang S, 1999. Earnings management by acquiring firms in stock for stock mergers. Journal of Accounting and Economics, 27(2): 149 - 176.

Estélyi K S, Nisar T M, 2016. Diverse boards: Why do firms get foreign nationals on their boards? Journal of Corporate Finance(39): 174 - 192.

Fama E F, 1980. Agency problems and the theory of the firm. Journal of Political Economy, 88(2): 288 - 307.

Fama E F, Jensen M C, 1983. Agency problems and residual claims. The Journal of Law & Economics, 26(2): 327 - 349.

Fan J P H, Wei K C J, Xu X. 2011. Corporate finance and governance in emerging markets: A selective review and an agenda for future research. Journal of Corporate Finance, 17(2): 207 - 214.

Fan J P H, Wong T J, 2002. Corporate ownership structure and the informativeness of accounting earnings in East Asia. Journal of Accounting and Economics, 33(3): 401 - 425.

Farber D B, 2005. Restoring trust after fraud: Does corporate governance matter? The Accounting Review, 80(2): 539 - 561.

Files R, Sharp N Y, Thompson A M, 2014. Empirical evidence on repeat restatements. Accounting Horizons, 28(1): 93-123.

Finkelstein S, Whitehead J, Campbell A, 2009. What drives leaders to make bad decisions. Leader to Leader, (53): 52-58.

Firoozi M, Magnan M, Fortin S, 2019. Does proximity to corporate headquarters enhance directors' monitoring effectiveness? A look at financial reporting quality. Corporate Governance: An International Review, 27(2): 98-119.

Fisman R, 2001. Estimating the value of political connections. American Economic Review, 91(4): 1095-1102.

Forbes D P, Milliken F J, 1999. Cognition and corporate governance: Understanding boards of directors as strategic decision-making groups. The Academy of Management Review, 24(3): 489-505.

Francis B, Hasan I, Wu Q, 2015. Professors in the boardroom and their impact on corporate governance and firm performance. Financial Management, 44(3): 547-581.

Francis J, Huang A H, Rajgopal S, et al., 2008a. CEO reputation and earnings quality. Contemporary Accounting Research, 25(1): 109-147.

Francis J, LaFond R, Olsson P, et al., 2005. The market pricing of accruals quality. Journal of Accounting and Economics, 39(2): 295-327.

Francis J, Olsson P, Schipper K, 2008b. Earnings quality. Boston: Now Publ.

Francis J, Schipper K, 2011. Earnings management: Emerging insights in theory, practice, and research. The Accounting Review, 86(6): 2193-2196.

Francis J R, Krishnan J, 1999. Accounting accruals and auditor reporting conservatism. Contemporary Accounting Research, 16(1): 135-165.

Francis J R, Wang D, 2008. The joint effect of investor protection and Big 4 audits on earnings quality around the world. Contemporary Accounting Research, 25(1): 91-157.

Frankel R, McNichols M, Wilson G P, 1995. Discretionary disclosure and external financing. The Accounting Review, 70(1): 135-150.

Frankel R, McVay S, Soliman M, 2011. Non-GAAP earnings and board independence. Review of Accounting Studies, 16(4): 719-744.

Freeman R N, Ohlson J A, Penman S H, 1982. Book rate-of-return and prediction of earnings changes: An empirical investigation. Journal of Accounting Research, 20(2): 639-653.

Gales L M, Kesner I F, 1994. An analysis of board of director size and composition in bankrupt organizations. Journal of Business Research, 30(3): 271-282.

Garel A, Martin-Flores J M, Petit-Romec A, et al., 2021. Institutional investor distraction and earnings management. Journal of Corporate Finance(66):101-801.

Gaver J J,Gaver K M,Austin J R,1995. Additional evidence on bonus plans and income management. Journal of Accounting and Economics,19(1):3-28.

Ge W,Kim J B,2014. Real earnings management and the cost of new corporate bonds. Journal of Business Research,67(4):641-647.

Ge W,Ouyang C,Shi Z,et al.,2022. Can a not-for-profit minority institutional shareholder make a big difference in corporate governance? A quasi-natural experiment. Journal of Corporate Finance(72):102-125.

Geertsema P G,Lont D H,Lu H,2020. Real earnings management around CEO turnovers. Accounting & Finance,60(3):2397-2426.

Gentzkow M,Shapiro J,2005. Media bias and reputation. Working Paper. Working Paper Series. National Bureau of Economic Research.

Gipper B,Leuz C,Maffett M,2020. Public oversight and reporting credibility: Evidence from the PCAOB audit inspection regime. Review of Financial Studies,33(10): 4532-4579.

Godfrey J,Mather P,Ramsay A,2003. Earnings and impression management in financial reports:The case of CEO changes. Abacus,39(1):95-123.

Goh B W,Li D,2011. Internal controls and conditional conservatism. The Accounting Review,86(3):975-1005.

Govindarajan V,Fisher J,1990. Strategy,control systems,and resource sharing: Effects on business unit performance. Academy of Management Journal,33(2):259-285.

Govindarajan V,Gupta A K,1985. Linking control systems to business unit strategy: Impact on performance. Accounting,Organizations and Society,10(1):51-66.

Graham J R,Harvey C R,Rajgopal S,2005. The economic implications of corporate financial reporting. Journal of Accounting and Economics,40(13):3-73.

Guay W R,Kothari S P,Watts R L,1996. A market-based evaluation of discretionary accrual models. Journal of Accounting Research(34):83-105.

Gul F A,Chen C J P,Tsui J S L,2003. Discretionary accounting accruals,managers' incentives,and audit fees. Contemporary Accounting Research,20(3):441-464.

Gul F A,Tsui J,Dhaliwal D S,2006. Non audit services,auditor quality and the value relevance of earnings. Accounting & Finance,46(5):797-817.

Gunny K A,2010. The relation between earnings management using real activities manipulation and future performance:Evidence from meeting earnings benchmarks. Contemporary Accounting Research,27(3):855-888.

Habib A,2007. Legal environment,accounting information,auditing and information intermediaries: survey of the empirical literature. Journal of Accounting Literature(26):1-75.

Habib A, Hasan M M, 2017. Business strategy, overvalued equities, and stock price crash risk. Research in International Business and Finance (39):389-405.

Ham C, Lang M, Seybert N, et al. , 2017. CFO narcissism and financial reporting quality. Journal of Accounting Research,55(5):1089-1135.

Han S, Kang T, Yoo Y, 2011. Governance role of auditors and legal environment: Evidence from corporate disclosure transparency. European Accounting Review, 21(1): 29-50.

Harrigan K R, 1981. Barriers to entry and competitive strategies. Strategic Management Journal,2(4):395-412.

Hazarika S, Karpoff J M, Nahata R, 2012. Internal corporate governance, CEO turnover, and earnings management. Journal of Financial Economics,104(1):44-69.

He G, 2015. The effect of CEO inside debt holdings on financial reporting quality. Review of Accounting Studies,20(1):501-536.

He G, Marginson D, 2020. The impact of insider trading on analyst coverage and forecasts. Accounting Research Journal,33(3):499-521.

Healy P M, Wahlen J M, 1999. A review of the earnings management literature and its implications for standard setting. Accounting Horizons,13(4):365-383.

Hennes K M, Leone A J, Miller B P, 2008. The importance of distinguishing errors from irregularities in restatement research: The case of restatements and CEO/CFO turnover. The Accounting Review,83(6):1487-1519.

Hennes K M, Leone A J, Miller B P, 2014. Determinants and market consequences of auditor dismissals after accounting restatements. The Accounting Review, 89 (3): 1051-1082.

Higgins H N, 2013. Do stock for stock merger acquirers manage earnings? Evidence from Japan. Journal of Accounting and Public Policy,32(1):44-70.

Hogan C E, Schmidt J J, Thompson A, 2015. Audit committee members and restatement related litigation risk. SSRN Scholarly Paper. Rochester,NY.

Hogan C E, Wilkins M S, 2008. Evidence on the audit risk model: Do auditors increase audit fees in the presence of internal control deficiencies? Contemporary Accounting Research,25(1):219-242.

Holmstrom B, 1982. Moral hazard in teams. The Bell Journal of Economics,13(2): 324-340.

Holthausen R W, Larcker D F, Sloan R G, 1995. Annual bonus schemes and the manipulation of earnings. Journal of Accounting and Economics,19(1):29-74.

Hooghiemstra R,Hermes N,Oxelheim L,et al. ,2019. Strangers on the board:The impact of board internationalization on earnings management of Nordic firms. International Business Review,28(1):119-134.

Hope O K,Yue H,Zhong Q L,2020. China's anti-corruption campaign and financial reporting quality. Contemporary Accounting Research,37(2):1015-1043.

Hribar P,Collins D W,2002. Errors in estimating accruals:Implications for empirical research. Journal of Accounting Research,40(1):105-134.

Hribar P,Jenkins N T,2004. The effect of accounting restatements on earnings revisions and the estimated cost of capital. Review of Accounting Studies, 9 (2/3): 337-356.

Hsu C,Kross W,2011. The market pricing of special items that are included in versus excluded from street earnings. Contemporary Accounting Research,28(3):990-1017.

Huang Y,Li N Z,Yu Y,et al. ,2020. The effect of managerial litigation risk on earnings warnings:Evidence from a natural experiment. Journal of Accounting Research, 58(5):1161-1202.

Hui K W,Klasa S,Yeung P E,2012. Corporate suppliers and customers and accounting conservatism. Journal of Accounting and Economics,53(1):115-135.

Iliev P,Roth L,2018. Learning from directors' foreign board experiences. Journal of Corporate Finance(51):1-19.

Intintoli V J,Zhang A,Davidson W,2012. The impact of CEO turnover on firm performance around interim successions. Journal of Management and Governance(18): 541-587.

Ittner C D,Larcker D F,Rajan M V,1997. The choice of performance measures in annual bonus contracts. The Accounting Review,72(2):231-255.

Järvinen T,Myllymäki E R,2016. Real earnings management before and after reporting SOX 404 material weaknesses. Accounting Horizons,30(1):119-141.

Jensen M C,1993. The modern industrial revolution,exit,and the failure of internal control systems. The Journal of Finance,48(3):831-880.

Jensen M C,Meckling W H,1976. Theory of the firm:Managerial behavior,agency costs and ownership structure. Journal of Financial Economics,3(4):305-360.

Jiang F,Ma Y,Wang X,2020. Multiple blockholders and earnings management. Journal of Corporate Finance(64):101-689.

Johl S,Jubb C A,Houghton K A,2007. Earnings management and the audit opinion: Evidence from Malaysia. Managerial Auditing Journal,22(7):688-715.

Jones F L,1996. The information content of the auditor's going concern evaluation. Journal of Accounting and Public Policy,15(1):1-27.

Jones J J,1991. Earnings management during import relief investigations. Journal of Accounting Research,29(2):193-228.

Jung K,Kwon S Y,2002. Ownership structure and earnings informativeness: Evidence from Korea. The International Journal of Accounting,37(3):301-325.

Kang T,Hoong Pang Y,2005. Economic development and the value-relevance of accounting information—A disclosure transparency perspective. Review of Accounting and Finance,4(1):5-31.

Kaplan S,Pany K,Samuels J,et al.,2009. An examination of the association between gender and reporting intentions for fraudulent financial reporting. Journal of Business Ethics,87(1):15-30.

Karpoff J M,2012. Does reputation work to discipline corporate misconduct? Oxford: Oxford University Press.

Karpoff J M,Lee D S,Martin G S,2008. The cost to firms of cooking the books. Journal of Financial & Quantitative Analysis,43(3):581-611.

Karuna C,Subramanyam K R,Tian F,2012. Industry product market competition and earnings management//American Accounting Association Financial Accounting and Reporting Section Mid-Year Conference.

Kato T,Long C,2006. Executive turnover and firm performance in China. American Economic Review,96(2):363-367.

Kedia S,Philippon T,2009. The economics of fraudulent accounting. The Review of Financial Studies,22(6):2169-2199.

Kim B,2018. Is narcissism sustainable in CEO leadership of state-owned enterprises? Sustainability,10(7):24-25.

Kim J,Kim J W,Lim J,2019. Does XBRL adoption constrain earnings management? Early evidence from mandated U. S. filers. Contemporary Accounting Research,36(4): 2610-2634.

Kim P H,Ferrin D L,Cooper C D,et al.,2004. Removing the shadow of suspicion: The effects of apology versus denial for repairing competence versus integrity based trust violations. Journal of Applied Psychology,89(1):104-118.

Kim Y,Park M S,Wier B,2012. Is earnings quality associated with corporate social responsibility? The Accounting Review,87(3):761-796.

Kinney W R Jr,McDaniel L S,1989. Characteristics of firms correcting previously reported quarterly earnings. Journal of Accounting and Economics,11(1):71-93.

Klein A, 2002. Audit committee, board of director characteristics, and earnings management. Journal of Accounting and Economics, 33(3):375-400.

Koh P S, 2003. On the association between institutional ownership and aggressive corporate earnings management in Australia. The British Accounting Review, 35(2):105-128.

Königsgruber R, Windisch D, 2014. Does European Union policy making explain accounting choices? An empirical analysis of the effects of investigations by the Directorate General for Competition on accounting choices. Journal of Management & Governance, 18(3):717-731.

Kormendi R, Lipe R, 1987. Earnings innovations, earnings persistence, and stock returns. The Journal of Business, 60(3):323-345.

Kothari S P, Leone A J, Wasley C E, 2005. Performance matched discretionary accrual measures. Journal of Accounting and Economics, 39(1):163-197.

Kothari S P, Li X, Short J E, 2009. The effect of disclosures by management, analysts, and business press on cost of capital, return volatility, and analyst forecasts: A study using content analysis. The Accounting Review, 84(5):1639-1670.

La Porta R, Lopez-De-Silanes F, Shleifer A, 1999. Corporate ownership around the world. The Journal of Finance, 54(2):471-517.

LaFond R, Roychowdhury S, 2008. Managerial ownership and accounting conservatism. Journal of Accounting Research, 46(1):101-135.

Laksmana I, Yang Y, 2009. Corporate citizenship and earnings attributes. Advances in Accounting, 25(1):40-48.

Landier A, Thesmar D, 2009. Financial contracting with optimistic entrepreneurs. The Review of Financial Studies, 22(1):117-150.

Lel U, 2019. The role of foreign institutional investors in restraining earnings management activities across countries. Journal of International Business Studies, 50(6):895-922.

Lenard M J, Petruska K A, Alam P, et al., 2016. Internal control weaknesses and evidence of real activities manipulation. Advances in Accounting (33):47-58.

Leuz C, Nanda D, Wysocki P D, 2003. Earnings management and investor protection: An international comparison. Journal of Financial Economics, 69(3):505-527.

Lev B, 1983. Some economic determinants of time-series properties of earnings. Journal of Accounting and Economics(5):31-48.

Lev B, 1988. Toward a theory of equitable and efficient accounting policy. The Accounting Review, 63(1):1-22.

Lev B, Thiagarajan S R, 1993. Fundamental information analysis. Journal of Accounting Research, 31(2):190.

Li H, Peng Z, 2012. A study of factors influencing voluntary disclosure of Chinese listed companies. In The 6th International Symposium on Corporate Governance.

Li H, Zhou L A, 2005. Political turnover and economic performance: The incentive role of personnel control in China. Journal of Public Economics, 89(9):1743-1762.

Li O Z, Zhang Y, 2006. Financial restatement announcements and insider trading. SSRN Scholarly Paper. Rochester, NY.

Li S, Richie N, 2016. Income smoothing and the cost of debt. SSRN Scholarly Paper. Rochester, NY.

Li X, 2010. Real earnings management and subsequent stock returns. SSRN Scholarly Paper. Rochester, NY.

Li X, Ng J, Saffar W, 2021. Financial reporting and trade credit: Evidence from mandatory IFRS adoption. Contemporary Accounting Research, 38(1):96-128.

Lim E N K, McCann B T, 2013. Performance feedback and firm risk taking: The moderating effects of CEO and outside director stock options. Organization Science, 25(1):262-282.

Lin S, Radhakrishnan S, Su L N, 2006. Earnings management and guidance for meeting or beating analysts' earnings forecasts. SSRN Scholarly Paper. Rochester, NY.

Lipe R, Kormendi R, 1994. Mean reversion in annual earnings and its implications for security valuation. Review of Quantitative Finance and Accounting, 4(1):27-46.

Liu Q, Lu Z J, 2007. Corporate governance and earnings management in the Chinese listed companies: A tunneling perspective. Journal of Corporate Finance, 13(5):881-906.

Liu Y, Ning Y, Davidson III W N, 2010. Earnings management surrounding new debt issues. Financial Review, 45(3):659-681.

Lobo G J, Zhou J, 2006. Did conservatism in financial reporting increase after the Sarbanes-Oxley Act? Initial evidence. Accounting Horizons, 20(1):57-73.

Loughran T, Ritter J R, 1995. The new issues puzzle. The Journal of Finance, 50(1):23-51.

Louis H, 2004. Earnings management and the market performance of acquiring firms. Journal of Financial Economics, 74(1):121-148.

Lundholm R, Myers L A, 2002. Bringing the future forward: The effect of disclosure on the returns-earnings relation. Journal of Accounting Research, 40(3):809-839.

Madon S, Jussim L, Eccles J, 1997. In search of the powerful self-fulfilling prophecy. Journal of Personality and Social Psychology, 72(4):791-809.

Makar S D, Alam P, 1998. Earnings management and antitrust investigations: Political costs over business cycles. Journal of Business Finance & Accounting, 25(5/6): 701-720.

Mande V, Son M, 2013. Do financial restatements lead to auditor changes? Auditing: A Journal of Practice & Theory, 32(2): 119-145.

Marcel J, Cowen A, Ballinger G, 2013. Are disruptive CEO successions viewed as a governance lapse? evidence from board turnover. Journal of Management, 43(5): 1313-1334.

March J G, 1991. Exploration and exploitation in organizational learning. Organization Science, 2(1): 71-87.

Marciukaityte D, Park J C, 2009. Market competition and earnings management. SSRN Scholarly Paper. Rochester, NY.

Markarian G, Santalo' J, 2014. Product market competition, information and earnings management. Journal of Business Finance & Accounting, 41(5/6): 572-599.

Marquis C, Tilcsik A, 2013. Imprinting: Toward a multilevel theory. Academy of Management Annals, 7(1): 195-245.

Massa M, Wu F, Zhang B, et al., 2015. Saving long-term investment from short-termism: The surprising role of short selling. SSRN Scholarly Paper. Rochester, NY.

Matsumoto D A, 2002. Management's incentives to avoid negative earnings surprises. The Accounting Review, 77(3): 483-514.

McManus J, 2018. Hubris and unethical decision making: The tragedy of the uncommon. Journal of Business Ethics, 149(1): 169-185.

Miao J, Sinha S, Wang S, et al., 2014. Analysis of multivariate disease classification data in the presence of partially missing disease traits. Journal of Biometrics & Biostatistics, 5(3): 100-197.

Mikkelson W H, Megan Partch M, Shah K, 1997. Ownership and operating performance of companies that go public. Journal of Financial Economics, 44(3): 281-307.

Milbourn T T, 2003. CEO reputation and stock-based compensation. Journal of Financial Economics, 68(2): 233-262.

Miles R E, Snow C C, 2003. Organizational strategy, structure, and process. Stanford, Calif: Stanford Business Books.

Miles R E, Snow C C, Meyer A D, et al., 1978. Organizational strategy, structure, and process. Academy of Management Review, 3(3): 546-562.

Miller G S, 2006. The press as a watchdog for accounting fraud. Journal of Accounting Research, 44(5): 1001-1033.

Miller M H, Rock K, 1985. Dividend policy under asymmetric information. The Journal of Finance, 40(4):1031-1051.

Miranda S M, Young A, Yetgin E, 2016. Are social media emancipatory or hegemonic? Societal effects of mass media digitization in the case of the SOPA discourse. MIS Quarterly,40(2):303-329.

Mohammad W M, Wasiuzzaman S, Nik Salleh N M Z, 2016. Board and audit committee effectiveness, ethnic diversification and earnings management: A study of the Malaysian manufacturing sector. Corporate Governance,16(4):726-746.

Moradi J, Valipour H, Pahlavan Z,2012. Earnings management, board independence and audit fees considering the firm's profitability level. Asian Economic &Financial Review,2(2):358-366.

Morck R, Shleifer A, Vishny R W, 1988. Management ownership and market valuation:An empirical analysis. Journal of Financial Economics(20):293-315.

Morck R,Yeung B,Yu W, 2000. The information content of stock markets:Why do emerging markets have synchronous stock price movements? Journal of Financial Economics,58(1/2):215-260.

Mullainathan S,Shleifer A,2005. The market for news. American Economic Review, 95(4):1031-1053.

Murphy D L,Shrieves R E,Tibbs S L,2009. Understanding the penalties associated with corporate misconduct:An empirical examination of earnings and risk. The Journal of Financial and Quantitative Analysis,44(1):55-83.

Murphy K J, Zimmerman J L, 1993. Financial performance surrounding CEO turnover. Journal of Accounting and Economics,16(1/2/3):273-315.

Myers J N, Myers L A, Skinner D J, 2007. Earnings momentum and earnings management. Journal of Accounting, Auditing & Finance,22(2):249-284.

Myers S C, Majluf N S, 1984. Corporate financing and investment decisions when firms have information that investors do not have. Journal of Financial Economics,13(2): 187-221.

Ng J,Wu H, Zhai W, et al. ,2021. The effect of shareholder activism on earnings management:Evidence from shareholder proposals. Journal of Corporate Finance(69): 102-114.

Nikolaev V V, 2010. Debt covenants and accounting conservatism. Journal of Accounting Research,48(1):137-176.

Olsen K J, Dworkis K K, Young S M, 2014. CEO narcissism and accounting:A picture of profits. Journal of Management Accounting Research,26(2):243-267.

Owers J E, Lin C-M, Rogers R C, 2002. The informational content and valuation ramifications of earnings restatements. International Business & Economics Research Journal, 1(5): 71 – 84.

Oxelheim L, Gregori ? A, Randøy T, et al., 2013. On the internationalization of corporate boards: The case of Nordic firms. Journal of International Business Studies, 44(3): 173 – 194.

Oxelheim L, Randøy T, 2003. The impact of foreign board membership on firm value. Journal of Banking & Finance, 27(12): 2369 – 2392.

Palmrose Z-V, Richardson V J, Scholz S, 2004a. Determinants of market reactions to restatement announcements. Journal of Accounting and Economics, 37(1): 59 – 89.

Palmrose Z-V, Scholz S, 2004b. The circumstances and legal consequences of non-GAAP reporting: Evidence from restatements. Contemporary Accounting Research, 21(1): 139 – 180.

Park J, Sani J, Shroff N, 2019. Disclosure incentives when competing firms have common ownership. Journal of Accounting and Economics, 67(2/3): 387 – 415.

Park K, 2017. Pay disparities within top management teams and earning management. Journal of Accounting and Public Policy, 36(1): 59 – 81.

Park Y W, Shin H-H, 2004. Board composition and earnings management in Canada. Journal of Corporate Finance, 10(3): 431 – 457.

Peasnell K V, Pope P F, Young S, 2005. Board monitoring and earnings management: Do outside directors influence abnormal accruals? Journal of Business Finance & Accounting, 32(7/8): 1311 – 1346.

Perry S E, Williams T J, 1994. Earnings management preceding management buyout offers. Journal of Accounting and Economics, 18(2): 157 – 179.

Petroni K, Beasley M, 1996. Errors in accounting estimates and their relation to audit firm type. Journal of Accounting Research, 34(1): 151 – 171.

Piekkari R, Oxelheim L, Randøy T, 2013. The role of language in corporate governance: The case of board internationalization. SSRN Scholarly Paper. Rochester, NY.

Plummer C E, Tse S Y, 1999. The effect of limited liability on the informativeness of earnings: Evidence from the stock and bond markets. Contemporary Accounting Research, 16(3): 541 – 574.

Porter M E, 1980. Industry structure and competitive strategy: Keys to profitability. Financial Analysts Journal, 36(4): 30 – 41.

Porter M E, Millar V E, 1985. How information gives you competitive advantage.

Harvard Business Review,63(4):149-160.

Pourciau S,1993. Earnings management and nonroutine executive changes. Journal of Accounting and Economics,16(1/2/3):317-336.

Prior D,Surroca J,Tribó J A,2008. Are socially responsible managers really ethical? Exploring the relationship between earnings management and corporate social responsibility. Corporate Governance:An International Review,16(3):160-177.

Raghunandan K,Rama D V,Read W J,2001. Audit committee composition, "gray directors," and interaction with internal auditing. Accounting Horizons,15(2):105-118.

Rajgopal S,Shevlin T,Zamora V,2006. CEOs' outside employment opportunities and the lack of relative performance evaluation in compensation contracts. The Journal of Finance,61(4):1813-1844.

Rajgopal S,Venkatachalam M,Jiambalvo J J,1999. Is institutional ownership associated with earnings management and the extent to which stock prices reflect future earnings? SSRN Scholarly Paper. Rochester,NY.

Ramalingegowda S,Yu Y,2012. Institutional ownership and conservatism. Journal of Accounting and Economics,53(1/2):98-114.

Raman K, Shahrur H, 2008. Relationship-specific investments and earnings management:Evidence on corporate suppliers and customers. The Accounting Review,83(4):1041-1081.

Reid L C,Carcello J V,Li C,et al.,2019. Impact of auditor report changes on financial reporting quality and audit costs:Evidence from the United Kingdom. Contemporary Accounting Research,36(3):1501-1539.

Rhee M,Valdez M E,2009. Contextual factors surrounding reputation damage with potential implications for reputation repair. Academy of Management Review,34(1):146-168.

Rhoades S A,1985. Market performance and the nature of a competitive fringe. Journal of Economics and Business,37(2):141-157.

Rhodes-Kropf M,Viswanathan S,2004. Market valuation and merger waves. Journal of Finance,59(6):2685-2718.

Richardson S A,Sloan R G,Soliman M T,et al.,2005. Accrual reliability, earnings persistence and stock prices. Journal of Accounting and Economics,39(3):437-485.

Richardson S A,Tuna I,Wu M,2002. Predicting earnings management:The case of earnings restatements. SSRN Electronic Journal.

Rosenstein S, Wyatt J G, 1990. Outside directors, board independence, and shareholder wealth. Journal of Financial Economics,26(2):175-191.

Roychowdhury S,2006. Earnings management through real activities manipulation. Journal of Accounting and Economics,42(3):335-370.

Rumelt R P,1974. Strategy,structure,and economic performance. Boston:Harvard University Press.

Salewski M,Zülch H,2014. The association between corporate social responsibility (CSR)and earnings quality:Evidence from European blue chips. SSRN Scholarly Paper. Rochester,NY.

Scharfstein D,1988. Product-market competition and managerial slack. The RAND Journal of Economics,19(1):147-155.

Schipper K,1989. Commentary on earnings management. Accounting Horizons,3(4):91-102.

Schipper K,Vincent L,2003. Earnings quality. Accounting Horizons,17(s-1):97-110.

Selling T I,Stickney C P,1989. The effects of business environment and strategy on a firm's rate of return on assets. Financial Analysts Journal,45(1):43-52.

Sengupta P,Shen M, 2007. Can accruals quality explain auditors' decision making? The impact of accruals quality on audit fees,going concern opinions and auditor change. SSRN Scholarly Paper. Rochester,NY.

Shleifer A,Vishny R W, 1997. A survey of corporate governance. The Journal of Finance,52(2):737-783.

Shleifer A,Vishny R W,2003. Stock market driven acquisitions. Journal of Financial Economics,70(3):295-311.

Sila V,Gonzalez A,Hagendorff J,2017. Independent director reputation incentives and stock price informativeness. Journal of Corporate Finance(47):219-235.

Simons R,1987. Planning,control,and uncertainty:A process view. Accounting and Management:Field Study Perspectives. Boston:Kaplan.

Singh P,Agarwal N C,2009. The effects of firm strategy on the level and structure of executive compensation. Canadian Journal of Administrative Sciences,19(1):42-56.

Slater D J,Dixon-Fowler H R,2009. CEO international assignment experience and corporate social performance. Journal of Business Ethics,89(3):473-489.

Sloan R G,1996. Do stock prices fully reflect information in accruals and cash flows about future earnings? The Accounting Review,71(3):289-315.

Stiglitz J E,Weiss A,1981. Credit rationing in markets with imperfect information. The American Economic Review,71(3):393-410.

Strong J S,Meyer J R,1987. Asset writedowns:Managerial incentives and security returns. The Journal of Finance, 42(3):643 – 661.

Sun J, Liu G, 2011. Industry specialist auditors, outsider directors, and financial analysts. Journal of Accounting and Public Policy, 30(4):367 – 382.

Suutari V, Mäkelä K, 2007. The career capital of managers with global careers. Journal of Managerial Psychology, 22(7):628 – 648.

Tan H-C, Jamal K, 2006. Effect of accounting discretion on ability of managers to smooth earnings. Journal of Accounting and Public Policy, 25(5):554 – 573.

Tang Y, Mack D Z, Chen G, 2018. The differential effects of CEO narcissism and hubris on corporate social responsibility. Strategic Management Journal, 39(5):1370 – 1387.

Teoh S H, Wong T J, 1993. Perceived auditor quality and the earnings response coefficient. The Accounting Review, 68(2):346 – 366.

Teoh S H, Wong T J, Rao G R, 1998. Are accruals during initial public offerings opportunistic? Review of Accounting Studies, 3(1):175 – 208.

Treacy M, Wiersema F, 1995. How market leaders keep their edge. Fortune, 131(2).

Urcan O, Kieschnick R L, 2007. Earnings management and convertible bond arbitrage. SSRN Scholarly Paper. Rochester, NY.

Uzun H, Szewczyk S H, Varma R, 2004. Board composition and corporate fraud. Financial Analysts Journal, 60(3):33 – 43.

Vafeas N, 2000. Board structure and the informativeness of earnings. Journal of Accounting and Public Policy, 19(2):139 – 160.

Valentine S, Fleischman G, 2008. Ethics programs, perceived corporate social responsibility and job satisfaction. Journal of Business Ethics, 77(2):159 – 172.

Velury U, Jenkins D S, 2006. Institutional ownership and the quality of earnings. Journal of Business Research, 59(9):1043 – 1051.

Wang J, Gunderson M, 2011. Minimum wage impacts in China: Estimates from a prespecified research design, 2000—2007. Contemporary Economic Policy, 29(3):392 – 406.

Wang Q, Wong T J, Xia L, 2008. State ownership, the institutional environment, and auditor choice: Evidence from China. Journal of Accounting and Economics, 46(1):112 – 134.

Wang X, Wu M, 2011. The quality of financial reporting in China: An examination from an accounting restatement perspective. China Journal of Accounting Research, 4(4):167 – 196.

Warfield T D, Wild J J, Wild K L, 1995. Managerial ownership, accounting choices, and informativeness of earnings. Journal of Accounting and Economics,20(1):61-91.

Warren J R,Hauser R M,1997. Social stratification across three generations: New evidence from the Wisconsin longitudinal study. American Sociological Review,62(4): 561-572.

Watts R L,Zimmerman J L,1990. Positive accounting theory: A ten year perspective. The Accounting Review,65(1):131-156.

Wei L Q, Ling Y, 2015. CEO characteristics and corporate entrepreneurship in transition economies: Evidence from China. Journal of Business Research, 68 (6): 1157-1165.

Wilson G P, 1987. The incremental information content of the accrual and funds components of earnings after controlling for earnings. Accounting Review, 62(2): 293-322.

Wu P, Gao L, Gu T, 2015. Business strategy, market competition and earnings management: Evidence from China. Chinese Management Studies,9(3):401-424.

Xie B, Davidson III W N, DaDalt P J, 2003. Earnings management and corporate governance: The role of the board and the audit committee. Journal of Corporate Finance,9 (3):295-316.

Yermack D, 1996. Higher market valuation of companies with a small board of directors. Journal of Financial Economics,40(2):185-211.

You J,Zhang B,Zhang L,2018. Who captures the power of the pen? The Review of Financial Studies,31(1):43-96.

Yu F, 2005. Accounting transparency and the term structure of credit spreads. Journal of Financial Economics,75(1):53-84.

Yu F, 2008. Analyst coverage and earnings management. Journal of Financial Economics,88(2):245-271.

Zahra S A,Priem R L,Rasheed A A,2005. The antecedents and consequences of top management fraud. Journal of Management,31(6):803-828.

Zang A Y, 2012. Evidence on the trade-off between real activities manipulation and accrual-based earnings management. Accounting Review,87(2):675-703.

Zeghal D,Chtourou S M,Fourati Y M,2012. The effect of mandatory adoption of IFRS on earnings quality: Evidence from the European union. Journal of International Accounting Research,11(2):1-25.

Zhang J,Kong D,Wu J,2018. Doing good business by hiring directors with foreign experience. Journal of Business Ethics,153(3):859-876.

Zhang X, Liang X, Sun H, 2013. Individualism-collectivism, private benefits of control, and earnings management: A cross-culture comparison. Journal of Business Ethics, 114(4): 655-664.

Wang Z, Braam G, Reimsbach D, et al., 2020. Political embeddedness and firms' choices of earnings management strategies in China. Accounting & Finance, 60(5): 4723-4755.

后　　记

　　上市公司盈余质量高低对资本市场的健康发展至关重要,较低的盈余质量可能会导致市场秩序失衡,甚至会损害社会经济的健康持续发展,因此,如何识别盈余质量并对损害盈余质量的行为进行有效治理,一直是各方利益相关者关心的热点话题。但是,企业财务造假并没有随着监管法规的不断加强而消失,实际情况是当有新的监管规定出现,就会有新的盈余管理手段出现。这也意味着尽管已有的文献已对盈余质量问题进行了大量的研究,然而,盈余质量问题会随着环境的变化而出现新的研究热点。这也是我们一直持续关注盈余质量相关主题的原因。

　　本书旨在通过梳理上市公司盈余质量的内涵及衡量指标、盈余质量问题产生的动因、经济后果及可行的治理手段,对上市公司盈余质量问题构建较为完整的研究框架,然后结合中国上市公司的数据进行实证检验,并对我国如何解决上市公司盈余质量问题提出具有建设性的建议。

　　本书是我学术生涯中完成的第三本中文专著,是在我多年研究的基础上,经过和我的博士生顾燚炀以及其他团队成员一起将近两年的写作和多次修改才最终完成的。在这个过程中,我再一次深深体会到了一本专著从构思、写作到最终成稿的工作量之巨大。在此,有许多人要感谢。首先,感谢我的团队成员纽约州立大学杰纳苏分校的 Lei Gao 博士与我的博士生、硕士生们在写作、文献搜集、数据处理、实证分析等过程中付出的大量时间和精力;其次,感谢为我提出了宝贵意见的专家和同仁;同时,感谢东南大学出版社编辑们非常细致认真的校稿和排版工作;最后,感谢东南大学提供的经费支持使得我的专著最终有机会顺利出版。

　　时光匆匆,在东南大学从教已有 20 多年,心中时常感叹学术道路的艰难和坎坷,但艰辛的汗水总能带来甜美的果实。"一路上有你,苦一点也愿意",愿我们大家在学术的路上继续相伴而行。

吴芃
2023 年 3 月